Reinventando o
otimismo

Carlos Fico

Reinventando o
otimismo

ditadura, propaganda e
imaginário social no Brasil

2ª edição

Copyright © 2024 Carlos Fico

Direitos desta edição reservados à
FGV EDITORA
Rua Jornalista Orlando Dantas, 9
22231-010 | Rio de Janeiro, RJ | Brasil
Tel.: 21-3799-4427
editora@fgv.br | www.editora.fgv.br

Impresso no Brasil | Printed in Brazil

Todos os direitos reservados. A reprodução não autorizada desta publicação, no todo ou em parte, constitui violação do copyright (Lei nº 9.610/98).

Os conceitos emitidos neste livro são de inteira responsabilidade do autor.

1ª edição: 1997
2ª edição: 2024

Revisão: Adriana Alves
Projeto gráfico de capa e miolo e diagramação: Ligia Barreto | Ilustrarte Design

Dados Internacionais de Catalogação na Publicação (CIP)
Ficha catalográfica elaborada pela Biblioteca Mario Henrique Simonsen/FGV

Fico, Carlos.
    Reinventando o otimismo : ditadura, propaganda e imaginário social no Brasil / Carlos Fico. – 2. ed. - Rio de Janeiro : FGV Editora, 2024.
    240 p.

    Inclui bibliografia.
    ISBN 978-65-5652-271-5

    1. Propaganda política – Brasil. 2. Ditadura – Brasil. 3. Propaganda política brasileira. 4. Brasil – Política e governo. I. Fundação Getulio Vargas. II. Título.

CDD – 320.981

Elaborada por Márcia Nunes Bacha – CRB-7/4403

Sumário

Agradecimentos	9
Prefácio à 2ª edição	11
Prefácio à 1ª edição. Uma certa ideia de Brasil	15
Introdução	19
1. Otimismo e pessimismo no Brasil	35
2. As formas de aparição do poder	71
3. O anseio pelo Brasil grande	101
4. A criação de uma agência de propaganda	121
5. A propaganda da ditadura	163
Conclusões	199
Fontes e bibliografia	203
Anexo 1	223
Anexo 2	225
Anexo 3	227
Anexo 4	229
Anexo 5	235

"Um otimista é uma pessoa que não tem certeza sobre o futuro deste país."

Millôr Fernandes, *Millôr definitivo* (1994)

Agradecimentos

Este livro foi originariamente minha tese de doutorado, defendida no Programa de Pós-graduação em História da Universidade de São Paulo (USP), em abril de 1996, sob a orientação de Carlos Guilherme Mota. Sou especialmente grato a Carlos Guilherme: sua presença e sua obra sugeriram-me o tema deste trabalho. Devo a ele, portanto, muito mais do que a rotina da orientação acadêmica.

Muitas outras pessoas colaboraram comigo durante o período da pesquisa e da redação da tese: os funcionários do Centro de Produção Cultural e Educativa da Universidade de Brasília (UnB), os generais Otávio Pereira da Costa e José Maria de Toledo Camargo — personagens desta história —, os professores Luiz Vitor Tavares de Azevedo — infelizmente já falecido — e Maria Helena Rolim Capelato e os amigos Carlo Guimarães Monti, Ronaldo Pereira, Joaci Pereira Furtado, Carla Maria C. de Almeida, Atila Roque, Andréa Lisly Gonçalves, Vinícius Pantuzza Silva e Estevam Costa Martins. Devo muito a Ronald Polito, que leu diversas versões deste trabalho e assumiu meus encargos didáticos e administrativos na Universidade Federal de Ouro Preto (Ufop) durante o período em que estive afastado.

A banca examinadora da tese desempenhou um papel realmente importante, apontando problemas e realizando um debate que foi bastante proveitoso para mim, diferentemente de outras sessões de defesa a que já pude assistir, por vezes muito formais e inócuas.

Não poderia ser diferente, pois tratou-se de uma reunião de nomes como os de Francisco Iglésias, José Murilo de Carvalho, Maria Arminda do Nascimento Arruda e Lilia K. Moritz Schwarcz, aos quais também agradeço pela generosidade da nota.

Desejo registrar, finalmente, que para mim é uma honra ver meu trabalho publicado pela Fundação Getulio Vargas, esta casa de tanta tradição e importância.

Prefácio à 2ª edição

Ingressei no doutorado em História Social da Universidade de São Paulo (USP) em 1991 em condições muito ruins. Dava aula na Universidade Federal de Ouro Preto (Ufop) desde 1985 e, inicialmente, não tive liberação de meus encargos. Por isso, tinha de pegar um ônibus à noite na cidade mineira para amanhecer no antigo Terminal Bresser, em São Paulo, e, de lá, chegar à USP de metrô e ônibus. Chegava muito cedo. As aulas começavam depois do almoço. O prédio da faculdade, pela manhã, era especialmente inóspito. Costumava fazer frio, por vezes chovia. A biblioteca e a cantina — lugares onde poderia me refugiar — demoravam a abrir. Nada direi sobre os banheiros. Algumas vezes aconteceu de, na hora da aula, ser avisado de que o professor faltaria, de modo que me restava esperar até a noite para tomar o ônibus de volta para Ouro Preto.

Meu projeto de pesquisa era inviável. Queria estudar os "novos movimentos sociais" no Brasil, mas isso era muito vago, não conseguia definir um objetivo preciso e não havia documentação estimulante ou suficiente. Carlos Guilherme Mota me recebeu como seu orientando apesar do projeto tão ruim.

Eric Hobsbawm me salvou. Não lembro exatamente em qual visita ao Brasil o historiador britânico comentou o pessimismo que havia na sociedade brasileira de então, após a chamada "década perdida". Hobsbawm costumava falar de pessimismo e otimismo. Lembro-me de tê-lo ouvido tratar do tema e também de ter lido algo — uma entrevista, talvez — nesse sentido: ele achava curioso que os habitantes do "país do futuro" estivessem tão desesperançados. Esse singelo comentário do historiador marxista me deu a ideia de estudar a propaganda política da ditadura militar, conhecida por manipular a tradição brasileira de otimismo. O tema se casaria muito bem com a perspectiva crítica de meu orientador sobre a ideologia da cultura brasileira — que eu admirava. Falei da ideia com Mota e ele disse: "Temos uma tese".

As coisas melhoraram a partir de então. Consegui localizar os filmes da propaganda, as aulas na USP (e as viagens) terminaram e a Ufop me deu uma licença para eu escrever a tese. A defesa, em 1996, foi muito divertida. Francisco Iglésias e José Murilo de Carvalho estavam especialmente inspirados. Alguns alunos e colegas da Ufop apareceram. Fui de Ouro Preto a São Paulo dirigindo, para não acionar a memória traumática das viagens de ônibus. Voltei muito feliz porque, com o título de doutor, seria promovido a professor adjunto.

Escrevi a tese pensando no livro, de modo que não precisei fazer maiores adaptações no exemplar que mandei para a FGV Editora. A publicação foi aceita e o livro saiu em 1997. Foi bem recebido: fiquei realmente surpreso quando um colega da Ufop me disse que Elio Gaspari estava elogiando o trabalho na sua coluna de domingo. A temática, por si só — independentemente dos acertos ou desacertos de minha abordagem —, atrai o interesse das pessoas.

Foi com esse trabalho que iniciei meus estudos sobre a ditadura militar, lá se vão 30 anos. Quando ainda estava buscando fontes para a tese, fiquei sabendo que o Ministério da Justiça havia transferido para o Arquivo Nacional a documentação secreta de sua extinta Divisão de Segurança e Informações da época da ditadura. Isso foi em 1993. Passados alguns anos e muitas tratativas, consegui, em 1997, ter acesso ao acervo — logo após a publicação de *Reinventando o otimismo*. Devo a ele o achado feliz.

Há trabalhos que não relemos. Este, eu sempre reli. Não fiz modificações significativas para esta nova edição, mas meu aluno Andrei Leite de Souza — a quem agradeço — localizou algumas incongruências entre a tese e a primeira edição e elas foram corrigidas. Ou seja, esta segunda edição sai apenas porque o livro está esgotado. Quando encontrado em sebos, é vendido a preços absurdos — que eu mesmo jamais pagaria.

Carlos Fico

Prefácio à 1ª edição

Uma certa ideia de Brasil

No atual renascimento da historiografia brasileira, *Reinventando o otimismo*, de Carlos Fico, se destaca por trazer à discussão um novo caminho para a história das mentalidades. Na verdade, a originalidade da obra do historiador e professor da Universidade Federal de Ouro Preto reside nessa confrontação de métodos e conceitos da história política, da história das mentalidades e das ideologias, numa boa escrita que não é muito frequente na produção mais atual da universidade contemporânea.

Carlos Fico examina detidamente o último período ditatorial da história do Brasil, trazendo uma contribuição a meu ver nova, ao revelar o risco que corremos de ter um setor de propaganda com força equivalente à do Serviço Nacional de Informações (SNI), o que era desconhecido até esta pesquisa. Segundo o que ele descobriu, a ditadura quase criou um "Serviço Nacional de Relações Públicas", equivalente ao SNI em termos de *status* ministerial, por sugestão de Golberi do Couto e Silva e seus auxiliares.

Neste livro, resultado de tese de doutoramento na disciplina História Social das Ideias no Brasil, o jovem historiador carioca radicado em Minas contribui decisivamente para o estudo das identidades nacionais nas últimas três décadas, ao focalizar a velha temática do "otimismo" (e seu reverso, a do "pessimismo"), mostrando a dimensão política dessas ideologias que marcaram nossos horizontes. Ou seja, a tal "brasilidade" que tanto encantou o regime militar. Regime que revelava a face mais visível do modelo autocrático-burguês, ainda vigente em nossos dias. Nesta análise, o leitor pode entender por que "os tópicos do otimismo — a exuberância natural, a democracia racial, o congraçamento social, a harmônica integração nacional, o passado incruento, a alegria, a cordialidade e a festividade do povo brasileiro, entre outros — foram *ressignificados* pela propaganda militar tendo em vista a nova configuração socioeconômica que se pretendia inaugurar". Um discurso ético-moral com estrutura, teóricos e militantes que se apropriaram — via golpe(s) de Estado(s), não nos esqueçamos — do poder de conceituar o que era "nacionalidade", "democracia", "sociedade brasileira", "cultura brasileira", "economia brasileira" e assim por diante.

A força desse discurso foi impressionante, mais forte que a dos sucessivos economistas que ofereceram fórmulas redencionistas nos anos seguintes. Como ensina Carlos Fico, "não é preciso pagar o preço do provincianismo dos 'costumes e tradições' para se conseguir alguma identidade". E conclui advertindo que "uma sociedade também pode reconhecer-se por sua capacidade de experimentar o novo, de dialogar com o que lhe seja estranho, de revolucionar-se. E não importa que a razão para transformar-se seja uma visão pessimista — ou realista — de seu passado". Esta é uma das lições deste jovem historiador de talento e — o leitor confirmará — possuidor da boa escrita, que faz história com os pés no presente, um olho no passado e outro no futuro da história do Brasil e da América Latina.

Mas Fico, historiador e coordenador do Centro Nacional de Referência Historiográfica (CNRH), não esgota sua investigação — palavra forte adequada ao tema... — no estudo dos meandros da informação e dos vários sentidos que ela adquiriu no período, instrumento fundamental de controle e dominação. Não subestimou o aparelho ideológico montado, nem seus orientadores-ideólogos, que possuíam uma "teoria" do Brasil, que reponta ainda hoje em algumas falas e textos menos cuidados. Carlos Fico mostra como possuíam tais ideólogos uma visão de mundo, de "cultura brasileira", de mundo contemporâneo, que não se esgotava apenas nos simplismos da maior parte das cartilhas de problemas brasileiros desses filhos da Guerra Fria. Naquele mundo de cegos, que abarca o período de três presidentes militares e que teve seu ápice no governo Médici, logo seguido pela fase em que Geisel surgiu como "estadista" e Golberi como "gênio" (segundo Glauber) e ilustrado, pontificaram sobretudo economistas "cultos" — era esse seu título — que ofereciam seus préstimos ao governo, usando a mesma retórica, fazendo carreira, enriquecendo, dando "consultorias" quando fora do ministério e aumentando nossos empréstimos e nossa dívida externa, aprofundando o abismo social entre ricos e pobres que marca nossa história neste fim de século.

De modo sofisticado, o professor Fico aponta a ação desses agentes históricos para além da simples manipulação ideológica, restituindo a riqueza e a complexidade do período, para além dos embates entre propaganda do regime (veiculando uma certa ideia de Brasil) e de contrapropaganda. Essa perspectiva nova permite-nos entender por que certos grupos sociais, em particular setores médios e dominantes dos centros urbanos, reagiram de modo otimista em relação ao Brasil — ou à concepção que se tinha do país — no período 1968-73. O historiador desce do plano por assim dizer estrutural do regime — os órgãos concretos fazedores de uma certa política — ao campo dos mitos e das práticas, mostrando inclusive que os militares brasileiros não se utilizaram de técnicas e modelos clássicos de propaganda como a nazista ou a fascista, pois "sabiam da repulsa que elas causavam. Precisaram, portanto, optar por um tipo de propaganda diferenciada, amparada em temáticas não doutrinárias e com poucas colorações oficiais". Ao contrário, serviram-se de técnicas (e técnicos, vale notar) modernas(os), que surgiram com os avanços dos meios de comunicação de massa no Brasil. Não foram poucos os *experts* em comunicação, propaganda, "educação" (aspas necessárias) e mídia que despontaram nessa época e estão presentes até hoje.

A própria palavra "mídia", esse terror contemporâneo, ganha força no período. Durante a ditadura, não poucos grupos econômicos, instituições e até uma universidade pública importante se utilizaram desse mecanismo para fabricar (e vender) uma imagem positiva, "nova", otimista. O esmiuçamento das frentes dessa problemática, da propaganda concreta ao campo das "energias utópicas que muitos costumamos ter em relação ao nosso país" — para usarmos a bela formulação de Fico —, o leitor poderá saborear neste livro.

O leitor descobrirá ao mesmo tempo que, no campo das representações, dos símbolos e das percepções que os agentes tinham do "Brasil grande", e do imaginário que cultivavam, nem tudo pode ser explicado como fruto de uma conspiração ardilosa. Havia — discutível, é certo — um projeto de nação, que foi estimulado e desacelerado conforme o ritmo da conjuntura histórica e econômica mundial (a crise do petróleo, por exemplo), ou por fatores mais episódicos (como a conquista da Copa do Mundo), o que dá bem a medida da fragilidade da esfera do político em nossa sociedade contemporânea.

Uma importante fase da história do Brasil contemporâneo começa a ser desvendada, em que as ideologias culturais tiveram força excepcional para encobrir nossos descompassos e a fragilidade das soluções para os reais problemas nacionais. Um indício de que nem tudo vai mal num país pode ser captado na produção historiográfica, o mais sensível dos termômetros para medir a temperatura de uma dada formação histórico-cultural. Nesta nova etapa da vida brasileira — esperamos estar certos —, uma historiografia vibrante, aguda e sofisticada começa a revelar seus melhores frutos. Entre eles já se inscreve o nome de Carlos Fico.

Carlos Guilherme Mota

Introdução

"[...] eles [os historiadores] contribuem, conscientemente ou não, para a criação, demolição e reestruturação de imagens do passado que pertencem não só ao mundo da investigação especializada, mas também à esfera pública onde o homem atua como ser político. Eles devem estar atentos a esta dimensão de suas atividades."

Eric Hobsbawm, *A invenção das tradições* (1984)

Todas as coisas projetam uma sombra, mas nem todas criam uma imagem. Em alguns casos, experiências, impressões e sentimentos vinculam-se a políticos, a pessoas notáveis ou a países, e acabam por lhes conferir uma personalidade, boa ou má. Mencionada a expressão "político mineiro", quase inconscientemente juntamos "astucioso"; se nos falam dos Estados Unidos, é possível que pensemos em "oportunidades" ou "riquezas"; citado o nome de Mozart, nos ocorre "genialidade". Por quê? Talvez pelas mesmas razões que levaram e levam muitas pessoas a identificar o Brasil como "país do futuro" e o brasileiro como "otimista".

Essas associações não ocorrem por acaso. Em geral fundamentam-se em certo tipo de "material histórico", que por sua vez foi gerado com base em dados efetivos da realidade, filtrada, naturalmente, pela subjetividade dos que o produziram. Muitos políticos mineiros foram sagazes, os *self-made men* americanos existiram, Mozart era mesmo genial. Contudo, muitas vezes essas imagens são utilizadas para ofuscar áreas de sombra, nódoas, defeitos que se quer esconder. A propagação da ideia do político sagaz, por exemplo, talvez encubra traços de uma conciliabilidade permissiva que se quer ocultar. Mas esse movimento de criação de uma imagem retocada não é sempre uma ação ardilosamente coordenada e, nesse sentido, "maquiavélica". Trata-se de algo mais complexo.

Reside precisamente nessa complexidade a dificuldade que os pesquisadores têm de estudar esses sistemas de representações — ideias, impressões e imagens que os grupos sociais possuem sobre países, pessoas ou coisas. Surgem espontaneamente ou são decorrentes da vontade de alguém? Articulam-se com outros fenômenos, como os de natureza econômica, ou configuram-se de maneira autônoma? São comuns a todos ou diferenciam-se conforme os grupos ou classes sociais? As respostas variam muitíssimo. Mas essa fragilidade teórica não tem impedido que historiadores analisem os problemas das "ideologias", do "imaginário social", da "mitologia política", da "mentalidade coletiva", das "programações sociais do comportamento" ou das "representações" — multiplicidade conceitual que expressa não apenas uma diversidade de enfoques, mas a dificuldade teórica mencionada.

Da mesma forma, como seria possível afirmar que determinada atitude, individual ou coletiva, é fruto dessa ou daquela representação? Ou seja, é possível detectar se um comportamento específico corresponde a uma certa imagem que se tem de algo?[1] Espero esclarecer, até o final deste trabalho, como considero esses problemas. Mas, para situar algumas definições preliminares, é preciso determinar o tema a ser abordado.

O assunto central deste texto é a análise da propaganda política que o regime militar brasileiro produziu no período 1969-77. As poucas reflexões existentes sobre o assunto tendem a compreendê-lo a partir da tradicional ótica da "manipulação ideológica", entendendo que a propaganda constituiria uma "máquina de controle

---

[1] Para Roger Chartier (1992:viii, prólogo à edição espanhola), as representações jamais mantêm uma relação imediata e transparente com as práticas sociais. Pierre Ansart (1978:22), entretanto, chama atenção para a "imanência dos significados na prática social" e para a impossibilidade de supor o imaginário social como instância autônoma ou epifenômeno.

ideológico" que surgiu como reação da ditadura aos movimentos mobilizatórios da sociedade, capaz, inclusive, de neutralizar tais movimentos. Esse "clima de pressão psicológica", por fim, acabaria afetando o senso crítico das pessoas (Garcia, 1990; Galletti, 19--).

Acho que são grandes as limitações desse enfoque. A ênfase na "intenção", isto é, na análise dos propósitos ideológicos de quem faz a propaganda, tende a originar uma explicação mecânica, que funciona em bases causais simplistas; ou seja, à mobilização social corresponderia uma reação em termos de propaganda que, por sua vez, anularia aquela mobilização. Afinal, como é de se esperar, a lógica da produção da propaganda "faz todo o sentido". A focalização dessa etapa geradora, portanto, tende a obscurecer o fato de que tal produção não possui significações completamente dadas e de que, na verdade, algum sentido se realiza efetivamente quando alguém entra em contato com a propaganda em pauta,[2] embora seja muito difícil detectar tal recepção. Da mesma forma, as abordagens mencionadas tendem a presumir a existência de uma "contraideologia", ou contrapropaganda, que, segundo a lógica estabelecida, seria natural que surgisse como reação. Assim, criando uma expectativa quanto ao surgimento de uma contrapropaganda, essas análises costumam deparar-se com uma "evidência": a contrapropaganda dos setores dominados é "difusa e assistemática" (Garcia, 1990:133), isto é, não corresponde ao grau de sofisticação detectado pela ótica que propriamente estabeleceu tal sofisticação — a ótica do analista. Portanto, torna-se impossível, nessa perspectiva, notar que um *diálogo* mais frutífero seria o que se poderia estabelecer entre a propaganda e as diversas leituras suscitadas, e não entre a propaganda e a contrapropaganda. Diante da "frustração" causada pela fragilidade da contrapropaganda, é comum ainda que se superestimem certas recepções específicas e em geral restritas a pequenos setores sociais, como a visão crítica em relação à propaganda de alguns intelectuais, visão que evidentemente não repre-

---

[2] Ver Chartier (1992:37, "Historia intelectual e historia de las mentalidades: trayectorias y preguntas").

senta a "percepção média" dos problemas por parte da maioria da sociedade — em geral muito mais condescendente ou apática.

Há também o problema da generalização: de que "pessoas" se está falando quando se afirma a capacidade de abalar o senso crítico que a propaganda teria? Há grandes diferenças na maneira pela qual os vários grupos sociais interagem com os diversos fenômenos, inclusive em como recebem e interpretam qualquer propaganda. Além disso, no que se refere aos esquemas de percepção e apreciação dos distintos sujeitos sociais, há a possibilidade de ocorrerem variações bruscas em prazo relativamente curto, em virtude, digamos, da conjuntura econômica, sem que se alterem tendências mais consolidadas. Norbert Elias (1994:26-27), por exemplo, fala de termos como "civilização" e "cultura", que "morrem aos poucos, quando as funções e experiências na vida concreta da sociedade deixam de se vincular a eles. Em outras ocasiões, eles apenas adormecem [...] e adquirem um novo valor existencial com uma nova situação".

Assim, certos grupos sociais brasileiros, especialmente os setores médios e de elite dos centros urbanos, experimentaram a vitalidade do sentimento de otimismo em relação ao país durante o período 1968-73, época do chamado "milagre econômico", para, pouco tempo depois, terem com o mesmo sentimento uma relação de estranhamento ou nostalgia.[3] O próprio significado da palavra "otimismo" altera-se conforme o busquemos neste ou naquele grupo social — para uns, a promessa de ingresso no Primeiro Mundo; para outros, a esperança de um emprego — ou então, conforme o notemos nesta ou naquela época: o civismo observado em certas fases do período militar seguramente não era do mesmo tipo daquele que se verificou em episódios mais recentes, como a Campanha das Diretas.[4]

---

[3] Muitas manifestações de preocupação com as ondas de pessimismo decorrentes das crises vividas nos anos 1980, no Brasil, puderam ser vistas na época. É o caso da conjuntura pessimista do final da década. Ver, a propósito, Sotero (1989:8).

[4] Ver capítulo 2.

Mas o principal problema dos trabalhos existentes é que o vetor da análise é a noção de luta de classes ou, dizendo-o precisamente, é o conceito de ideologia com a conotação crítico-negativa de parte da tradição marxista. Tal conotação, como se sabe, é acompanhada da ideia de uma dupla inversão (na consciência e na realidade) e supõe a ideologia, ao mesmo tempo, como fruto e ocultadora das contradições sociais. Decorre daí a noção de distorção, isto é, fórmulas que ocultam ou disfarçam a existência e o caráter das contradições, reproduzindo-as no interesse da classe dominante. Ora, a imagem otimista sobre o Brasil terá servido, sem dúvida, para reproduzir os interesses das elites brasileiras. Várias vezes se veiculou uma visão homogeneizada do país, em que todos os sacrifícios de um presente quase eternizado eram justificados pela perspectiva de um futuro promissor sempre prenunciado. Mas isso não é tudo.

Aquilo que, ao longo deste trabalho, será definido como "ponto de vista otimista" também constituiu a base de uma significativa rede de autorreconhecimento social. O conjunto de convicções sobre as grandes potencialidades brasileiras e sobre a consequente postura do brasileiro como otimista, esperançoso, crente no futuro, vem servindo como referencial para a inclusão em um grupo, em uma comunidade — precisamente a que conforma "o Brasil". Assim, a conotação crítica e negativa do conceito de ideologia dificilmente viabilizaria a abordagem que aqui se pretende.[5] De fato, a disputa pela "leitura correta" do Brasil não é um fenômeno que se possa entender de maneira frutífera apenas observando-o como um processo de distorção das contradições sociais patrocinado pela classe dominante. O assunto, afinal, não expressa apenas a vontade de manter as relações de subordinação e dependência existentes em uma época. Por outro lado, a visão pessimista sobre o Brasil também é originária de setores da elite, isto é, embora a perspectiva otimista sirva mais facilmente aos propósitos de dominação (exercendo o

---

[5] Note-se que essa impossibilidade conceitual não é uma concessão à moda antimarxista. Não tenho condições de resolver os impasses teóricos relativos às mediações concretas e múltiplas de uma sociedade vista como uma *totalidade*, mas este último conceito, penso, não pode ser descartado.

que poderíamos chamar de função ideológica), as visões trágicas sobre o Brasil — sua inviabilidade e seus desmantelamentos — foram produzidas também por setores dominantes.

Outro problema realmente importante: a propaganda política dos militares brasileiros não é plenamente compreendida se utilizamos os modelos clássicos de análise de propaganda de regimes totalitários surgidos a partir de estudos sobre a propaganda nazista ou fascista.[6] Os militares brasileiros, evidentemente, conheciam esses tipos clássicos de propaganda — por isso sempre procuraram negar semelhanças com o Departamento de Imprensa e Propaganda (DIP) de Getúlio Vargas — e, mais do que isso, sabiam da repulsa que eles causavam.[7] Precisaram, portanto, optar por um tipo de propaganda diferenciada, amparada em temáticas não doutrinárias e com poucas colorações oficiais. Do mesmo modo, utilizaram técnicas modernas, conhecidas a partir dos então recentes avanços dos meios de comunicação de massa no Brasil. Portanto, não só é possível, mas ao que me parece faz-se necessário, analisar a propaganda veiculada pela ditadura militar focalizando questões que vão além de uma *instrumentalização* ideológica mais ou menos ardilosa, mais ou menos eficaz. Pretendo refletir sobre as razões que teriam motivado aquela visão ufanista, típica da propaganda oficial do período, e que, claro está, não nasceu com a Assessoria Especial de Relações Públicas (Aerp, 1968-73) ou a Assessoria de Relações Públicas (ARP, 1974-78), órgãos da Presidência da República responsáveis pela propaganda na época.[8]

---

[6] Ver, a propósito, Driencourt (1950) e Domenach (1963). Esses modelos não poderiam ser aplicados no caso da propaganda do regime militar brasileiro em função das especificidades deste último. É certo, porém, que possuem muitos indicadores úteis à análise que aqui se procurará desenvolver.

[7] Sobre o sentimento de desconfiança e rejeição que as sociedades costumam desenvolver em relação à propaganda, ver Domenach (1963:104-105).

[8] Cabe notar que, obviamente, toda propaganda política (inclusive a dos militares brasileiros) expressa forte sentimento otimista. A singularidade que aqui se busca é o confronto de um fenômeno de curta duração (o otimismo da ditadura) com tendências culturais de longa duração (a história do otimismo/pessimismo no Brasil).

Trata-se, portanto, de um recorte próprio à história política (a análise da propaganda política produzida por um governo ditatorial). Mas, trata-se também de buscar o estabelecimento de nexos *relacionais* entre esse fenômeno político e outros, como o econômico (o chamado "milagre brasileiro"), ou, sobretudo, o social, pois a premissa central deste trabalho é que a propaganda política da ditadura militar chamou atenção de maneira aguda e explícita para a existência de um processo de longa duração — a tentativa de elaborar uma "leitura" sobre o Brasil que, ao mesmo tempo, criasse as bases para um sistema de autorreconhecimento social e se instaurasse como mística da esperança e do otimismo. Assim, a propaganda também pode ser vista como um "repertório" de modelos de comportamentos sugeridos, com maior ou menor sutileza, como os comportamentos adequados; ou seja, aquilo que deveria ser a "leitura correta" da sociedade e da história brasileiras, às quais corresponderiam atitudes apropriadas. Portanto, o principal objetivo deste trabalho é compreender a propaganda política do regime militar como um momento privilegiado para o estudo de uma tendência de longa duração no Brasil: a construção de uma visão otimista sobre o país que se contrapõe e ofusca outra, de cunho pessimista. Vale salientar: o que se entende por "otimismo" neste trabalho não é apenas a atitude positiva de que os problemas brasileiros podem vir a ter uma solução satisfatória, mas a plena convicção de que isso ocorrerá, em função de algumas características enfocadas de forma mítica. Evidentemente, esse tipo de fenômeno não é marca exclusiva do Brasil. Porém, parece interessante confrontar um tema típico da história política — o estudo da propaganda que, no caso brasileiro recente, não só foi "atípica" como se estruturou em um grande sistema — com problemáticas que costumam ser instauradas por tendências mais contemporâneas da história, como a questão do imaginário social. Recentemente, Pierre Rosanvallon (1995:11 e 17) chamou atenção para um caminho possível de renovação da história política, que deveria desembocar no que ele chama de "história conceitual do político", sugerindo a necessidade de uma aproximação entre a história política e essas novas tendências. O mesmo foi aventado por Roger Chartier (1992:23) no tocante à história das ideias e das mentalidades.

Essa tentativa de renovação é indispensável no caso em pauta. Afinal, quando se pensa em longa duração, o otimismo pode ser visto como um fenômeno de ordem mítica (quando se ampara, por exemplo, nas "virtudes inatas" do brasileiro ou no "destino de grandeza" do Brasil). Entretanto, em sua trajetória de ressignificação, adquire por vezes um caráter imaginário (quando novos significados são atribuídos a uma dada estrutura de significação) ou ideológico. Todas essas dimensões se interpenetram. É nesse sentido que se utilizará a noção de "imaginário social", útil para a abordagem da problemática que aqui vai sendo delimitada. Apesar das insuficiências teórico-conceituais que ainda persistem nos estudos que lançam mão dessa categoria, algumas articulações e convicções vão aos poucos dando mostras de eficácia. Por um lado, no campo dos estudos políticos, pode-se relacionar essa noção com outras, que igualmente parecem frutíferas, como as ideias de "mito político" e de "identidade coletiva".[9] São noções que facilitam a compreensão de fenômenos em que estão em jogo a busca do sentimento de unidade, de continuidade e de coerência (Pollak, 1992:207) — como é o caso da propaganda da mais recente ditadura brasileira. Por outro lado, o imaginário social ou coletivo pode ser pensado como fenômeno que de fato intervém na esfera do poder, especialmente do poder político. Como lembra Bronislaw Baczko (1985:298-299), "exercer um poder simbólico não consiste meramente em acrescentar o ilusório a uma potência 'real', mas sim em duplicar e reforçar a dominação efetiva pela apropriação

---

[9] Neste trabalho a noção de mito será empregada não como "crença", mas como "imaginário vivido". O relato mítico possibilita interpretar acontecimentos de acordo com o molde que ele próprio propõe e, neste sentido, pode ser reinventado, para adaptar-se a exigências particulares, pelos "especialistas do manejo simbólico". Ver Ansart (1978:23-30). A noção de identidade será aqui empregada não como "essência", mas como "fenômeno que se produz em referência a outros, em referência aos critérios de aceitabilidade, e que se faz por meio da negociação" (Pollak, 1992:204).

INTRODUÇÃO

dos símbolos e garantir a obediência pela conjugação das relações de sentido e poderio".

Na medida em que o imaginário não é um "domínio" que se esgota em si mesmo, o que se espera é poder articulá-lo com fenômenos de outra natureza. Até porque, como os imaginários sociais parecem realizar-se especialmente quando da projeção, no futuro, de expectativas, esperanças ou temores generalizados entre as sociedades, "a história do *savoir-faire* no domínio dos imaginários sociais confunde-se em grande parte com a *história da propaganda*, isto é, a evolução das suas técnicas e instituições, a formação do seu pessoal etc." (Baczko, 1985:300).

Por tudo isso é que se tornou necessário estudar inicialmente alguns aspectos históricos da evolução do tema no Brasil. Isto é, o surgimento de leituras sobre as possibilidades do país, leituras que o consideravam bem ou malfadado precisamente em função de um "caráter nacional" ou "brasilidade" que paulatinamente também se ia traçando; é o que faremos no capítulo 1. A propaganda política, além de ser a visão da realidade que o regime autoritário pretendia propagar, era igualmente a percepção que o próprio poder tinha de si mesmo. Por isso julguei indispensável abordar, no capítulo 2, como este poder aparecia, não através da propaganda, mas de outros momentos expressivos, como a morte e a posse de mandatários. Por se tratar de discutir a propaganda (tema dos capítulos 4 e 5) segundo a ótica valorizadora da grandiosidade do país e de sua pretensa vocação para o sucesso, tal tema — o do "Brasil grande" — será abordado no capítulo 3.

A meu ver, o principal desafio para o analista de propaganda política é analisar a recepção dessa propaganda. Se não é fácil, pelo menos é possível detectar os propósitos e estratégias de quem faz a propaganda. Como compreender, porém, a maneira pela qual ela é entendida por quem a vê? Aqueles propósitos foram atingidos? Se fizéssemos uma leitura da propaganda estritamente através do conceito de ideologia, teríamos que nos perguntar sobre a eficácia da propaganda em ocultar o caráter ditatorial do governo que a produziu e se impor como "ideologia dominante". A questão, entretanto, torna-se mais complexa quando observamos essa propaganda como parte de um amplo processo de disputa por uma interpretação; no caso, sobre a imagem do Brasil como um país de futuro (que legitima a vocação do brasileiro para ser um otimista) *versus* a imagem do Brasil como um país cheio de problemas, cujas soluções não são fáceis de divisar.

Portanto, o ideal seria tentar compreender a multiplicidade de significações que grupos sociais diferentes conferem às mesmas mensagens de propaganda. Contudo, por dever de honestidade intelectual, é preciso sublinhar: pode haver uma distância considerável entre delineamentos teóricos aparentemente eficazes e sua realização no plano de pesquisas concretas. É muito difícil detectar as diversas recepções sociais da propaganda, mesmo em se tratando de fenômeno próximo no tempo como o caso em pauta. As dificuldades são especialmente de ordem heurística: que fontes poderiam indicar tais diferenças de recepção? As raras tentativas feitas neste trabalho não dão conta da necessidade teoricamente percebida. Contudo, tal percepção não deixa de ser útil: é ela que inspira a comparação entre o fenômeno episódico da propaganda e a questão de longa duração do otimismo, precisamente para que o estudo não fique prisioneiro apenas da esfera da produção da propaganda.

Diversos analistas julgam que "o otimismo, como uma filosofia das esperanças históricas, é uma das características brasileiras". A frase é de José Honório Rodrigues (1963:25). A "exaltação exagerada de nossos valores" era, em 1954, a preferência de Austregésilo de Ataíde contra a corrente que, segundo ele, pretendia "tirar as ilusões da juventude" (1954:16). Os jornalistas, desde sempre, também colaboraram muito para propagar a ideia do brasileiro como um "obstinado otimista" e do Brasil como "um país formidável" e com potencialidades enormes.[10] A lista poderia ser estendida indefinidamente; na verdade, tudo isso se refere a algo que Sérgio Buarque de Holanda (1991:110) já havia enun-

---

[10] Ver, por exemplo, Melo Filho (1964:11).

ciado, "a ardente exaltação do passado, a fabricação de mitos e tradições veneráveis constituiu sempre um expediente compensatório favorito para aqueles que não se podem gabar de longas e ilustres tradições".

Ou seja, para usar a expressão de Eric Hobsbawm e Terence Ranger, a invenção de uma tradição — neste caso, a invenção do otimismo. Um longo processo, não sem percalços, de constituição e consolidação, na esfera das elites, da ideia de que o Brasil é um país grandioso e, por isso, o brasileiro deve ser um otimista. Assim, ao falar de "invenção do otimismo" não estou supondo a criação *ex nihilo* de uma atitude esperançosa quanto ao país, mas a *ressignificação*, patrocinada pela propaganda militar, de uma tendência preexistente. Evidentemente, não é meu propósito emitir juízos de valor, condenar quem se diga otimista. Mas cabe reiterar que aqui me refiro ao otimismo tal como foi há pouco definido, isto é, como certeza sobre a predestinação do Brasil ao sucesso.

Uma das principais dificuldades a enfrentar é a proximidade temporal do fenômeno em pauta, já que a ditadura militar brasileira instalou-se em 1964, há 60 anos. São conhecidos os problemas da abordagem histórica de fenômenos recentes, sintetizados na metáfora da floresta que só se torna visível, no conjunto, conforme mais nos afastemos dela. Também há riscos de forte interferência subjetiva, o que impõe o mais rigoroso controle possível de convicções políticas pessoais, por exemplo. É difícil, portanto, assumir um ponto de vista analítico "externo"; não achar "natural" uma campanha veiculada pela TV — como as que foram comuns à época da Aerp/ARP —, vê-la como algo a ser compreendido e não como um dado inteligível *a priori*, que seguiria a ordem regular das coisas. Da mesma forma, como não condenar, previamente, um regime político de supressão das liberdades mais elementares? E, por consequência, como não presumir uma intenção mascaradora por parte da propaganda? Evidentemente, não é o caso de supor uma atitude ingenuamente neutra, mas de evitar o simplismo a que as condenações superficiais induzem. Penso que um dos meios de contornar esses problemas é optar por entender a propaganda da época como um fato que não se esgota em si mesmo, mas que se funda numa temporalidade distinta, de maior duração, como já mencionado. Com isso, instaura-se certo estranhamento, distanciamo-nos analiticamente de uma época aparentemente corriqueira. Isso implica, evidentemente, um desafio: cumpre reportar-se a um passado longínquo e referi-lo a épocas contemporâneas, propondo uma narrativa entrecortada e talvez inusitada para os padrões de uma história mais ortodoxa quanto à cronologia. O que se pode dizer em favor dessa opção é que ela não é fortuita: surge como necessidade, em função das delimitações que vêm sendo feitas.

De fato, é possível detectar a existência de um conflito secular entre duas perspectivas, duas visões sobre o Brasil. Para uma delas, viveríamos numa terra abençoada — um país exuberante, rico, grandioso, que só poderia inspirar sentimentos esperançosos quanto ao seu futuro, certamente positivo. Para a outra, nossa triste sorte seria explicada por deficiências estruturais diversas, não restando muito mais que uma expectativa cética e pessimista quanto ao nosso possível futuro.[11]

Um texto tido como um dos "documentos fundadores" da história brasileira — os *Diálogos das grandezas do Brasil*, de 1618, aparentemente de Ambrósio Fernandes Brandão — aborda justamente o confronto entre o otimista Brandônio, português há muitos anos residente no Brasil, admirador confesso do país e otimista inveterado em relação às potencialidades brasileiras, e Alviano, reinol recém-chegado, descrente do Brasil e pessimista. Como se sabe, tudo começa porque Alviano observa que Brandônio tem nas mãos o que parece ser um porta-joias e que é, na verdade, o fruto de uma árvore que nasceu espontaneamente de uma das escoras da casa diante da qual se encontraram. Brandônio diz que a lanugem daquele fruto pode servir para enchimento de travesseiros,

---

[11] Importante historiadora brasileira já chamou atenção para o fato de que essas perspectivas, que aqui chamo de "otimista" e "pessimista" — presentes desde o período colonial —, caminham juntas: o mito edênico e a infernalização da colônia. Ver Souza (1993:372).

para tecer, enfim, teria muita utilidade — do que duvida Alviano. Daí para a frente desenvolvem-se os diálogos, nos quais Brandônio tenta convencer Alviano das potencialidades do Brasil. Mais de 200 páginas depois, Alviano está plenamente convertido e afirma que "por toda a parte, por onde quer que me achar, apregoarei do Brasil e de suas grandezas os louvores que elas merecem". Notável, aliás, que tudo comece com essa alegoria sobre a utilidade e a potencialidade da natureza brasileira, que, de tão exuberante, vivifica mesmo quando modificada.

Essa vitoriosa pedagogia de Brandônio pode ter inspirado outros convictos otimistas. Séculos depois, a mais duradoura ditadura brasileira preocupar-se-ia em conformar um novo padrão de comportamento social, compatível com um patamar de desenvolvimento econômico (que mais desejou do que consolidou). Tratava-se, então, não só de convencer a todos das potencialidades brasileiras, mas de sugerir que, como essas riquezas nos dariam ingresso ao "mundo desenvolvido", eram desejáveis certas regras de conduta, de civilidade. Esse debutar, portanto, deveria ser cercado de muitos cuidados: era essencial que comportamentos e convicções adequados se espraiassem por toda a sociedade, e essa busca de adequação seria viabilizada pelo recurso às imagens do passado; não pelas imagens aterradoras da preguiça ou de outras mazelas, mas pela estetização de imagens relativamente gastas, banais, que, retocadas com os recursos dos modernos meios de comunicação, ganhariam a força de uma realidade virtual. Trata-se, portanto, da recuperação de um material histórico específico, de certa memória, que "importa não tanto pelo conhecimento que traz, mas pela ação que ela governa".[12]

---

[12] Apresentação de Renato Janine Ribeiro a Elias (1994:10).

Foto do filme sobre Pindorama (ver, em "Fontes e bibliografia", a subseção "Filmes").

Como mostrava a TV, o país dos coqueiros, sim, com seus indígenas, a chegada dos portugueses, as aves que voam no horizonte grandioso sob o qual se criaria uma cultura "singular", com suas festas, o bumba-meu-boi, mas imediatamente amalgamado com computadores e com uma sociedade que trabalha, em paz, sob o símbolo da concórdia e da aliança que é o arco-íris. Era esta a visão presente em *Pindorama*, um dos filmes da propaganda de então, cuja música sintetizava, em poucos versos, os tópicos da grandiosidade, da unidade, da ausência de preconceito racial e do otimismo:

Foi Pindorama a mãe dessa terra gigante chamada Brasil.
Unida na mesma língua, no canto, na dança, destino comum.
Índio, mulato e branco, de todas as cores, são todos por um.
A esperança de um novo amanhã já presente no sorriso dessa gente.
Este é um país que vai pra frente.

Aí está uma utilização clássica de um mito, que pretende reforçar certas características do imaginário coletivo sobre o Brasil, tendo em vista a expressão de um sentimento de identidade. Pindorama — que originalmente na língua tupi designa o "país das palmeiras" — personifica-se num ente sobrenatural que gera o Brasil, terra caracterizada pela integração inter-racial e linguística e pela postura esperançosa de seu povo. Curiosamente, portanto, é o próprio "país das palmeiras" que gera a si mesmo: autógeno porque especialmente singular. Assim, além de amparar-se na "consciência que o Ocidente tem de si mesmo" (Elias, 1994:23), especialmente através da ideia de "civilização cristã" e "democrata" (na acepção de "não comunista"), a propaganda política de então buscou consolidar como tradição incontestável certa tendência, de fato já forte na época, de leitura sobre o Brasil: a vinculação entre os brasileiros, a unidade na identidade, se daria através de uma "cultura brasileira"[13] mesclada com uma promissora visão do futuro. A força dessa imagem foi tanta que, ao brasileiro que ousasse ser pessimista, restaria sempre a sensação de que possuía uma sombra em seu caráter.

A propaganda dos anos 1970 causou forte impressão porque foi ao encontro de uma espécie de pacto, cuja possibilidade de concretização foi antevista, consciente ou inconscientemente, pela Aerp: a personificação da figura do "Brasil" e a força explicativa conferida à generalização da figura "do brasileiro". É notável a importância que os setores letrados da sociedade — a chamada "opinião pública" — conferem a estas entidades, criadas por eles mesmos, e que servem como parâmetros de explicação para quase tudo. Assim, este ou aquele problema explica-se porque "o Brasil" é desta ou daquela maneira. Da mesma forma, a suposta personalidade ou caráter "do brasileiro" tornariam inteligíveis várias questões. A preocupação com este tipo de identidade, naturalmente, não é uma exclusividade nossa. Porém, mais de um analista estrangeiro já notou a ênfase dada à questão. Segundo o *brazilianist* Matthew Shirts: "Chama a atenção do estrangeiro não só a maneira, mas a insistência com que o brasileiro fala do próprio brasileiro e do Brasil [...] Em nenhuma outra parte do mundo se fala tanto das características do povo e da Nação [...] O País e seu povo são res-

---

[13] Para Carlos Guilherme Mota (1990b: 268), "a noção de 'cultura brasileira' gerada nos últimos 40 anos dissolveu as contradições sociais e políticas *reais*, quando estas afloravam no nível da consciência dos agentes". O trabalho foi primeiramente divulgado em 1975.

ponsabilizados por quase tudo que acontece [...] Essa é, sem dúvida, uma das principais características nacionais" (apud Pereira, 1991:10).

Ora, qualquer ideia que se consiga vincular efetivamente à imagem do Brasil e do brasileiro, numa sociedade que atribui tanta importância a um suposto caráter de ambas as noções, acabará por ter força de preceito. Daí provém o constrangimento em se negar o otimismo. Ou em se rejeitar certos valores ou símbolos da singularidade da "cultura nacional": o futebol, o carnaval, a alegria, o otimismo. A busca desta singularidade, aliás, é também um projeto de maior duração, estabelecido por Karl Friedrich Philipp von Martius, vencedor do concurso promovido pelo Instituto Histórico e Geográfico Brasileiro, em 1844, sobre "Como escrever a História do Brasil?". Sua resposta "tinha como base o suposto papel específico desse país, composto por três raças mescladas e formadoras: 'Qualquer que se encarregue de escrever a História do Brasil, *país que tanto promete*, jamais deverá perder de vista quais os elementos que aí concorreram para o desenvolvimento do homem. São esses porém de natureza muito diversa, tendo convergido de um modo muito particular as três raças'" (Schwarcz, 1989:24, grifo meu).

A busca desta singularidade, através do estudo das três raças, que a partir de então se constituiu em tema da predileção de muitos intelectuais, gerou farto material histórico. A partir dele é que se constituiria a propaganda política dos anos 1970 e, tal como em algumas interpretações clássicas da sociologia e da historiografia brasileiras, regiões escuras da "trajetória nacional" não seriam iluminadas: criar-se-ia uma imagem com muitos claros.

1

Otimismo e pessimismo no Brasil

> "Passado o otimismo e a confiança das primeiras horas da Independência, quando estava o brasileiro ainda fascinado pelas drogas e minas, pela grandeza e possança que lhe ensinara Antonil, ele sufocou sua insuficiência diante do catálogo interminável de suas riquezas, que não estavam tão à mão como lhe parecia antes, e, pelas suas próprias tendências, caiu no irrealismo. Aí está a raiz do ufanismo: riquezas e não tarefas, excelências, e não suficiências, econômicas e espirituais."
>
> José Honório Rodrigues, *Aspirações nacionais* (1963)

É comum falar em fases de otimismo ou de pessimismo em relação a certos momentos da história do Brasil. Identifica-se, por exemplo, o período do governo de Juscelino Kubitschek com todo um ideário social de esperanças em relação ao país. Da mesma forma, do final do século XIX até os anos 1950, vários intelectuais brasileiros estudaram uma série de questões que restringiriam, segundo eles, as possibilidades de desenvolvimento do Brasil, gerando o que se pode chamar de uma leitura pessimista sobre o país. Assim, há pelo menos dois campos básicos a partir dos quais se pode falar de fases ou conjunturas de otimismo ou pessimismo: um, o da sociedade, suas expectativas em relação ao país, em geral originadas de circunstâncias mais imediatas, do presente; outro, o da intelectualidade e seus estudos sobre o Brasil, também influenciados pelo presente, mas que normalmente dialogam com leituras de outras épocas e se fundam ainda em fenômenos de mais larga duração. Para rastrear um pouco a história do otimismo e do pessimismo no Brasil, vamos buscar em seguida algumas ideias-força deste segundo conjunto, mais fácil de detectar em função dos registros escritos que gera.

Como é natural, quase todas as discussões sobre as possibilidades futuras do Brasil amparam-se em alguma angustiosa expectativa que já se tem em mente sobre o país. Seja um futuro brilhante pelo qual há que lutar, seja um inevitável fracasso, que ao menos cabe compreender. É um campo de ideias em luta e, por isso mesmo, de constituição de concepções, de leituras que se quer abalizar como corretas em detrimento de outras. No que se refere às análises literárias, por exemplo, a busca dos "primórdios da nacionalidade" constituiu bom exemplo disso: quando teria surgido o "sentimento nacional" em nossa literatura?[14] Poetas como Manuel Botelho de Oliveira (1636-1711) e Francisco de São Carlos (1763-1829) são identificados como precursores do que viria a ser um efetivo "sentimento de nacionalidade", já que poemas como *A ilha da Maré* (1705), do primeiro, seriam, no fundo, "de uma espécie antes paroquial que nacional", isto porque o "sentimento nacional só principia a exprimir-se plenamente em nossa poesia quando o *locus amoenus* se expande das ilhas para o continente e deixa, assim, de representar a exceção para converter-se em norma" (Holanda, 1991:80). Da mesma forma, no *Assumpção* (1819), os "aspectos pátrios" descritos por Francisco de São Carlos prendem-se "menos à aspiração de grandeza futura para a terra que o viu nascer do que ao orgulho satisfeito e surdo de pertencer-lhe por alguma espécie de predestinação". Por isso esse poeta "só representa o sentimento nacional, em nossa poesia, de forma ainda incipiente" (Holanda, 1991:76 e 78).

Ora, essa busca de precursores, da gênese do "sentimento de nacionalidade", é muito mais um fenômeno correlacionado à consti-

---

[14] Neste trabalho, recorre-se à literatura como "prática simbólica que põe em cena determinados materiais históricos" e não como forma de apreensão imediata do real. Ver Hansen (1995-96:1, entrevista a Joaci Pereira Furtado). Uma crítica sobre os escaninhos ideológicos e simbólicos da busca dos "primórdios da nacionalidade" demandaria uma longa pesquisa.

tuição de certa noção de "brasilidade" do que uma análise literária mais ou menos feliz. Decerto, há questões importantes no campo dos estudos literários para as quais estudiosos recentes têm chamado atenção. Uma delas é que tal busca do sentimento nacional acaba por encobrir a vinculação dos autores analisados a certas tradições formais que perseguiam, sendo, portanto, menos importante a referência ao plano da realidade (enaltecer a pátria) do que a busca de inserção nessas tendências formais, retóricas ou estilísticas. Esta é uma questão importante para os estudos literários, mas, para o enfoque que aqui nos interessa, o que convém destacar é outra coisa: a constituição de certa imagem sobre o Brasil foi um movimento intelectual importante para as gerações que viveram o final do século passado e o início deste. Procurar compreender quem éramos, por que dávamos certo ou não, também supunha questionar a gênese do "sentimento de nacionalidade", inclusive *inventando-o*, isto é, vendo no que talvez sejam opções formais, retóricas ou estilísticas, prenúncios de uma esperada exaltação da "brasilidade".

Aquilo que até hoje é percebido como o repertório de imagens e ideias que definem o Brasil começou a se plasmar — pode-se dizê-lo em termos gerais — entre a Independência e as décadas seguintes do século XIX. Para alguns analistas, que identificam tal fase com o romantismo, esse período foi vivido "num ambiente de entusiasmo pela vida nacional, de confiança no futuro do jovem país, de celebração de sua natureza, de elogios à inspiração de seus jovens poetas" (Leite, 1983:179). A produção romântica, nesse sentido, propunha imagens sintéticas sobre o sentido da natureza e do homem brasileiro.

Cabe aqui uma ressalva sobre essas visões sinópticas. A análise histórica do texto literário e do desenvolvimento dos fenômenos intelectuais procura, regra geral, delimitar singularidades, particularidades definidoras do exato perfil de um autor, de uma obra, de uma tendência. Coisa um tanto diferente orienta estudos como o presente: não importa tanto aqui o que efetivamente foi ou significou um autor ou uma obra, e sim captar, por assim dizer, o que restou deles. É natural que assim seja; afinal, busca-se a constituição de um conjunto de representações que seria usado de acordo com as necessidades daqueles que dele lançariam mão, e não em conformidade com os desígnios de quem o produziu. No caso dos românticos, por exemplo, boa parte da diversidade fica diluída por trás do traço geral do "amor à pátria". Isso não os define cabalmente, mas é a problemática mais marcante que, a partir deles, seria incluída no "material histórico" que aqui se procura delinear.

Pode-se compreender bem o significado desse período quando se examina a atuação do Instituto Histórico e Geográfico Brasileiro (IHGB), criado em 1838.[15] Composto por conselheiros de Estado, senadores, enfim, pela elite política do Império, desde sempre o IHGB esteve fortemente vinculado ao poder, inclusive em termos orçamentários. Seu objetivo era a reunião, a sistematização e a guarda de documentos para a composição de uma história nacional. Tratava-se, portanto, de uma tarefa explícita de criação de um passado, compatível com o que se supunha devesse ser a história de uma jovem nação, politicamente emancipada havia apenas 16 anos. Desse modo, o IHGB estabeleceu toda uma pauta de fatos, nomes e datas que foram paulatinamente configurando uma leitura, ou história, oficial do país, calcada em interpretações enaltecedoras de fenômenos sempre lidos sob a clave da gênese de uma tradição nacional. O "Descobrimento do Brasil" foi, nesse sentido, o "fato histórico por excelência", sendo notável o rol de elementos ideológicos que os associados do IHGB conseguiram consolidar em torno do assunto, de modo tão adequado aos seus objetivos. Por um lado, o descobrimento dera-se mais de 300 anos antes, o que lhe conferia a legitimidade do envelhecimento, da pátina dos anos — um caráter de efetiva fundação histórica, na perspectiva daqueles que identificam história e antigualhas. Por outro, o assunto permitiu uma abordagem que passou a privilegiar "o feito dos portugueses", contra as "pretensões" francesas ou espanholas, bem como propôs visões exaltadas sobre a terra, seus habitantes e seus primeiros exploradores.

---

[15] Sobre o tema, ver Schwarcz (1989).

A emancipação política do país, então muito recente, também foi objeto de leituras sempre tendentes ao enaltecimento da elite, à conformação de heróis, ao engrandecimento da pátria. Esses dois marcos — Descobrimento e Independência — seriam as balizas delimitadoras de uma cronologia oficial coerente, única, que permitia à elite local sentir-se nacional e, assim, capacitada a apresentar-se internacionalmente como legítima condutora de uma nação (que existiria, então, a partir de um passado de glórias), e não apenas como chefes de um país que surgiu em função de algumas injunções políticas de menor monta no cenário do mundo civilizado. Integrar-se a esse mundo, a esta tradição ocidental (e sobretudo europeia), é um dos vetores que melhor explicam a ação ideológica dessa fase do IHGB. Por isso, compreende-se que uma das maiores preocupações dos historiadores do IHGB tenha sido não deixar "ao gênio especulador dos estrangeiros" (apud Schwarcz, 1989:9)[16] a escrita da história pátria: era preciso garantir uma leitura "brasileira", justamente porque enaltecedora.

Nesse contexto, a literatura foi bastante utilizada como meio de encontrar valores positivos para o país, notadamente no caminho traçado por Karl Friedrich Philipp von Martius (um estrangeiro...), em 1844, ganhador do já mencionado concurso do IHGB sobre "como escrever a história do Brasil". Ao propor a singularidade do país a partir do amálgama das "três raças", Von Martius fazia coro, por exemplo, com a visão romântica do indígena brasileiro, trabalhada pela história produzida no IHGB e também pela literatura de um Domingos José Gonçalves Magalhães ou um Gonçalves Dias — que entronizaram os indígenas como símbolo da própria identidade nacional.

Afonso Celso de Assis Figueiredo, conde de Afonso (1860-1938), presidente do IHGB, publicou em 1901 seu livro *Porque me ufano do meu paiz*, com o significativo subtítulo de *right or wrong, my country*. Seu texto arrola uma série de razões pelas quais todos deveríamos nutrir forte sentimento de orgulho patriótico pelo Bra-

---

[16] Voltarei, adiante, ao tema da imagem externa do país.

sil: tamanho do território, beleza e riquezas naturais, clima ameno, ausência de calamidades, harmonia racial, enfim, o sumário clássico do otimismo. Foi, sem dúvida, o autor que mais explicitamente formulou a tese da inevitabilidade do sucesso brasileiro em função de sua conformação física: "Cumpre que a esperança se torne entre nós não uma virtude, mas estrita obrigação cívica [...]. Confiemos. Há uma lógica imanente: de tantas premissas de grandeza só sairá grandiosa conclusão" (Celso, 1901:198). Afonso Celso (1901:195) atribuiu-se, conscientemente, o papel do que hoje chamaríamos de "manejador de bens simbólicos", pois estava convencido de que a união e a constituição das nações se dão através do "sentimento do passado" e da "posse em comum de um rico legado de tradições".

Precisamente 40 anos depois, em 1941, seria publicado outro clássico do otimismo brasileiro — este chancelado pela autoria estrangeira de Stefan Zweig (1881-1942) —, o famoso *Brasil: país do futuro*. O livro foi traduzido para diversos idiomas e reproduziu a consagrada pauta de positividades brasileiras que levaram o autor a apaixonar-se pelo Brasil. Segundo o prefácio de Afranio Peixoto, "nunca a propaganda interesseira, nacional ou estrangeira, disse tanto bem do nosso país" (Zweig, 1941:viii).

A força dessas visões otimistas — segundo as quais o Brasil seria um país que, desde os primeiros instantes do descobrimento e da colonização, já daria sinais de sua singularidade e positividade — configuraria um imaginário muito difícil de ser abalado. Note-se, inclusive, que os dois últimos autores citados não partiram do nada. Guardadas as devidas diferenças, de algum modo eles se inscrevem numa tradição remota, que teve em Sebastião da Rocha Pita (1660-1738) um oficialesco e deslumbrado precursor do enaltecimento das grandezas do Brasil (Pita, 1976) e na crônica jesuítica de Simão de Vasconcelos (1597-1671) outro marco, ainda no século XVII (Rodrigues, 1979:285).

Tais visões, porém, sofreram seus reveses. Paulo Prado, que em 1928 escreveu seu *Retrato do Brasil* com o significativo subtítulo de "ensaio sobre a tristeza brasileira", assim se referiu ao período romântico:

De 1840 em diante [...] essas gerações de moços, espalhando-se anualmente pelo país inteiro, levavam para o que se chamava nos banquetes de formatura "a vida prática", as miragens, as ilusões poéticas, o mau gosto artístico e literário, a divinização da Palavra, todo o divórcio entre a realidade e o artifício, que é, em suma, a própria essência do mal romântico [...] Dá ao Brasil, neste momento de progresso material e de mentalidade pratica e concisa, o aspecto anacrônico de gente viva falando uma língua morta [Prado, 1929:173-174].

O diagnóstico de Paulo Prado era que o Brasil não progredia, mas vivia e crescia "como cresce e vive uma criança doente no lento desenvolvimento de um corpo mal organizado" (1929:200). E isso porque era um país conformado por uma "raça triste", vítima, desde o período colonial, da "melancolia dos abusos venéreos" e da "melancolia dos que vivem na ideia fixa do enriquecimento — no absorto sem finalidade dessas paixões insaciáveis". Assim, o "véu da tristeza" recobria todo o país, apesar do "esplendor da natureza" (1929:123-126). Note-se, de passagem, que aí estão duas ideias vigorosas na história do conflito entre as leituras otimista e pessimista sobre o Brasil: por um lado, a "natureza exuberante" que, por outro, seria mal aproveitada pelos brasileiros, especialmente em função de uma "crise moral". Essas ideias serão retomadas ao longo do trabalho, mas, por ora, cabe destacar o abalo sofrido pelas leituras otimistas com tal tipo de visão.

Desde o final do século XIX que certas perspectivas cientificistas chamavam atenção para problemas que vivenciaria o Brasil, notadamente em torno de questões raciais e de localização geográfica. Raimundo Nina Rodrigues, Silvio Romero, Euclides da Cunha, Viana Moog e outros, em graus diferentes e cada um enfrentando contradições próprias, de certo modo podem ser entendidos em conjunto: todos expressavam alguma forma de racismo, que tendia a classificar negros, indígenas e mestiços como "raças inferiores", principais responsáveis pelas "anomalias nacionais", como dizia Nina Rodrigues. Do mesmo modo, a natureza, cuja exuberância até então era destacada e enaltecida, com Silvio Romero, por exemplo, passou a ser responsabilizada por males diversos à saúde e à psicologia do homem brasileiro. Este último, em decorrência, longe de corresponder ao ideal, sempre seria contrastado ao padrão das nações industrializadas da Europa:

> Estas maneiras de ver se refletiram nas especulações sobre a falta de uma *identidade cultural* nacional que viesse costurar entre si pedaços tão díspares e que ao mesmo tempo lhes apagasse as arestas. E, dado que na maneira de pensar dos intelectuais de então a identidade nacional não podia existir sem certa homogeneidade de traços culturais, e encontravam na sua cultura grandes disparidades, *o pessimismo era dominante em seus trabalhos*. Somente podiam conceber uma *identidade cultural* da maneira que julgavam ser a ocidental — branca, educada, refinada [Queiroz, 1989:33, grifo meu].

O curioso, quando se fala dessas leituras ditas "pessimistas", é a identificação de certas dubiedades ou contradições que, bem pensadas, conformam um pensamento que não pode ser reduzido a uma leitura simplista. Neste sentido, seria Silvio Romero o pessimista das teorias deterministas ou o otimista da crença na originalidade cultural brasileira e no rápido processo de branqueamento da população ensejado pela imigração? (Skidmore, 1994:74.) E tal visão racista, pode-se classificá-la de "otimista"? Quando, neste trabalho, se fala que certo "material histórico" foi empregado pela propaganda dos governos militares para exacerbar a leitura otimista sobre o Brasil (como se verá especialmente no último capítulo), não se deve ter em mente que só foram utilizados discursos francamente esperançosos ou ingenuamente enaltecedores do país. Afinal, em que pesem as diferenças, os ensaístas mencionados acabaram colaborando para a construção de um "mito em evolução, que se tornou crescentemente otimista (apesar de alguns reveses) com o passar dos anos" (Skidmore, 1994:91), qual seja: o da "capacidade de adaptação" do português, diferentemente do espanhol ou do inglês, "suavizando" a escravidão e evitando um racismo violento numa sociedade que, além disso, embranquecia, configurando um todo social mais humano. Estereótipos que perdurariam e seriam usados em outros momentos.[17] Mas a maior parte do que ficou dessa produção chamava mesmo atenção para o lado negativo do país: seu "agrarismo atrasado e pernicioso" (Nascimento, 1994:7), cuja força e quase impossibilidade de superação resultavam num derrotismo que também tinha origem "na construção de arquétipos imaginários do que deveria ser o Brasil, segundo os sonhos e condicionamentos sociais de cada escritor" (Chacon, 1975:878). Essas visões seriam bastante alteradas com o passar dos anos. O significado de "brasilidade" não comportaria mais a perspectiva pessimista dada pelo racismo dos que viam obstáculos na "impureza" das etnias configuradoras da sociedade brasileira (Queiroz, 1989:34). No início do século XX, especialmente durante os anos 1920, alguns intelectuais e artistas brasileiros viram-se às voltas com a necessidade de estetizar as "raízes brasileiras", referindo-se tal coisa, em geral, ao legado cultural do indígena e do negro. Paralelamente ao impulso de universalização que os modernistas da fase dita "heroica" intentaram — por meio da absorção algo confusa do futurismo italiano e do dadaísmo e do surrealismo franceses —, deu-se uma valorização até então desconhecida de um arsenal de temas e imagens desacreditados. Tendo que enfrentar, a um só tempo, o provinciano tradicionalismo agrário e a inquietude cosmopolita dos centros urbanos, não é de todo incompreensível que os debates da época ficassem entre a necessidade de aproximar o país da modernidade da Segunda Revolução Industrial e a vontade de expressar esteticamente o "Brasil real":

> Toda a cultura nos veio dos fundadores europeus. Mas a civilização aqui se caldeou para esboçar um tipo de civilização que não é exclusivamente europeia e sofreu as modificações do meio e da confluência das raças povoadoras do país. É um esboço apenas, sem tipo definido. É um ponto de partida para a criação da verdadeira nacionalidade.

---

[17] Sobre a utilização, nos anos 1930, dos mitos da grandeza brasileira, da cordialidade e da democracia racial como elementos articulados à segurança nacional, ver Brasil/Agência Nacional (1938).

A cultura europeia deve servir para prolongar a Europa, não para obra de imitação, sim como instrumento para criar coisa nova com os elementos, que vêm da terra, das gentes, da própria selvageria inicial e persistente.[18]

Nessa fase de transição da República Velha para o Brasil contemporâneo iria se consolidando uma tendência de valorização estética do que se supunha "próprio" ao Brasil: "a originalidade profunda e tumultuária da nossa floresta de vocábulos, frases e ideias", "nosso fabuloso mundo tropical".[19] O "fulgurante ambiente brasileiro" — e sua "energia tropical" —, no qual "a energia brasileira apossa-se da terra e fecunda-a. Secam-se os vales de lágrimas da tristeza romântica e o otimismo alegra a ressurreição".[20]

A valorização do carnaval, da pluralidade racial, da "nossa barbárie" e também da nossa exuberância natural: "O Carnaval no Rio é o acontecimento religioso da raça. Pau-Brasil. Wagner submerge ante os cordões de Botafogo. Bárbaro e nosso. A formação étnica rica. Riqueza vegetal. O minério. A cozinha. O vatapá, o ouro e a dança".[21]

A concepção nacionalista da cultura brasileira ganharia dimensão oficial durante o Estado Novo (1937-45), incrustando-se inclusive na própria estrutura estatal — através do ensino e da concepção do patrimônio histórico e artístico nacional, por exemplo —, tudo sob o influxo de pensadores como Gilberto Freire, Afonso Arinos, Fernando de Azevedo e Sérgio Buarque de Holanda (Mota, 1990a: 20). Pode-se dizer que, durante o Estado Novo, a assim chamada "identidade brasileira" seria amplamente redefinida — ao menos do ponto de vista governamental. Muitos dos elementos que posteriormente, durante a ditadura militar pós-1964, seriam utilizados pela propaganda política foram estabelecidos nessa época: a valorização da mistura racial, a crença no caráter benevolente do povo, o enaltecimento do trabalho, certa ideia de nação — baseada nos

---

[18] Aranha, Graça. *O espírito moderno* (apud Teles, 1982:318-319).
[19] Aranha, Graça. *A emoção estética na arte moderna* (apud Teles, 1982:285).
[20] Aranha, Graça. *O espírito moderno* (apud Teles, 1982:321).
[21] Andrade, Oswald de. *Manifesto da Poesia Pau-Brasil* (apud Teles, 1982:326).

princípios da coesão e da cooperação. Pode-se dizer, então, que essas são matrizes ideológicas do Estado Novo que seriam retrabalhadas pela ditadura militar. Vale lembrar ainda que o primitivo ufanismo baseado nas riquezas naturais (conforme estabelecia Afonso Celso na primeira parte de seu *Porque me ufano de meu país*) foi substituído, no Estado Novo, pela exacerbação do caráter e das conquistas do povo — tal como seria reiterado por Otávio Costa, contrapondo-se a Jean Manzon e a Amaral Neto.[22]

As convicções otimistas sobre o Brasil, na época, estavam bastante difundidas. Sérgio Buarque de Holanda, por exemplo, "com certo otimismo, [...] indicava que o Brasil tinha elementos positivos para estabelecer uma democracia popular. Seriam: repulsa pela hierarquia, falta de base para o "preconceito de cor" e um argumento que parece mais sólido, a impossibilidade de fechar o caminho às tendências sociais de modernização, como o predomínio da cultura urbana e o cosmopolitismo, que são mais favoráveis às formas democráticas de convivência do que a herança agrária e o nacionalismo tradicionalista, muito vivo no tempo em que escreveu *Raízes do Brasil*" (Cândido, 1990:18).

Contudo, verdadeiramente importante foi aquilo que alguns já descreveram como uma "gilbertização" do país,[23] isto é, a absorção dos cânones explicativos de *Casa-grande & senzala*[24] pelo novo grupo no poder no pós-1930. Como se sabe, houve ampla aceitação do princípio de que a mistura de raças, no Brasil, possibilitou uma sociedade não marcada pelo antagonismo e pelo conflito social, mas pelo equilíbrio fruto de uma convivência cultural harmônica no seio da família patriarcal. A obra de Gilberto Freire — alcunhado por Monteiro Lobato como um dos "Grandes Esclarecedores" da vida brasileira — acabou se tornando, as-

---

[22] Ver capítulo 4.
[23] A expressão é de Carlos Guilherme Mota.
[24] "*Casa-grande & senzala* [...], dramatizando para um público maior o novo conhecimento do país sobre seu passado, [oferecia] assim uma base para a confiança no futuro. [...] seus leitores recebiam o primeiro exame acadêmico do caráter nacional brasileiro com uma mensagem francamente otimista" (Skidmore, 1994:13).

sim, um dado fundamental para a adequação das alianças políticas expressas no pacto agrário-industrial (Bastos, 1986:43-76). Ante a necessidade de redefinir valores sociais, que, no pós-1930, já não mais poderiam estar fundados nas doutrinas racistas anteriores, *Casa-grande & senzala* promove uma *ressignificação* dos negros e mestiços, valorizando essa mão de obra e possibilitando sua utilização, num quadro menos conflituoso, pelo novo capitalismo brasileiro.

Nos anos 1950 já seria voz corrente a interpretação do Brasil como resultado singular do caldeamento das raças branca, negra e indígena. Assim, o passado já não seria visto como um fardo, mas como vetor que esclarece sobre o presente. E, nesse contexto, os estudos folclóricos patrocinados pela Academia Brasileira de Letras eram entendidos como caminho seguro para o descobrimento de uma essencialidade algo mítica: a "alma da nação". Afrânio Peixoto, Gustavo Barroso, Renato de Almeida, Artur Ramos e Manuel Diégues propunham o estudo do folclore como construção de um discurso capaz de revelar o povo, o saber popular, de alguma forma ameaçado pelas transformações tecnológicas e que, portanto, deveria ser preservado para que preservada fosse a própria "brasilidade". É o momento de busca das "tradições mais puras" — encontradas em geral no espaço rural, positivado em contraposição ao urbano —, de uma cultura popular cuja sobrevivência deveria ser garantida pelos intelectuais, que, de resto, também tinham por missão compreendê-la, captá-la como essência da nacionalidade, burilando-a quando necessário. Ideia que, diga-se, não era fomentada apenas pelos estudiosos do folclore:

> Ela também vai estar subjacente às reflexões do Iseb e até mesmo às análises dos CPCs. Na década de 50 o povo é o grande eleito: seja como portador da tradição, da transformação ou da contestação... Assim, ele é o referencial visado pelas mais diversas correntes de pensamento [Velloso, 1991:136].[25]

---

[25] Sobre o Iseb, consultar Toledo (1973) e Franco, M. S. C. (1978:151-209).

Dessa forma, nos anos 1950 era perceptível um tipo de expectativa que se caracterizava pelo anseio de modernização, pela superação do "atraso" e do "subdesenvolvimento",[26] pela apologia do futuro (Velloso, 1991:124), pelo reforço e constante vivificação de tendências ideológicas nacionalistas[27] que perseguiam e valorizavam aquilo que se entendia como "propriamente brasileiro".

Qual o significado dessa busca incessante de caracterização de uma "brasilidade"? Os aspectos culturais, literários, políticos e ideológicos das diversas correntes mencionadas já foram superiormente analisados, em detalhes, por autores como Antônio Cândido, Carlos Guilherme Mota, Dante Moreira Leite, Alfredo Bosi e outros. A pretensão que aqui se tem é menor e diversa: a propaganda política dos anos 1960 e 70 empregou como suporte principal a TV, novidade na época, veículo que se baseia em imagens; os ideólogos dessa propaganda tiveram, pois, que se amparar nelas. Para tanto, necessitaram interpretar, segundo seus interesses, esse conjunto heterogêneo de leituras sob uma perspectiva imagética. Certas cenas nos parecem naturais hoje, quando vemos uma propaganda política de um partido na TV, ou um comercial para turistas que condensa "tomadas sobre o Brasil", ou um desses *clips* que comemoram conquistas esportivas brasileiras e que resumem, em 30 segundos, o futebol, o carnaval, a alegria, a sensualidade, o indígena, a feijoada, o negro, a baiana dos acarajés, o barroco mineiro, o café no fogão à lenha, a vitória-régia, o operário de São Paulo, o caipira, o boia-fria, as torres de telecomunicação da Embratel, os computadores, a professorinha do interior, tanto quanto a pracinha da cidade pequena, local pacato e de fundas tradições, ao qual se pode contrapor a metrópole fabril e moderna ou sensual e cosmopolita.

---

[26] Segundo Antônio Cândido, o Brasil, do entreguerras ao fim dos anos 1950, transitou de uma "consciência amena de país *atrasado* para a consciência trágica de país *subdesenvolvido*" (apud Mota, 1990a:20).

[27] Um grande esforço intelectual de construção de uma ideologia nacionalista, batizada de "consciência crítica", foi o de Alvaro Vieira Pinto, do Iseb, que criticou várias manifestações do que chamou de "consciência ingênua", inclusive o ufanismo e o pessimismo. Ver Pinto (1960).

Valores espirituais do espaço rural e aparições tecnológicas da civilização que transpõe o segundo milênio. Tudo é Brasil? Nada disso se deu naturalmente. Na história da constituição conflituosa das leituras otimista e pessimista sobre o Brasil, esses traços se configuraram como definidores da "brasilidade" e de certos "valores brasileiros" (Mota, 1990a:37). Nesse sentido, também se tentou, de todo modo, negar, ocultar, afastar ou recontextualizar aqueles traços que, entendidos como próprios ao povo ou ao país, eram, entretanto, vistos como negativos: a preguiça, a ignorância, a indolência, a sensualidade permissiva, enfim, feições temidas, especialmente pela elite letrada, do "caráter nacional" — e que, portanto, "causavam vergonha".

Durante os governos militares, a preocupação com a identidade constituiu uma verdadeira obsessão (Giannotti, 1976:3). Sem o auxílio dos analistas acadêmicos — que já estavam às voltas com o predomínio universitário da crítica marxista —, nem da literatura — cuja postura política pós-1964 "não carrega mais o antigo otimismo social que edificava" (Santiago, 1990:18) —, foi através da imprensa e da própria voz onipalrante de ideólogos e presidentes-generais que as leituras sobre "valores brasileiros" se espessaram. Assim, é visível o toque épico das imagens apresentadas pela imprensa (sobretudo a imprensa bajulatória, como a *Manchete* — mas não exclusivamente) à época da posse de presidentes, sintetizando o que seria "o Brasil" que tal ou qual general iria encontrar. À época de Médici, destacavam-se a arquitetura futurista de Brasília, o desenvolvimento das metrópoles paulista e carioca, o peculiar do Nordeste (com o patético da seca) e da Amazônia (especialmente aquilo que há de misterioso e imponderável na floresta), tanto quanto o futebol, as telecomunicações, o ouro etc. (Melo Filho, 1969:92-105). À época de Geisel, a ênfase recaiu sobre a "constatação" do "novo patamar de desenvolvimento econômico", alcançado em função do "milagre", ocasião em que foram lembrados aspectos da produção de aço, petróleo, eletricidade, carros, tanto quanto a construção de estradas etc. (Melo Filho, 1974b:66-84). Mas Geisel (1975:128) também repisaria as imagens do "sertão nordestino", da "hileia amazônica" e da "vastidão do planalto central", tópicos clássicos da "grandeza brasileira".

Otávio Costa, o chefe da Aerp durante o governo Médici, consolidaria toda uma leitura sobre os "valores brasileiros" através de uma série de artigos publicados no *Jornal do Brasil*. Tal leitura, não sendo propriamente expressão de uma unicidade ideológica dos militares (pois existiam as conhecidas diferenças entre a "linha dura" e outras tendências), conseguiu, apesar disso, estabelecer uma série de visões sintéticas que passariam a ser usadas por todos os governos militares seguintes. Esse mesmo repertório de visões sintéticas seria usado para inaugurar um novo patamar de expressão imagética, especialmente para a TV, que não seria abandonado com o fim da ditadura — como se verá no último capítulo. Por ora cabe destacar seus artigos, sintetizadores de tópicos clássicos da "singularidade brasileira". Dono de uma retórica particular, capaz de previamente reverter em seu favor as acusações que posteriormente lhe fariam, Otávio Costa criticava, por exemplo, os ufanistas, os que viam o Brasil com um otimismo ingênuo:

> A cortina do futuro no palco brasileiro foi sempre aberta pelo condão do fantasista — a infância dos nossos homens fora vivida no universo de Júlio Verne e no Parnaso dos afonsos celsos e a adolescência encomendada à capacidade de persuasão da prosa de Zweig [Costa, 197-a: 102, "O projeto homem"].

Portanto, ufanistas são "os outros"; a missão dos militares se daria em bases realistas, tendo em vista as características do povo brasileiro, "pacífico" e "bom", e do Brasil, terra sem conflitos raciais e com uma história incruenta:

> Se fez [esse "povo bom"] antes na inteligência que no sangue, mais no martírio que na glória [...] nasceu pacificado, somando, compreendendo, unindo, reunindo, redimindo [...] de raças de mescla-

gem impossível em qualquer outro chão [...] não é terra de guerra revolucionária [...] a vocação da paz [...] a sabedoria das soluções mais altas, sem convulsão e sem sangue [...] abolição sem secessão, a República sem cabeças decapitadas [Costa, 197-a: 144 e segs., "O projeto homem"].

Este povo "generoso e ordeiro" (Geisel, 1975:63), e também "compreensivo, tranquilo e bom", possuiria certo conjunto de "virtudes inatas" que permitiriam a resolução de quaisquer problemas, e era capaz de "resistir a rudes golpes e suportar sacrifícios prolongados" (Geisel, 1975:180). Por isso, ao contrário do restante do mundo, onde uma "crise de confiança na estabilidade do futuro [iria] fomentando a inquietação social e surtos de violência irracional e destruidora" (Geisel: 1975:124), "o Brasil afirmou-se ainda mais, no confronto mundial, como um oásis de tranquilidade e de ordem, de estabilidade política e de generosas e multiformes oportunidades de investimento" (Geisel, 1975:195). Ou seja, uma leitura otimista do Brasil, baseada em uma mitologia que não se constituiu com os militares, mas de que eles puderam lançar mão com facilidade: estava presente num vasto material histórico.

Os problemas suscitados pela construção, ao longo do tempo, dessas imagens e valores sobre o Brasil e os brasileiros podem ser vistos com certa nitidez quando nos damos conta de algumas recorrências, no plano das ideias, que sempre atormentaram intelectuais do país, notadamente três delas: a noção de que umas tantas "correções de rota" seriam suficientes para pôr o Brasil no caminho certo; a ideia de "crise moral", isto é, de que nossos problemas decorrem da frágil personalidade dos indivíduos que compõem a sociedade e, finalmente, a preocupação com a "imagem externa" nacional, vale dizer, a inquietação com aquilo que de nós pensam as sociedades de outros países. Abordarei esses três aspectos em seguida.

***

"Que poucas coisas é preciso introduzir-se e praticar-se para fazer o Brasil o país mais rico e mais afortunado de todo o mundo!"

José Gregório de Moraes Navarro, *Discurso sobre o melhoramento da economia rústica do Brasil* (1799).

No contexto da mencionada busca de uma caracterização (e melhoria) do que é próprio ao Brasil, um dos pontos de vista mais constantes foi a suposição de que algumas tantas correções precisariam ser feitas para que tudo passasse a funcionar da melhor maneira possível no país. Ainda hoje acontece de se detectar esse tipo de postura, quando volta e meia certos temas são eleitos como a panaceia do momento, seja uma nova Constituição ou um novo regime político que o Brasil deveria adotar para, "agora sim", progredir, resolver-se. Entretanto, esta é uma tendência de longa duração.

Entre o final do século XVIII e o início do XIX, vários trabalhos foram publicados visando à melhoria da agricultura, da pecuária e da mineração no Brasil. Analisando-se esse material, torna-se flagrante a intenção de "correção de rotas", de propor um "recomeço", sem os erros cometidos até então.[28] Do mesmo modo, é visível a ideia de mal aproveitamento; seria preciso, por exemplo, aclimar espécies animais e vegetais para melhor uso das potencialidades brasileiras. É o que se pode ver no trabalho de Antonio Carlos Ribeiro de Andrade (1800), onde se sugere a "possibilidade de [...] cultivar estas preciosas plantas [cravo, noz-moscada e canela] na ilha de Tabago, de onde por analogia se argumenta para o Brasil".

Dezenas de publicações foram divulgadas no período, justamente em torno dessa possibilidade: trazer para o Brasil plantas ou animais que dariam impulso à economia. Pensava-se no aproveitamento de abelhas, da caneleira-do-ceilão, do cravo, da pipereira negra, do cânhamo; cogitava-se construir jardins, fabricar porcelana e louça de barro grosseiro.[29] Enfim, algumas providências prá-

---

[28] Sobre as tentativas de adaptação da cultura "ilustrada" da Europa às condições brasileiras, ver Dias (1968:105-170).
[29] As obras que fazem referência a essas pretensões podem ser vistas na subseção "Fontes impressas em geral" da seção "Fontes e bibliografia".

ticas, de natureza técnica, e o fim da ociosidade, condenada por meio de um competente discurso moral, seriam suficientes para o total aproveitamento das riquezas nacionais:

> Vê-se, pois, quão poderosa será a agricultura daquelas vastas conquistas pela imensa fertilidade do terreno, criação e multiplicação dos seus animais; suas ricas produções etc., assim fosse desterrada a indolência e a inércia dos naturais e dos povos de Portugal que lá vão buscar os seus estabelecimentos [Lisboa, B. S., 1786:65].

Desta forma, com a expectativa de que no Brasil muitas plantas "produzam admiravelmente" e de que "se podem criar com a maior facilidade" diversos animais, seria possível "reparar todos os erros" da agropecuária brasileira (Lisboa, B. S., 1786:18-19). Amparadas numa forte valorização do discurso científico (da química e da botânica, sobretudo) e dos ensinamentos vindos do estrangeiro, essas publicações quase sempre resultaram em fracassos retumbantes ou, na melhor das hipóteses, em coisa nenhuma. Muitos desses trabalhos jamais foram lidos por quem pudesse aproveitá-los, como no caso exemplar da obra *O fazendeiro do Brasil*, publicada em Lisboa a partir de 1798, em 10 volumes. A quase totalidade da edição veio para o Brasil, para ser vendida a preço baixo, mas por falta de interesse ficou estocada em órgãos públicos. Já depois da Independência, o que sobrou foi vendido como papel velho para fogueteiros (Moraes, R. B., 1969:395).

A tensão entre a possibilidade de corrigir erros e a frustração por não se lograrem soluções factíveis pode ser notada a partir de uma série de ideias-força. Há a noção de *transitoriedade*, do caráter provisório das coisas: só se propõe alterar aquilo que não é entendido como permanente, consolidado. A ideia pessimista de um país em constante construção (já que ainda incompleto, imperfeito) acompanha as tentativas de *correção de rota*, cujos fracassos, além de serem entendidos como *derrotas*, como nova perda de rumo, conduzem também à frustração generalizada; esta, por sua vez, principiadora de novas tentativas de correção. Por tudo isso, talvez, a sensação de que cada nova tentativa será aquela que, definitivamente, se inscreverá no que parece ser uma *tábua rasa*. Por fim, como se trata de buscar um sentido, um caminho certo perseguido como dado inexorável, são exigidos *sacrifícios*, privações e renúncias, que em geral afetam pouco aqueles que os supõem necessários.

A ideia de *journée des dupes*, de frustração, foi usada por Teófilo Otoni, por exemplo, para referir-se à Abdicação de d. Pedro I em 1831, "que parecia vitória liberal e acabou frustrando os que a haviam celebrado no primeiro momento" (Iglésias, 1989:35). Para Francisco Iglésias, algo de parecido poderia ser dito também dos episódios da Independência, das leis liberais da Regência, da Maioridade e da Proclamação da República (1989:36). Avançando para o período que mais nos interessa, vê-se que certos "adiamentos estratégicos"[30] marcaram muitos governos republicanos recentes, como a "extrema improvisação institucional do governo Kubitschek" (Benevides, 1991:18). Do mesmo modo que, mais recentemente ainda, consolidou-se a prática da exigência de sacrifícios tidos como indispensáveis ao crescimento econômico e à transformação do Brasil em "grande potência" — miragem que desvairou boa parcela da sociedade brasileira durante parte do regime militar pós-1964. Nesse projeto desenvolvimentista, diferentemente daquele dos anos 1950, "a ênfase deixa de cair na ideia de integração para se concentrar na de potência, de grandeza; afirma-se que antes de distribuir os frutos do progresso é preciso fortalecer a economia como um todo [...] *Um certo masoquismo dá a tônica; há de se fazer muito sacrifício para crescer*" (Giannotti, 1976:3, grifo meu).

Foi no início do governo de Ernesto Geisel que mais se reiterou esse tipo de apelo, especialmente porque já se divisava o fim do "milagre econômico" — fase identificada com "índices de desempenho altamente satisfatórios" (Geisel, 1975:35). Para tanto, teria sido necessário um período inicial de sacrifícios (nunca nomeados, mas certamente sempre referidos às restrições políticas e econômicas, estas últimas impostas à parcela mais pobre da população), já

---

[30] A expressão é de Hélio Jaguaribe.

que as prioridades eram "o combate à inflação, a remodelação das instituições econômicas e a instauração da credibilidade externa e, paralelamente, a criação de um clima de ordem, estabilidade, dedicação ao trabalho e confiança no futuro" (Geisel, 1975:35). Isto é, todo o ideário utopista e autoritário dos militares e dos que os apoiavam e vislumbravam um Brasil economicamente poderoso no cenário internacional, onde também seria respeitado pelo comportamento e pela postura francamente otimista e civilizada de sua população. Um folheto oficial da época listava 11 grandes obras, como Itaipu e a central nuclear em construção; porém, mesmo em se tratando de uma propaganda dessas realizações aparatosas, alertava: "Não se pode conquistar mais felicidade e bem-estar se não houver sacrifício e determinação para cumprir o destino brasileiro" (Brasil/Presidência da República/ARP, 1978a: 1).

A justificação do pedido de sacrifício sempre se fundou numa articulação temporal simplista: sacrifício no presente pois se tem confiança no futuro; logo, são *transitórios* os sacrifícios, porque é inexorável o destino de grandeza do país. Assim, no contexto da crise de 1976, falou-se muito na necessidade de "reconhecer serem transitórias as dificuldades, inclusive para ter ânimo de adotar medidas enérgicas de contenção, pois, para fazer sacrifício, no presente, é preciso ter esperança, bem fundada, no futuro".[31] Colocado no *rumo certo*, o país derrotaria o pessimismo dos que não viam que essa rota dificultosa desembocaria no futuro promissor:

> Muito já se fez, mas muito resta ainda por fazer. Por isso, inspirado nos exemplos que herdamos e com fé e trabalho, sem dar ouvidos ao pessimismo ou derrotismo, prosseguiremos infatigavelmente na longa e árdua caminhada pelo desenvolvimento integrado, na certeza [...] de que, realmente, este é um país que vai pra frente.[32]

---

[31] *O Globo*, "Setor privado deve ocupar espaço vazio", 13 dez. 1976, p. 20.
[32] *Correio Braziliense*, "Geisel prega o desenvolvimento sem dar ouvidos ao pessimismo", 2 set. 1976, p. 4. Exemplos da mesma questão, em outras fases, podem ser vistos em *O Globo*, "O Brasil e os anos 80. Camilo: capitalismo vai garantir desenvolvimento" (16 dez. 1979, p. 44) e Alcides (1992:6).

Além do mais, havia a crença profunda na capacidade de planejamento técnico dos economistas e da burocracia de especialistas. Pretensamente, não se tratava de um arroubo desenvolvimentista "ingênuo", mas de uma "ação planejada" — bem ao gosto da formação militar. Assim, apesar dos erros flagrantes cometidos em momentos como o da redação do II Plano Nacional de Desenvolvimento, bastante otimista e irreal,[33] para os militares podia-se "encarar tranquilamente o futuro que já está próximo de nós, escudados na confiança em que ultrapassamos, sem grandes delongas, a fronteira do desenvolvimento pleno, graças ao elevado coeficiente de racionalidade, aceitação das verdades mesmo duras e de um sereno pragmatismo responsável" (Geisel, 1975:125).

A "missão civilizadora" de que se achavam imbuídos os militares se expressou, portanto, através da firme convicção de estarem construindo um novo patamar econômico, político e moral para o Brasil. Mas nem só de grandiosas correções macroeconômicas alimentava-se a utopia autoritário-construtivista dos militares: muitos outros ajustes, alguns burlescos, foram feitos. Em 1967, por exemplo, um projeto de lei propôs, no âmbito da regulamentação sobre os símbolos nacionais, a alteração do nome do país: de República dos *Estados Unidos* do Brasil para República *Federativa* do Brasil,[34] provavelmente uma questão de zelo e orgulho ante a possibilidade de entender esses "Estados Unidos" como pretensiosa cópia dos outros, da América do Norte.

Outras alterações, algumas radicais, foram feitas no mapa político-administrativo do país, por meio da fusão e da criação de estados,[35] e em todo o panorama institucional brasileiro, tudo regulamentado por um sem-número de leis, decretos, emendas constitucionais e atos institucionais, que honravam a tradição legalista da elite, especialmente quando alçada ao poder de maneira ilegítima.

---

[33] Ver, neste sentido, críticas ao II PND, publicadas no *Jornal do Brasil*, "Repensar o país", 29 ago. 1976, p. 4.
[34] *O Globo*, "Projeto de lei sobre os símbolos nacionais", 23 nov. 1967, p. 3.
[35] Em março de 1975, foi efetivada a fusão dos estados do Rio de Janeiro e da Guanabara; em outubro de 1977, o estado do Mato Grosso seria desmembrado.

Esta fúria de correção de rumos inspirou, inclusive, outras iniciativas, singelas, como as propostas de alteração do Hino Nacional. Em geral a correção tinha em mira o verso "Deitado eternamente em berço esplêndido", aparentemente incômodo pelo imobilismo que denota. Em 1970, o senador Catete Pinheiro propôs, como alternativa, "Atento aos desafios que enfrenta e vence", frágil pelo menos do ponto de vista da prosódia musical.[36] No ano seguinte, o deputado federal da Aliança Renovadora Nacional (Arena) do Rio Grande do Sul, Amaral de Souza, lavrou o verso "Altivo eternamente, em gesto esplêndido" para substituir o mesmo trecho.[37] Períodos de real ou aparente transformação radical da sociedade costumam gerar esse tipo de iniciativa. Em outro contexto, tomaram-se atitudes semelhantes, como a proposta de mudança total da letra do Hino, feita por Jorge Antunes, autor de uma *Sinfonia das Diretas*. Em 1988 ele patrocinou um concurso para a escolha da nova letra, pois, segundo ele, "se não é hora de se fazer um novo símbolo da pátria, porque não está surgindo uma pátria nova, vamos então fazer um hino novo, na esperança de que no futuro novas gerações façam uma nova pátria, símbolo do hino".[38]

Alterações na bandeira também foram propostas, embora em menor número. Matéria de especialistas, os "erros científicos" e de heráldica apontados[39] nunca chegaram a incomodar muito. Somente a partir de 1988 algumas alterações foram levadas a cabo, com a inclusão de novas estrelas para representar os novos estados, exatamente porque a Constituição determina que seja feito esse tipo de correção. No caso do Brasil, a bandeira — símbolo que em geral caracteriza-se pela perenidade — possui esse traço de tran-

---

[36] *O Globo*, "Projeto tira do hino o 'em berço esplêndido'", 21 abr. 1970, p. 5.
[37] *Tribuna da Imprensa*, "Arena quer mudar até a letra do nosso hino", 15-16 maio 1971, p. 3.
[38] *Jornal de Brasília*, "Precisamos de um novo hino?", 13 jan. 1988, Segundo Caderno, p. 2.
[39] *Correio da Manhã*, "Sugestões para a bandeira do Brasil", 22 nov. 1964, p. 27; *Estado de Minas*, "Bandeira do Brasil tem 79 anos e há gente que a considera sem tradição", 10 nov. 1968, p. 21.

sitoriedade: o "lábaro estrelado" sempre pode ter sua constelação alterada.[40]

***

"Todas as crises, portanto, que pelo Brasil estão passando, e que dia a dia sentimos crescer aceleradamente, a crise política, a crise econômica, a crise financeira, não vêm a ser mais do que sintomas, exteriorizações parciais, manifestações reveladoras de um estado mais profundo, uma suprema crise; crise moral."

Rui Barbosa, *A crise moral* (1913).

A noção de crise moral é persistente no Brasil. Talvez em função de preconceitos arraigados da elite contra as camadas populares, ora vistas como indolentes, ora como imorigeradas;[41] talvez pela capacidade que este conceito tem de "subjetivar" um problema que, em se pretendendo uma análise rigorosa, deveria ser visto de uma perspectiva social. Seja lá como for, tal "explicação" para os problemas brasileiros sempre seduziu parcela significativa dos setores letrados, quer os das camadas efetivamente dominantes, quer os da "pequena burguesia", por assim dizer. Em linhas gerais, em que consiste tal ideia?

A base argumentativa da concepção de crise moral é o princípio de que os homens devem ter certo comportamento ético, moral, diante das circunstâncias da vida em sociedade. Tal expectativa valoriza especialmente a noção de solidariedade, isto é, todos devem orientar suas ações visando ao bem comum. Ora, como se vê, não há maiores dificuldades em se aceitar tal ideia. Contudo, sempre

---

[40] Em 1990 o presidente José Sarney pretendeu incluir quatro novas estrelas, e, em 1992, seu sucessor sancionou projeto definindo a inclusão de cinco. Ver *Folha de S.Paulo*, "Sarney propõe atualizar bandeira com a inclusão de quatro estrelas", 24 fev. 1990, p. 8; *O Estado de S. Paulo*, "Bandeira nacional ganha mais 5 estrelas", 13 maio 1992, p. 12.
[41] Note-se que a desconsideração do habitante das Américas, classificado como bárbaro e vetor de uma humanidade inviável, atingiu os indígenas, mas acabou por estender-se a toda a população colonial. Ver Souza (1993:36 e 64).

existem outros aspectos por trás dessa argumentação. O principal deles é que a noção de "solidariedade" nunca está isolada de algum contexto, que varia de uma percepção cristã a uma concepção valorizadora do trabalho e do progresso material. Admitir, portanto, a "explicação" fundada na noção de crise moral significa também aceitar os corolários ideológicos do explicador do momento — que naturalmente variam muitíssimo. O que une essas explicações, afinal variadas, é o deslocamento do ponto de vista, isto é, razões sociais complexas transmutam-se em degenerescências de caráter, de personalidade, entendidas, portanto, de maneira abusivamente generalizada — já que, via de regra, é "o brasileiro" quem sofre de tais desvios.

A acusação/constatação da crise moral, portanto, pode servir a diversos fins. Serviu, por exemplo, para justificar o golpe de 1964. Foi constante o recurso a tal noção, segundo a qual março de 1964 veio para restaurar o primado dos "valores éticos e morais do Ocidente cristão". Emblemática, nesse sentido, foi a famosa Marcha da Família, com Deus, pela Liberdade, na qual se podiam ver a revolta e a indignação difusas da classe média, setor social especialmente presente no ato.[42]

Entretanto, já no contexto da ditadura militar, a noção de crise moral também serviu como uma forma branda de crítica, por parte da oposição, que não podia explicitar completamente suas opiniões em função da censura e da perseguição política. O deputado Freitas Nobre, por exemplo, líder do PMDB (Partido do Movimento Democrático Brasileiro), afirmava, mesmo em 1984, que "a crise é especialmente moral".[43]

Recentemente, no contexto posterior aos anos 1980 (a chamada "década perdida" para o Brasil), e na confluência das frustrações políticas posteriores ao fim da ditadura, a ideia foi bastante retomada. Falou-se de "descrença em termos dos valores em geral" (Coutinho e Tosta, 1991:10), de um espírito de época "egoísta,

---

[42] Ver fotos publicadas em *Manchete*, n. 624, p. 12-13, 4 abr. 1964.
[43] *O Estado de S. Paulo*, "Agora, 52% da nação esperam ano melhor", 27 dez. 1984, p. 13.

moralmente desorientado" (Boaventura, 1992:3) e do "desmoronamento dos nossos valores" (Niskier, 1989:16). Assim, a sociedade, em vez de ser entendida como um todo complexo e clivada por diferenças socioeconômicas, passa a ser vista como dividida entre os "homens dignos" e os outros. Portanto, aos primeiros só resta "exteriorizar concretamente a nossa indignação" como "a única forma capaz de operar mudanças" (Oliveira, A. M., 1992:2).

Esses níveis de percepção naturalmente acabam por gerar críticas dos que possuem entendimento mais elaborado dos antagonismos sociais. O caráter conservador do discurso moralista dos meios de comunicação[44] ou a visão equivocada da ética como uma simples lista de "certo" e "errado" (Ribeiro, 1993:3) sempre foram denunciados. Porém, a força da noção de crise moral foi bastante para gerar, inclusive, elaborações intelectuais pretensamente sofisticadas, com amparo na psicanálise. Segundo tais leituras, tendo em vista a sucessão de fracassos brasileiros no final dos anos 1980, "o homem comum, habituado a delegar à classe dirigente o poder e a iniciativa de decidir o que é bom para si e para os outros, perde a confiança na justiça. É a crise moral que acompanha a crise política, econômica e social" (Costa, J. F., 1988:166).

Logo, tornar-se-ia impossível a "prática da solidariedade social", devido à sensação de impotência e desamparo que abalaria o brasileiro (Costa, J. F., 1988:165). Por isso, não sendo possível fazer nada, restaria apenas "a fruição imediata do presente, a submissão ao *status quo* e a oposição [...] a qualquer projeto de mudança que implique cooperação social" (Costa, J. F., 1988:167). Visão, portanto, que culpa o indivíduo, ou seja, que entende a sociedade como um somatório de individualidades mais ou menos doentias, mais ou menos *adaptadas* aos dissabores e fracassos do cotidiano. Logo, considerando-se o diagnóstico de crise moral, esta é uma visão que possui entendimento bastante pessimista desse conjunto de indivíduos cujo *ego* é obrigado "a ativar paroxisticamente os automatismos de preservação" (Costa, J. F., 1988:165). Aliás, guarda alguma analogia com tal visão a perspectiva dos que analisam a sociedade

---

[44] Ver, a propósito, Leitão (1989:8).

brasileira elidindo o que ela possui de historicamente contraditório, valorizando certa comunhão numa barbárie alegre e carnavalizada,[45] como se tais sentimentos tidos como "característicos" pudessem ser generalizados ignorando-se seu substrato histórico.

O recurso à noção de crise moral como explicação para os problemas brasileiros é uma forma tanto de isolá-los de seu contexto político, social e econômico, quanto de justificar a necessidade de uma "ampla reforma moral", como se propunha a "missão civilizadora" dos militares. No âmbito da "política de comunicação social" da agência de propaganda da ditadura constava explicitamente como diretriz o respeito à ordem moral e espiritual, enquanto campanhas eram elaboradas visando ao "fortalecimento do caráter nacional". Tal caráter, de resto, pressupunha como valores brasileiros positivos o "amor à pátria", a "coesão familiar", a "dedicação ao trabalho", a "dignificação do homem" etc. Enfim, foi o caráter evanescente da ideia de crise moral que possibilitou à propaganda militar mais este material histórico eficaz para os propósitos de construção da leitura otimista sobre o Brasil. Afinal, para muitos, crise moral se cura com ampla ação moralizadora — precisamente o que a propaganda da Aerp/ARP pretendia fazer.

***

> "Temos animal felpudo,
> De curtos nervosos braços,
> Que enquanto dá só dois passos,
> Pode um homem dar 3 mil.
> Maldito este bicho seja,
> Que tão mau costume tem,
> Pois dele o nome nos vem
> Da preguiça do Brasil.
> [...]
> Não têm casas, não fabricam,

---

[45] Ver, a propósito, breve crítica a Roberto DaMatta feita por Fernando de Barros e Silva em "Antropólogo 'esteriliza' a história", *Folha de S.Paulo*, Caderno Mais!, 16 maio 1993, p. 11.

> Vivem da caça e dos roubos,
> São piores do que os lobos,
> Piores que as cobras são."
>
> Joaquim José Lisboa, *Descrição curiosa das principais produções, rios, e animais do Brasil...* (1806)

A preocupação com a imagem do Brasil no exterior é uma das principais fontes de alimentação da tradição do pessimismo no Brasil. A ideia do brasileiro como preguiçoso, a suposição de que temos uma composição racial "impura", estas e outras questões, ao longo dos séculos, têm gerado grande preocupação em muitos setores da elite do país quando avaliadas por estrangeiros.

Embora comum a diversos outros países e povos, certas circunstâncias peculiares ao Brasil tendem a enfatizar, aqui, o receio que a muitos acomete quanto ao que dizem ou pensam do país e seus habitantes os povos de outras partes. "Esta tendência para o idealismo", dizia José Honório Rodrigues (1963:47), "este vezo de indagar, antes de tudo, o que a nosso respeito dirão na Europa, não podia deixar de dar maus resultados". É comum citar-se como exemplo desses maus resultados, entre outras coisas, a adoção de sistemas e princípios políticos europeus, que não necessariamente seriam os mais adequados ao Brasil. O mesmo poder-se-ia dizer de hábitos alimentares, vestuário, preocupações intelectuais etc.

Assim, sempre há certa comoção quando surgem notícias negativas sobre o Brasil vindas do exterior. Mesmo que se trate da avaliação de um único estrangeiro, ela causará consternação ou revolta. Este foi o caso do livro *Nel paese dei macacchi* (Turim: Roux Frassati e Co., 1897), do jornalista italiano Ubaldo A. Moriconi, publicado a partir de uma estada do autor no Brasil em 1889, período em que avaliou a situação dos colonos italianos (apud Carvalho, A., 1930, v. 3, p. 354). Justificando, ironicamente, o uso do apelido com que argentinos comumente já se referiram aos brasileiros, Moriconi dizia que "a extraordinária abundância de símios na fauna brasileira justifica assaz esta denominação" (apud Carvalho, A., 1930, v. 3, p. 355). Na verdade, no livro Moriconi avalia muito negativamente uma série de aspectos do país: a imprensa, a justiça, a mulher brasileira... Tamanha foi a reação ao trabalho que, tempos depois, retornando ao Brasil, seu autor quase foi linchado no Pará (apud Carvalho, A., 1930).

Sempre se reiterou a ideia de que há um grande desconhecimento sobre o Brasil no exterior e de que campanhas difamatórias são levadas a cabo com o propósito de macular nossa imagem. O famoso bibliófilo Alfredo de Carvalho afirmava, no início do século XX, que "já estamos tão habituados a verificar sem surpresa as contínuas manifestações da ignorância do verdadeiro grau de civilização do nosso país prevalecente no estrangeiro, mesmo entre os povos mais cultos do Ocidente, que não podemos mais suspeitar da necessidade de combater semelhante ignorância por todos os meios de vulgarização inteligente e de considerar obra de genuíno patriotismo qualquer esforço empregado neste sentido" (apud Carvalho, A., 1930, v. 3, p. 221-223).

Passemos, de pronto, a períodos mais recentes e veremos que pouco mudou. Durante a ditadura militar esse mote foi continuamente retomado. Ernesto Geisel falava que "áreas-problema" e "zonas marginalizadas" continuavam a "desafiar a capacidade dos governantes, a traumatizar a consciência nacional e a *macular a imagem do país no exterior*" (Geisel, 1975:187, grifo meu). Impressionante, aliás, como esse tipo de discurso desloca o problema: a questão não é o sofrimento dos habitantes das "áreas-problema" ou dos brasileiros "marginalizados", mas a aflição que causam nos outros.

A repercussão externa das restrições políticas impostas aos brasileiros pela ditadura sempre foi motivo de grande constrangimento para os militares. Isso ocorreu especialmente no período de Geisel, em que alguma liberdade já permitia a divulgação de manifestações contrárias à situação repressiva. Durante visita do presidente à França, 30 personalidades francesas, entre as quais Jean-Paul Sartre, Michel Foucault e Simone de Beauvoir, entregaram-lhe carta reclamando anistia para os presos políticos.[46]

---

[46] *Jornal de Brasília*, "Trinta personalidades francesas fazem apelo por anistia no Brasil", 7 jul. 1977, p. 3.

Intelectuais e jornalistas estrangeiros volta e meia atuavam nesse sentido, como na manifestação do editorial do *Christian Science Monitor*, em 1977, externando seu desejo de redemocratização do Brasil,[47] ou quando do auge das denúncias sobre atentados aos direitos humanos no país.[48] Tudo isso, por seu turno, era classificado como "campanhas difamatórias", como "campanhas de deformação de imagem sofridas pelo Brasil no exterior", como dizia o chefe da agência de propaganda de Geisel.[49] No auge do sonho de "grande potência", o senador Manuel Vilaça — que presidira a delegação brasileira à Conferência da União Interparlamentar, em Haia — afirmou que havia uma campanha de difamação permanente contra o país, campanha esta "que esconde poderosos interesses políticos e econômicos dispostos a evitar que o Brasil se torne uma grande potência".[50] Evidentemente, esse tipo de percepção sempre resultava em propostas de mais propaganda estatal, com a criação, por exemplo, "de um órgão executivo, com recursos próprios e vinculado ao Ministério das Relações Exteriores, para divulgar a *nossa verdadeira imagem* no mundo".[51] Essa também foi a proposta de Otávio Costa — que afinal nunca se consolidaria — em 1970: "constituir, no exterior, uma agência brasileira de notícias, com capital misto".[52] Isso porque, para ele, o Brasil tinha, além do terrorismo convencional, o "terrorismo dos pacíficos [...] que vende uma imagem que não temos, aos que, à distância, não sabem a imagem que temos na hora".[53]

---

[47] *Jornal do Brasil*, "*Christian Science Monitor* espera que retrocesso no Brasil acabe gradualmente", 21 abr. 1977, p. 4.
[48] Ver, a propósito, Skidmore (1991:304).
[49] *O Estado de S. Paulo*, "Camargo: escalão inferior obstrui notícia", 19 jun. 1977, p. 7.
[50] *Jornal do Brasil*, "Otávio Costa informa que Aerp planeja levar esclarecimentos ao clero", 20 out. 1970, p. 7.
[51] Ibid., grifo meu.
[52] *Jornal do Brasil*, "Otávio Costa diz que ARP [sic] não pretende ser o antigo DIP e nem mudar opiniões", 24 abr. 1970, p. 3.
[53] *Última Hora*, 3 ago. 1970. Ver também *Jornal do Brasil*, "Otávio Costa informa que Aerp planeja levar esclarecimentos ao clero", 20 out. 1970, p. 7.

Curiosamente, ao lado desse sentimento de perseguição, também é comum certo grau de empáfia, segundo o qual o Brasil situa-se em pé de igualdade com os grandes países. A questão, por exemplo, da hegemonia brasileira na América Latina é antiga. Tal hegemonia, reconhecida pelo exterior, teria produzido um maior interesse pelo país no início deste século (Carvalho, A., 1930, v. 3, p. 52), assim como gerou inúmeros conflitos com a Argentina e erigiu-se como predicado abalizado quando da famosa frase de Richard Nixon.[54] Nessa mesma linha, a "grandiosidade" brasileira sempre foi entendida como uma espécie de garantia de sucesso que o país continuamente poderia dar. É comum, por exemplo, a referência a uma estupefação dos estrangeiros ante os problemas do Brasil, em função dessa "grandiosidade". Em 1955, Roberto Marinho, após uma visita à Europa, afirmava que lá "não se perdeu a fé no Brasil, nem mesmo com as notícias da grande crise financeira que atravessamos. Há um movimento de perplexidade diante do paradoxo de um país tão rico ter de passar dificuldades que outros povos menos aquinhoados pela natureza há muito superaram [...] o Brasil terá meios de vencer a atual crise para tornar-se, até o fim do século, uma das principais potências econômicas".[55]

Essa vontade de situar o país entre os grandes também pode ser visualizada nos atos protocolares da Presidência da República. Um dos episódios que mais chama atenção da imprensa e da elite brasileira é a *performance* de presidentes quando de visitas ao exterior. Juscelino Kubitschek, por exemplo, conseguiu boa projeção na mídia nacional quando, em visita à França, "concedeu uma entrevista à TV francesa, *falando o idioma local*".[56] Do mesmo modo, gestos protocolares ousados também acabam por conferir uma aura especial aos dirigentes que, no exercício do poder, lidam com alguma habilidade com as expectativas existentes sobre esses rituais e com

---

[54] O então presidente norte-americano disse ao seu colega brasileiro, que o visitava em 1971: "*We know that as Brazil goes, so will go the rest of that Latin American continent*" (apud Gonçalves e Miyamoto, 1993:226).
[55] *O Globo*, "Na Europa ainda não se perdeu a fé no Brasil", 29 jun. 1955.
[56] *Manchete*, "JK — férias em Paris", n. 461, p. 33, 18 fev. 1961 (grifo meu).

as possibilidades de alterá-los, causando surpresa. A condecoração de Ernesto "Che" Guevara por Jânio Quadros, em 1961, com a Ordem do Cruzeiro do Sul — além de possivelmente querer expressar a "política externa independente" — também se enquadra nesse tipo de ação de impacto, planejada com base nos atos rotineiros do protocolo e do cerimonial:[57] condecorar é rotina, condecorar Guevara é surpreender.

Na trajetória conflituosa das tradições de pensamento otimista e pessimista sobre o Brasil — consideradas em relação aos anos de domínio dos militares e na perspectiva da preocupação com a imagem externa —, o dado mais revelador é realmente a expectativa criada em torno da noção de "grande potência". Situar o Brasil entre os grandes países sempre foi um desejo da elite brasileira. Mesmo antes do "milagre econômico" esse anseio já se impunha entre aqueles que imaginavam uma grande influência do país no cenário internacional. O editorial da revista *Manchete*, de abril de 1964, falava que, "entre 1964 e 1965, *o mundo ocidental poderá mudar sensivelmente de fisionomia política. Nada menos de cinco grandes países* terão seus governos mudados por eleições populares. São eles: os Estados Unidos, a Inglaterra, a França, a República Federal Alemã e o Brasil".[58]

O golpe de 1964 viera para atuar em duas frentes: "a restauração da ordem interna e do prestígio internacional" do Brasil, como explicitamente declarava o ato institucional emitido pelos três ministros militares em 9 de abril de 1964.[59] Por isso, para os governos militares, o principal objetivo da política externa era fazer do Brasil uma grande potência mundial (Gonçalves e Miyamoto, 1993:242). Essa perspectiva otimista pareceu consolidar-se como meta plausível nos anos de acelerado crescimento do PIB durante o governo de Emilio Garrastazu Médici. Ele dizia, em 1973, que "os resultados colhidos em 1972 colocam o Bra-

---

[57] Ver, a propósito, matéria publicada por Melo Filho em *Manchete*, n. 489, p. 10-11, 2 set. 1961.
[58] *Manchete*, n. 624, p. 5, 4 abr. 1964 (grifo meu).
[59] Ver, a propósito, Skidmore (1991:49).

sil na vanguarda dos países de maior crescimento econômico e progresso social, mesmo em comparação com as grandes nações industriais".[60] Assim, a política internacional do período, para que o Brasil pudesse cumprir seu "destino de grandeza", deveria consistir na remoção de todos os "entraves que limitavam seu poder nacional" — tal como afirmava o chefe da missão brasileira junto às Nações Unidas, Araújo Castro (Gonçalves e Miyamoto, 1993:222-223). Evidentemente, como veremos no último capítulo, essa perspectiva influenciou grandemente a propaganda política do período.[61] Afinal, era sedutora a ideia de que, a partir do "milagre econômico", o país poderia abandonar seu "complexo de país-reflexo, [de] país-dependente" e, assim, ter consciência de sua importância no mundo: "Como uma das potências econômicas médias do mundo, o Brasil é fundamental no equilíbrio de forças hoje existentes. Se sofrêssemos uma catástrofe, nossos aliados seriam atingidos de forma fatal".[62]

Portanto, entre o sentimento pessimista de perseguição, de vítimas de maquinações internacionais tendentes a nos dificultar o caminho para o futuro promissor, e a presunção otimista dos que já se sentiam ao lado dos grandes, restou sempre uma enorme preocupação com o que diziam a nosso respeito. Preferível, nesse sentido, que "falem mal, mas falem de nós", sentimento que se patenteou, em 1976, quando da publicação de matérias analíticas sobre o Brasil na imprensa estrangeira. A *Business Week* duvidava da capacidade do Brasil de honrar a dívida externa. O *Financial Times* destacava a intenção brasileira de se adaptar ao novo panorama de crise internacional, pois a fase do milagre já havia acabado. Contudo, importante é sublinhar a maneira pela qual a imprensa brasileira tratou o assunto. O *Jornal da Tarde*, por exemplo, des-

---

[60] *O Globo*, "Médici anuncia: inflação será só de 12% este ano", 2 jan. 1973, p. 5.
[61] Ver, igualmente, a opinião de Alexandre S. C. Barros, apresentada numa reunião da Latin American Studies Association, segundo a qual a propaganda do período destinava-se a "transmitir a imagem do Brasil como um país em movimento ascendente". Ver Barros (1977:22).
[62] *Jornal de Brasília*, "Sete de Setembro diferente", 7 set. 1985, p. 10.

tacava em sua manchete: "Bem ou mal, a imprensa [estrangeira] ainda fala do país".[63]

À época da ditadura, a grande questão foi, realmente, a viabilidade ou não do sonho de "grande potência". Por mais críticos que possam ter sido, muitos jornalistas brasileiros não conseguiram passar incólumes por essa vaga propagandística. A "acusação" estrangeira de que o "milagre econômico" havia acabado,[64] por exemplo, quase nunca repercutiu aqui como a possibilidade de desvelar (por meio da investigação e do debate jornalísticos) aquilo que, afinal, era uma farsa montada pela tecnoburocracia, e sim como um dado a ser lamentado, isto é, como uma possibilidade concreta: o "milagre" não se efetivou por causa de uma falha qualquer, mas poderia ter ocorrido. Assim, pouco restaria a fazer: a cobertura da imprensa estrangeira sobre o Brasil seria "trivial, sensacionalista e confusa" (Francis, 1976:4); a "acusação" sobre o fim do "milagre" feria os brios nacionais.

Mas essa postura pouco crítica não vitimou apenas jornalistas. Também o partido de oposição entendia como uma "questão nacional" os "ataques" da imprensa estrangeira. Quando da publicação de um artigo no *The Times*, por Patrick Knight, afirmando que "a difícil situação econômica está causando agora considerável descontentamento, estimulado pela conclusão de que a ideia de 'Brasil potência mundial', que foi levada tão longe, está recuando cada vez mais para um futuro distante",[65] o Movimento Democrático Brasileiro (MDB) juntou-se à Arena nos protestos lavrados no Congresso Nacional.[66]

O fim do "milagre econômico" marcou o início de uma série de fracassos que muito constrangeriam a elite brasileira diante do estrangeiro. Não cabe avançar muito no tempo, mas é significativo

---

[63] *Jornal da Tarde*, "Bem ou mal, a imprensa ainda fala do país", 26 out. 1976, p. 14.
[64] *O Estado de S. Paulo*, "Milagre brasileiro ameaçado, diz o *Times*", 30 jun. 1974, p. 22; *Jornal de Brasília*, "*The Economist* vê fim do milagre brasileiro", 1º nov. 1975, p. 9.
[65] Tradução intitulada "O milagre brasileiro e as eleições", publicada pelo *Jornal do Brasil*, 28 ago. 1976, p. 4.
[66] *Jornal do Brasil*, "MDB se une à Arena para protestar contra artigo da imprensa inglesa", 28 ago. 1976, p. 4.

observar como, desde então, forte pessimismo manifestou-se entre aqueles que, um dia, pretenderam situar-se no "Primeiro Mundo". Nesse sentido, dos anos 1970 para cá, já se falou que o Brasil "não pode ser levado a sério em nenhum lugar do mundo" (Escobar, 1985) ou que a quantidade de más notícias sobre o país criou-lhe uma sólida imagem negativa (Sotero, 1989:8). Enfim, como do ponto de vista externo estamos tão mal, algo deve ter nos acontecido, somos "estrangeiros em relação a nós mesmos" (Coelho, 1992a:8). Se, até algum tempo atrás, ainda acreditavam, no exterior, na promessa do Brasil como "país do futuro", "como é que chegamos a 1993 nesse estado?" (Callado, 1993:8).

No âmbito da propaganda — até porque nunca foi possível constituir uma agência brasileira especificamente voltada para a área externa —, um dos objetivos da Aerp/ARP sempre foi "cooperar na formação e consolidação da imagem do Brasil e de seu governo no exterior, objetivando melhorá-la continuamente".[67] Era preciso lutar contra "poderosos interesses políticos e econômicos dispostos a evitar que o Brasil se torne uma grande potência", como dizia o já mencionado senador Manuel Vilaça.[68] Mas a concorrência com os demais países capitalistas não era o único problema: "Existe no Brasil de nossos dias [dizia Otávio Costa] um modelo vitorioso de desenvolvimento que interessa ao mundo comunista contestar para que não sirva de exemplo a outras nações".[69] A ideia era associar a defesa do "milagre" à do regime autoritário, que, afinal, seria passageiro: "O Brasil vive um estado revolucionário, mas a tendência é passar-se gradualmente a um estado constitucional mais perfeito".[70]

Durante o período da ARP as coisas não mudaram muito. Mesmo quando a Aerp foi extinta, a preocupação com a imagem exter-

---

[67] Decreto nº 63.516, de 31 de outubro de 1968 (Brasil/Presidência da República/Secretaria de Imprensa e Divulgação, 1982:9).
[68] *Jornal do Brasil*, "Otávio Costa informa que Aerp planeja levar esclarecimentos ao clero", 20 out. 1970, p. 7.
[69] *Jornal do Brasil*, "Otávio Costa diz que a Aerp obteve entendimento entre o povo e o governo", 7 jul. 1971, p. 4.
[70] *Jornal do Brasil*, "Otávio Costa vê próxima a normalidade", 13 mar. 1971, p. 14.

na persistiria, agora como incumbência da Assessoria Especial de Imprensa que se planejava criar.[71] A mania de perseguição também continuaria. Toledo Camargo falava sempre em "ação montada no estrangeiro para deturpar a imagem do país, até mesmo porque o Brasil começa a se impor no cenário internacional".[72] Entretanto, como atuar para o "público mundial"? Havia a preocupação, mas faltavam recursos e meios. Uma das formas encontradas foi assessorar os correspondentes estrangeiros, municiando-os com informações positivas sobre o país e, mesmo, prestando-lhes alguma assistência material, conforme informava o representante da ARP no Rio de Janeiro, Cláudio José da Silva Figueiredo.[73] Mas os projetos nunca avançaram muito. Em 1972-73 tentou-se algo, com a realização de 12 documentários sobre o país. Todos teriam cópias em várias línguas (francês, inglês, alemão, espanhol, italiano e, alguns, japonês). Um desses filmes ganhou um prêmio na Primeira Bienal Pan-Americana do Filme Turístico, coisa que, afinal, não conseguiam deixar de ser (já que não eram propriamente peças de divulgação da "imagem externa correta"). O filme premiado mostrava as praias brasileiras e misturava cenas da natureza com imagens de desenvolvimento e tecnologia. Sem nenhuma narração ou legenda, as únicas palavras ditas, ao término do filme, eram: "Você sempre encontra o sol no final do caminho. Você sempre encontra uma praia no final do caminho. No final do caminho você sempre encontrará um lugar que jamais esquecerá. Este filme foi feito no Brasil".[74] Mas esse tipo de iniciativa era raro. Talvez porque a Aerp/

---

[71] *O Estado de S. Paulo*, "Governo remaneja setor de imprensa e extingue Aerp", 1º jun. 1974, p. 4.
[72] *Jornal do Brasil*, "Publicitário em seminário fala da promoção do governo", 10 dez. 1976, p. 2.
[73] *O Globo*, "ARP explica política de comunicação governamental", 12 ago. 1977, p. 15.
[74] Os títulos produzidos foram: *Você sempre encontra o sol no final do caminho*; *O homem da Amazônia*; *A estrada e o rio* (sobre a Transamazônica); *Amazônia, o grande desafio*; *Visão do Nordeste*; *Onde a esperança mora* (sobre o Centro-Oeste); *Nossa gente além do trópico* (sobre o Sul); *O povo e sua bandeira*; *Na véspera, o domingo* (sobre o caráter nacional); *Sentinelas da Amazônia*; *Brasil, terra da gente* (para a TV); *Brasil Sudeste* (Brasil/Presidência da República/Aerp, out. 1969/mar.

ARP soubesse que, em relação ao exterior — conforme diziam jornalistas estrangeiros —, "não existe serviço de relações públicas capaz de mudar a imagem de um país, apenas porque quer" (Ostrovsky, 1976:4).

***

Como se vê, há grande variedade de enfoques na trajetória conflituosa das tradições do otimismo e do pessimismo em relação ao Brasil. Não é possível, decerto, esgotar o tema, mas os indicadores discutidos neste capítulo delineiam o tipo de "material histórico" de que os militares lançariam mão quando da elaboração da propaganda estatal do período. Não se partiu do zero. Corrigir os rumos, trabalhar contra a crise moral, transmitir a verdadeira imagem do Brasil — estes foram temas recorrentes dessa propaganda porque sempre presentes na trajetória mencionada.

1974). A seleção de imagens seria "isenta de exageros de ufanismo". Ver *Jornal do Brasil*, "Dez documentários vão dar aos estrangeiros uma visão das perspectivas do Brasil", 14 out. 1973, p. 17.

2

As formas de aparição do poder

> "A cada canto um grande conselheiro,
> que nos quer governar cabana e vinha:
> Não sabem governar sua cozinha,
> e querem governar o mundo inteiro!"
>
> Gregório de Matos Guerra, *Aos srs. governadores
> do mundo em seco da cidade da Bahia, e seus costumes* (16--)

Se causa medo a lua cris é porque, não estando visível, denuncia que não tem luz própria, algo bloqueia sua visão, deixou de estar iluminada. Desaparecer, encobrir-se, é atitude anterior ao ataque. Também o poder corre riscos ao eclipsar-se e, por isso, preocupa os governos a forma como aparecem, assim como diz das pessoas a maneira como elas os veem.

Fazer escárnio do que inspira temor é comportamento que muitas vezes serviu como defesa contra as imposições do poder; uma das atitudes mais comuns entre os diversos grupos e classes que compõem a sociedade brasileira. "A tradição de debochados do país, que atacam a gravidade corrupta dos cínicos" (Jabor, 1993:8), é mesmo um nosso traço marcante — embora esse tipo de percepção generalizada peque naturalmente por imprecisão.

O fato é que, comumente, só o sarcasmo tem alguma eficácia para se contrapor, como estado de espírito, às injunções do autoritarismo dos governos, da incompetência dos governantes ou da corrupção administrativa. Portanto, ao contrário da atitude bem-

-humorada, o sarcasmo está relacionado com a desilusão — no caso, com a desilusão política.[75]

Deboche e temor são atitudes que, ao longo da história brasileira, se encontram associadas às formas de aparição da autoridade ou do poder. "De uma maneira geral, o patriotismo é *achincalhado*, e a bandeira não passa de um pano verde, amarelo, azul e branco" (Borges, 1977:1, grifo meu). Por outro lado, a tortura, nos momentos mais repressivos da ditadura militar, foi "um poderoso instrumento [...] para subjugar a sociedade" (Skidmore, 1991:181), já que a notícia de alguém torturado circulava com rapidez, especialmente entre os jovens, e *amedrontava*.

Excetuando-se as épocas de civismo exacerbado, tem sido comum a avaliação de que é pequeno o amor que os brasileiros nutrem por seu país: setores da intelectualidade, notadamente aqueles vinculados à mídia impressa, tendem a falar de um mal-estar, de uma ansiedade mal definida, quando épocas de crise suscitam um aparente desencanto com o Brasil. Por outro lado, as manifestações jubilosas de patriotismo costumam acender, nesses mesmos setores, esperanças de que, com elas, maior devoção ao interesse público e maior grau de cidadania surjam nas camadas populares. Recentemente, por exemplo, foi corriqueira a avaliação negativa, a generalização sobre o fato de "o brasileiro" não gostar do Brasil, não comemorar suas datas históricas: "O Brasil tornou-se mal-amado pelos próprios brasileiros" (Rossi, 1991:2), "é raro que acontecimentos históricos sejam sinceramente comemorados no Brasil, que uma efeméride suscite, ainda hoje, adesão emocional e debate autêntico" (Coelho, 1992b:6). Ao que parece, tais avaliações pessimistas do início dos anos 1990 baseiam-se mais nas expectativas de quem as emite do que em dados da realidade. Afinal, é difícil encontrar, entre os milhões de brasileiros miseráveis, um que esteja preocupado com tais temas; eles não dispõem desses códigos de acesso cultural. Não se trata também de deslegitimar semelhantes preocupações, mas de pensá-las sob outra ótica, *desfocá-las*.

---

[75] Sobre o tema, ver Martins (1993:4).

Portanto, cabe perguntar: por que parcelas da chamada "opinião pública" valorizam tanto essas questões?

Reside na força da tradição do otimismo e na rotina do acompanhamento dos atos do poder — a que a imprensa obriga — a constância de tais inquietações. O "mal-estar", "a ansiedade mal definida" surgem exatamente em função do conflito entre a imagem de um país grandioso e a realidade das desilusões causadas pelos desacertos do poder. Não se pode condenar um povo que descrê de um país malgovernado; mas causa estranheza o desencanto pelo Brasil.

A percepção do poder, assim, é fenômeno dos mais importantes para o entendimento de atitudes e representações mentais de uma dada época. E tal processo realiza-se em duas vias: a forma como o poder pretende aparecer e a maneira como é percebido. Não por acaso, um dos profissionais de propaganda que mais assessoraram políticos brasileiros falava que "a liturgia do poder tem a elevada capacidade de simbolizar objetivos e propósitos políticos, portanto, não podemos desprezar a chamada liturgia do poder como uma forma básica de definição de uma comunicação" (Salles, 1987?:72).

Quando tal liturgia não existe ou é frágil, acaba por ser inventada ou substituída.[76] Por isso a história da aparição do poder está repleta de atos pretensamente fundadores. Este foi o caso da Primeira Missa de Brasília, mandada celebrar por Juscelino Kubitschek em 3 de maio de 1957. Oficiada pelo então cardeal de São Paulo, reuniu 400 convidados no Planalto Central sob um toldo de lona verde, diante de um altar tosco e junto a um cruzeiro. Brasílio, filho de um funcionário da Novacap, primeira criança nascida por ali, foi então batizado. Estavam presentes o presidente da República, seu vice, ministros e governadores. Mas a presença mais estranha foi a de uns 30 indígenas carajás — referência mais explícita à cerimônia correlata quando do descobrimento do Brasil — vindos da ilha de Bananal. Pedro Calmon, também presente, à

---

[76] Evidentemente, não é possível o uso aleatório de símbolos. Quando falo em "inventar" uma liturgia, refiro-me à *ressignificação* de símbolos compartilhados.

época reitor da Universidade do Brasil, só acreditou serem mesmo indígenas depois de conversar com eles (Mercadante, 1957:8-10). Que se pode dizer de tal imagem? Antevendo o impacto que a nova capital teria, Juscelino Kubitschek pôs-se no lugar do capitão-mor Pedro Álvares Cabral e, simbolicamente, *redescobriu* o Brasil, mandando repetir o ofício que frei Henrique de Coimbra celebrara 457 anos antes no ilhéu da Coroa Vermelha. Para a ocasião, em vez das caravelas, 11 aviões comerciais e dezenas de teco-tecos levaram os convidados. Grotesco, impressionante, mera propaganda: como entender episódio tão peculiar? Na verdade, JK precisava apenas do congelamento daquele ato em uma imagem. Presidente dos mais ciosos da memória de sua gestão, provavelmente sabia que um dia historiadores necessitariam de uma fonte como essa... Marco de um novo tempo, novamente amparado em sinais fortes — como a cruz e a bandeira —, este é um daqueles episódios-símbolo que, se muito interpretados, são empobrecidos.[77]

Também os símbolos nacionais clássicos, como o Hino Nacional e a Bandeira, possuem significados múltiplos, complexos, e acabam se constituindo em foco de reverência ou antipatia, conforme as variações da conjuntura econômica ou política.[78] Existirão alhures, talvez, relações mais estáveis com tais modalidades de símbolos. No Brasil, porém, especialmente após a Proclamação da República, a relação da sociedade com os símbolos nacionais não tem sido constante.[79]

Reverência também significa respeito, marcado pelo temor, às coisas sagradas. Sensação menos familiar que a lembrança das filhas de Benjamin Constant bordando, com fios de ouro e prata, a bandeira de seda, veludo e algodão, "lugar de memória" deposi-

---

[77] Italo Calvino (1993:144) falava que, "como ocorre com todos os verdadeiros símbolos, não se saberia jamais decidir o que simboliza".
[78] Como se vê, não suponho que as atitudes no plano do cotidiano sejam de todo contingentes. Fenômenos econômicos e políticos costumam determinar esses comportamentos, embora ainda não se disponha de instrumental teórico-conceitual capaz de decodificar esses nexos *relacionais* que, em outras dimensões temporais, são mais visíveis.
[79] Sobre o assunto, consultar Carvalho, J. M. (1990).

tado no Museu da República no Rio de Janeiro. Sacralização que sempre foi reiterada pelos governos dos militares, eles próprios portadores de indumentárias cheias de significados particulares e incompreensíveis para muitos civis. Em 1971 o Executivo encaminhou ao Congresso Nacional um projeto de lei que objetivava atenuar as normas de uso da bandeira brasileira, que o ministro da Justiça considerava severas demais; afinal, "hoje a bandeira volta às ruas, às residências, às festas, carregadas pelos cidadãos numa demonstração eloquente do fortalecimento do espírito cívico".[80] Se tal iniciativa sugere um uso mais liberal da bandeira e remete, talvez, para a dimensão privada do lar, da casa (como a de Benjamin Constant), onde qualquer do povo terá sua bandeira e poderá portá-la festivamente, o mesmo não se pode dizer do monumento que, em Brasília, mantém "sempre no alto" a bandeira brasileira. O Monumento ao Pavilhão Nacional foi construído durante o ano de 1972. A ideia partiu de Rubem Ludwig, que pretendia erguer um pequeno mastro na praça dos Três Poderes. Mas o governador do Distrito Federal, Hélio Prates, influenciado pelo arquiteto Sérgio Bernardes, optou pelo mastro monumental.[81] Ele foi montado com 24 tubos de aço, representando os estados e territórios. No alto de seus 200 metros, a peça de *nylon*, de 280 metros quadrados. O conjunto é iluminado por holofotes fotoelétricos, de modo que a bandeira nunca precisa ser arriada. Milhares de pessoas acompanharam a solenidade de inauguração. Alto-falantes, postos na cobertura do Palácio do Planalto, anunciaram a fala do presidente Médici: "Ordeno que seja hasteada a Bandeira Nacional!",[82] lacôni-

---

[80] *Jornal do Brasil*, "Projeto atenua o rigor no uso da bandeira do Brasil", 29 jul. 1971, p. 4. O projeto, na verdade, foi redigido pelo assessor-chefe da ARP, José Maria de Toledo Camargo (1995:151).
[81] Entrevista de Otávio Pereira da Costa concedida ao autor em 18 de julho de 1994. Doravante esse depoimento será assinalado apenas como "Entrevista OPC".
[82] *Correio Braziliense*, "Diversas solenidades assinalaram o transcurso do 'Dia da Bandeira'", 20 nov. 1972, p. 4. O mastro foi inaugurado no dia 19 de novembro e, algumas semanas depois, a bandeira dilacerou-se em função dos ventos, necessitando ser trocada. Ver *O Globo*, "Bandeira subirá ao mastro gigante na hora do pôr do sol", 4 jan. 1973, p. 12. Observe-se, de passagem, que a hora escolhida

ca e solene como o texto da placa que assinala a inauguração, na qual se leem as palavras que Otávio Costa redigiu: "Sob a guarda do povo brasileiro, nesta Praça dos Três Poderes, a Bandeira sempre no alto — visão permanente da Pátria".[83] Distanciamento e monumentalidade que nem mesmo a comoção nacional causada pela morte de Tancredo Neves, 13 anos depois, conseguiria anular. A multidão que esperava a chegada do esquife pedia que a bandeira do mastro monumental também ficasse a meio pau, em função do luto no país: "Baixa! Baixa!",[84] e a bandeira sempre no alto...

Também o Hino Nacional foi objeto de controvérsias durante o regime militar. Louis Moreau Gottschalk, que residiu por sete meses no Brasil, em 1869, compôs aqui, pouco antes de morrer, a *Marcha solene brasileira* e a *Grande fantasia triunfal sobre o Hino Nacional Brasileiro* em homenagem ao imperador Pedro II. Esta última foi proibida durante o período militar pelo Conselho Nacional de Moral e Civismo, do Ministério da Educação, mas acabou sendo liberada pelo presidente Ernesto Geisel em junho de 1975. A pergunta que parece subjacente a esse tipo de impasse é: podemos nos relacionar "particularmente" com os símbolos nacionais, dando-lhes uma versão ou uso, por assim dizer, profanos, ou somente devemos reverenciá-los a distância, como algo imutável e institucionalizado?

A maneira pela qual a noção de "patriotismo" é entendida e vivida pelos setores letrados e com um mínimo de acesso a esses códigos culturais pode ser percebida nos momentos em que ondas de civismo varrem o país. Ao contrário de uma "ansiedade mal definida" ante o desencanto ou o pessimismo, surge uma espécie de contentamento indisfarçável quando da exacerbação dos sen-

---

denota uma preocupação com o que poderia ser chamado de "efeitos especiais", o que também ocorreu durante a comemoração do Sesquicentenário da Independência ou da Semana da Pátria de 1976. A informação sobre a inauguração é controvertida, porque o chefe da ARP, Toledo Camargo (1995:162), afirma, em suas memórias, que a obra não ficou pronta a tempo.

[83] Brasil, Lei nº 5.700, de 1º de setembro de 1971, art. 12, § 2º.
[84] *Veja*, "Um mar verde-amarelo", n. 869, p. 36, 1º maio 1985.

timentos patrióticos, como em épocas de grandes conquistas no campo esportivo.

Foi assim também por ocasião do plano de estabilização econômica de 1986, que ficou conhecido como "Cruzado". Atitudes individuais ou coletivas, com certo grau de espontaneidade, denunciavam aquilo que os jornais classificavam como "neocivismo" ou expressões correlatas (Caetano, 1985:3). Em junho de 1985, por exemplo, antes do Cruzado, mas na atmosfera cívica posterior à Campanha das Diretas e aos episódios envolvendo Tancredo Neves, os espectadores que se preparavam para assistir à partida de futebol entre Brasil e Paraguai começaram a cantar, espontaneamente, o Hino Nacional, embora isso não estivesse previsto pelos organizadores do jogo.[85] Numa esfera mais individualizada, a faxineira Maria do Carmo de Souza, moradora de Nova Iguaçu (RJ), comunicou às patroas, durante o Plano Cruzado, que sua diária seria reduzida de Cr$ 70 mil para Cr$ 54 mil. Instada a explicar o motivo, respondeu: "Se eu não fizer isso, o Brasil não vai para a frente".[86]

Embora nem todos compartilhem esse tipo de postura, a verdade é que a mobilização das forças do otimismo possui uma capacidade atrativa quase irresistível. Compreende-se, assim, por que pessoas presumivelmente críticas tenham se deixado levar pela crença de que, finalmente, o promissor futuro brasileiro havia começado a se realizar. O grupo musical Legião Urbana, antes de interpretar a música "Que país é este", que criticava o Brasil e fazia sucesso na época, anunciou: "Em pouco tempo essa música vai perder o sentido: as coisas vão mudar". Os aplausos do público refletiram inteira concordância (Schild, 1986:1). Verdade que muitos viam criticamente a situação, como o dramaturgo Hamilton Vaz Pereira, que, embora tivesse conseguido encenar uma nova peça, alertava para o fato de que "há otimismo no ar, sim, mas também muitos brasis" (Schild, 1986:1).

---

[85] *Fatos*, "Patriotismo: um sentimento que faz a cabeça do mundo", n. 20, p. 42, 5 ago. 1985.
[86] *Jornal do Brasil*, "O Brasil descobre a cidadania", 30 mar. 1986, p. 13.

O contexto político e econômico da chamada Nova República foi o ambiente em que se verificou uma "retomada dos símbolos nacionais", no dizer de várias pessoas na época. Mas esse ambiente estava também sob a influência de outro fenômeno recente, qual seja, a grande comoção nacional provocada pela Campanha das Diretas. Não é meu propósito analisar aqui as injunções políticas da manifestação, mas apenas destacar certa dimensão simbólica que se pode entrever nela.

Refiro-me ao relacionamento dos diversos grupos sociais com o poder, com os símbolos nacionais. Parece possível pensar-se a Campanha das Diretas como o marco de uma grande modificação entre a maneira pela qual essa relação se dava durante o regime militar e a forma como se estabeleceu desde então. O caráter emocionado, festivo, patriótico — que também possuía traços de um arrebatamento algo ingênuo — foi sinteticamente descrito pelo jornalista Ricardo Kotscho (1984:89):

> Muito antes de esse Carnaval começar, a festa ganhou as ruas e não tem dia para acabar. É como se todo brasileiro, mesmo o que não se destaca como folião, tivesse arrebentado as amarras destes 20 anos de sufoco e perdido a vergonha de ser alegre, mesmo em meio a tanta desgraça e safadeza. [...] o brasileiro voltou a sorrir pelas ruas, a se vestir de verde e amarelo com orgulho, a cantar o Hino Nacional como se fosse um samba-exaltação de Ari Barroso. Quem não notou que o Brasil, de ponta a ponta, voltou a ficar mais colorido, mais musical, mais brasileiro nestas últimas semanas?

Estamos aí no reino do puro otimismo. O brasileiro, alegremente, espontaneamente, rompe com o obscurantismo e exige seus direitos. Cobre-se com as cores nacionais e canta orgulhosamente seu hino. É notável como o jornalista sintetizou em poucas palavras todo um rol de características inerentes ao imaginário otimista: a "brasilidade" que se expressa através da alegria, da festividade, da esperança. A Campanha das Diretas foi lida por muitos como o marco de um novo tempo, como a inauguração da era de realizações que o imaginário sobre o futuro promissor do país vem delineando há séculos. Não conseguiu precisamente isto, mas alterou drasticamente a "agenda simbólica" do país. Introduziu na mídia, de maneira completamente diferente daquela que até então prevalecia, os símbolos nacionais e a própria forma de aparição do poder. Fez triunfar a espetacularidade sobre a solenidade, a visibilidade sobre a ocultação, a emotividade sobre a frieza.

Que outro significado, por exemplo, poderia ter a famosa cena da imensa bandeira nacional sob a qual se protegiam da chuva centenas de manifestantes durante a reunião do Colégio Eleitoral? Ela foi capturada pelo fotógrafo A. Dorgivan e publicada no *Jornal do Brasil*, discretamente (na página 20), no dia 16 de janeiro de 1985. Posteriormente se tornaria muito conhecida.

Todas as características simbólicas da Campanha das Diretas opõem-se diametralmente àquelas que, do ponto de vista da relação com a autoridade, eram usuais durante os governos militares. Pensemos no caráter solene do Mastro Monumental, já mencionado. A "visão permanente da pátria" pode ser entendida não só como a simbolização, na bandeira, da "pátria", que permanentemente se vê e se reverencia, mas também como a opressiva onividência do "poder", que por tudo zela.

Ocultação, e não visibilidade, era característica do regime militar. Da mesma forma, nenhuma sensação de familiaridade se poderia estabelecer entre as imagens propostas pelos militares e a sociedade; ao contrário, estranheza e excludência era o que causavam. Assim, se a Campanha das Diretas inaugurou um tempo de "espetacularidade" na forma de relacionamento com a autoridade e seus símbolos, o que marcava o período anterior era a solenidade.

A sensação de temor e inquietação também era comum. Para grupos sociais politizados, a repressão política realmente gerava consequências "psicossociais" (Skidmore, 1991:261). Em 1964, por exemplo, espalhou-se rapidamente a notícia de que os militares checavam uma lista de 5 mil inimigos políticos. O medo instalou-se em todos os gabinetes governamentais, já que se supunha que tais inimigos fossem, especialmente, funcionários públicos (Skidmore, 1991:59). Ter um posicionamento político-ideológico diferente do admitido pelos generais era realmente um risco.

Desde os primeiros momentos de março de 1964, a imagem passada pelos governos militares foi soturna, sombria. A sisudez e a circunspecção dos uniformes, as caraduras graves dos "homens sérios", tudo isso esteve claramente estampado em imagens que eram divulgadas pela imprensa.

Como se sentir coparticipante, otimista, solidário com tal aparição? Quepes, uniformes, ares de comando — tudo inspira temor, pois lembra a polícia, a força, o monopólio do uso legal da violência. Bem verdade que nos primeiros momentos do golpe de 1964, para os setores sociais que o apoiaram, tal imagem representava segurança, a impressão de que "agora haverá ordem". Mas episódios como a tortura, o banimento possibilitado pelo AI-13 e a pena de morte admitida pelo AI-14 acabaram dando a sensação de excesso e desgoverno. A percepção dessa degenerescência também deve ter sido um dos fatores que suscitaram a criação da Aerp e que levaram Otávio Costa a buscar uma propaganda que não fosse "chapa-branca",[87] isto é, que não parecesse oficial, ligada a esse clima desagradável imposto pela presença soturna dos militares.

Os generais-presidentes viveram um permanente conflito entre as demandas pró-liberalização do regime e suas vocações e/ou as pressões autoritárias. Conflito que esteve presente desde Castelo Branco e se estendeu por todo o período militar. Costa e Silva, por exemplo, assumiu pretendendo transmitir uma imagem conciliatória, mas em 1967 já fazia ameaças na mensagem encaminhada por ocasião da sessão de encerramento da legislatura do Congresso Nacional (Skidmore, 1991:148-150). Aquela tentativa inicial de passar uma imagem benevolente foi reforçada pelo "choro presidencial" da primeira reunião ministerial. O presidente da República, que, como os reis, é "o homem por excelência" (Calvino, 1993:58), também chora! Esta é uma das formas mais eficazes de propaganda pessoal de governantes, em geral não planejada,

---

[87] Entrevista OPC. A expressão foi utilizada por Otávio Pereira da Costa.

porque dependente de sua atuação espontânea: o homem simples, popular, de hábitos comezinhos e que sofre, chora, se entristece diante das desgraças, como também faria Médici em face da seca que se abateu sobre o Nordeste em 1970. Não importa o hábito — futebol, cavalos ou pão de queijo —, o "presidente como homem simples" é um tópico do imaginário social que *o marketing* político sabe aproveitar muito bem.

Costa e Silva, por exemplo, quase se encaixou neste perfil do "homem simples": como visto há pouco, chorou ao falar de um "humanismo social". Seus ministros o aplaudiram de pé, como se estivessem dizendo: "Sim, presidente, seremos o governo da redenção, do reencontro com o futuro promissor — portanto, que fique otimista o povo". Esta suposição concretizava-se no texto que encimava a foto publicada pela *Manchete* e que asseverava: "A tensão e a rigidez dos últimos três anos começam a ser substituídas por um ameno e humano idioma, que está sendo saudado com justificada esperança e otimismo".[88] Infelizmente, esse "ameno e humano" idioma não se concretizaria. Costa e Silva (que decretou o AI-5) não passou à história como um presidente "humano", para o que certamente não colaborou o lastimável estado em que ficou depois da trombose de 1968. Um presidente mudo, transportado com cuidado para tratamento: o caráter sombrio da doença só fez amplificar o mal-estar que habitualmente causavam os militares nos grupos sociais críticos e letrados.

João Figueiredo também experimentaria esse modelo do "homem simples". No início de seu mandato uma forte campanha promocional, voltada realmente para a figura do presidente — personalista, portanto — enfatizou seus gostos populares, mostrou o presidente tomando cafezinho na rua e trajando roupas de banho. Tal imagem logo seria abalada pela personalidade arrebatada de Figueiredo, que chegaria a desafiar populares que o criticavam em público. Da mesma forma, também ele enfrentaria dissabores com doenças, seja o infarto de 1981 — que mostrou um dirigente lite-

---

[88] *Manchete*, "Quando chora o presidente", n. 780, p. 4-5, 1º abr. 1967.

ralmente arrasado, sentindo-se como "se tivesse sido atropelado por um caminhão" —, seja a conjuntivite e a formação de cílios, que feriam seus olhos e os faziam lacrimejar.[89] Figueiredo também teria seu "choro emocional", por ocasião do projeto de anistia.

Enfim, somente algo tão forte quanto a Campanha das Diretas seria capaz de superar atmosfera tão carregada. De alguma forma era preciso estabelecer em novos moldes a relação da sociedade com o poder, algo que se expressa sinteticamente no culto aos símbolos nacionais. Contudo, convém inquirir sobre essa necessidade: qual o significado dessa mudança de natureza simbólica? Que grupos sociais refundaram, com espontânea e ingênua verdade, a relação popular com os símbolos do país e que outros se aproveitaram pragmaticamente dessa maneira otimista de ver, ver-se e ser visto?

Há diferenças entre a relação da sociedade com o poder e aquela que se estabelece entre as pessoas e seu país. O deboche ante as formalidades cívicas, a piada contra os dirigentes e o temor diante da autoridade tendem a expressar a negatividade da relação de mando, de subordinação, necessariamente estabelecida no contexto governante/governados. Por outro lado, a festiva comemoração de uma vitória esportiva, ou a sensação coletiva de satisfação em fazer as "nossas exigências" durante a Campanha das Diretas têm como vetor principal algo representado como "o país" (ou o Brasil), e não "o poder" (ou o governo). O pessimismo tende a cristalizar-se em torno de "culpados" (os governantes); o otimismo irradia-se em direção ao país promissor (o Brasil). Por isso, para a propaganda, é necessário trabalhar essas atmosferas otimistas, canalizá-las para interesses menos difusos, aproveitá-las "melhor".

Assim, não é ingênua, embora não ardilosa, a atitude tão reiterada pelos grupos sociais letrados, "formadores de opinião", sobre a "retomada dos símbolos nacionais": "Desde o momento da Campanha das Diretas, os diversos símbolos nacionais foram como que empossados pelo povo. Não só o Hino Nacional como também

---

[89] *Folha de S.Paulo*, "Planalto gostou do 2º programa", 8 jun. 1982, p. 7.

nossa Bandeira passaram a ser cultuados mais intensamente, com mais intimidade pela população".[90]

A ideia da retomada dos símbolos nacionais pelo povo, que os retira então das mãos dos militares, possui um reverso: a aposição desses símbolos e de sua carga legitimadora em novo contexto, ante *novas autoridades*. Às voltas com a sensação de incompletude causada por sua reiterada preferência pelos arranjos de poder, pelas fórmulas de consenso e pela busca da conciliação, grande parte da elite brasileira viu nesse gesto simbólico algum tipo de ruptura, palatável, alegórica, mas eficaz: arranque o povo a Bandeira e o Hino das mãos dos militares e os deposite ante os civis.

Por outro lado, demandas de comunicação de massa e *marketing* também influenciaram esse processo. O sentido estético vibrante do amarelo, escolhido por Caio Graco Prado para a Campanha das Diretas, ou a dupla pincelada verde e amarela, espontaneamente lançada sobre o papel como se fora uma assinatura coletiva, nacional e vigorosa — enfim, todos os gestos e imagens do período passariam a ser usados pela mídia, especialmente pela TV, e pela propaganda oficial do novo governo, justamente para significar sua novidade, emprestar-lhes legitimidade e conferir algum sentido a um processo de distensão política que, afinal, fora longo, sofrido e pouco corajoso. Note-se uma vez mais, portanto, que não se trata de uma simples *instrumentalização* ideológica, mas de um processo complexo de representações e jogos de interesses políticos diferenciados. Tudo se baseou em fenômenos autênticos, objetivos, e não em construções fabulosas. Algumas imagens, de tão fortes, pairavam poderosas acima da capacidade de utilização pragmática. Referindo-se à publicidade comercial, Alex Periscinoto destacou, por exemplo, que "a publicidade ainda está a dever uma peça à altura da cena do dia da reunião do Colégio Eleitoral, em que uma porção de gente se escondia da chuva, em frente ao Palácio do Planalto, debaixo de uma bandeira enorme. Acho que a partir dessa cena, tudo o que se disser será clichê" (Manente, 1985:5).

---

[90] *Jornal de Brasília*, "Sete de Setembro diferente", 7 set. 1985, p. 10.

Por essas razões, que alguns classificaram de "indução" — um "vasto movimento emocional, comandado pelos meios de comunicação de massa" (Manente, 1985:5) —, é que foram tão valorizadas as aparições do Hino e da Bandeira fora de seus contextos cívicos tradicionais. Quanto menos militarizados, melhor. O episódio da gravação do Hino Nacional pela cantora Fafá de Belém ilustra bem essa circunstância. A artista havia gravado uma versão diferente do Hino, não autorizada pela lei, para um programa de TV (precisamente sobre o "resgate dos símbolos nacionais") que iria ao ar após a primeira reunião ministerial do governo Tancredo Neves. Com a morte do presidente escolhido, o programa foi suspenso, mas o então ministro Fernando Lyra forneceu à cantora um parecer autorizando a divulgação da gravação.[91] Para Fernando Lyra, "este hino não só recorda a Campanha das Diretas, resgata os símbolos nacionais, como é o retrato do sentimento do povo brasileiro".[92] Interpretado com grande dramaticidade e forte carga patética, o Hino aparecia completamente desfocado, em outro contexto, nada tendo a ver com os militares e, sobretudo, fortemente vinculado à nova configuração do poder — que o recuperou da atmosfera emocional das "Diretas" e o autorizou como "trilha sonora" da Nova República. Seis anos depois, a Justiça Federal de Brasília anularia o ato de Fernando Lyra.[93]

Essa "retomada dos símbolos nacionais" expressou-se em diversos níveis: no cinema, na moda, na música. O sentimento prevalecente era realmente o de resgate: "Durante os anos feios da repressão, [o Hino] chegou a ser usado como instrumento de tortura — os torturadores, não raro, exigiam que os prisioneiros políticos comprovassem seu patriotismo entoando os 50 versos e as 253 palavras do hino" (Vasconcellos, 1985:56-57).

Em alguns casos chegou-se a situações verdadeiramente delirantes, como a portaria do secretário de Educação e Cultura do

---

[91] *Jornal de Brasília*, "Hino Nacional vira disco", 18 maio 1985, p. 5.
[92] *Folha de S.Paulo*, "Ministério da Justiça autoriza a livre execução do Hino Nacional", 18 maio 1985, p. 5.
[93] *Jornal do Brasil*, "Juiz cala voz da musa das Diretas", 30 ago. 1991, p. 2.

Distrito Federal, Pompeu de Souza, que houve por bem determinar, quando da morte de Tancredo Neves, que os alunos e professores da rede escolar de Brasília cantassem o Hino Nacional de mãos dadas e braços erguidos na abertura e no encerramento das atividades escolares. Também deveria haver uma breve palestra sobre o sentido da "Nova República", preferencialmente iniciada ou concluída com palavras do próprio Tancredo Neves.[94] Segundo Pompeu de Souza, "depois de um longo período de lavagem cerebral, é necessário doutrinar nossas crianças".[95] Portanto, ao contrário do que supõe certa antropologia, não parece que o povo tenha vivido um "processo de esquizofrenia" por não poder admitir o gosto pelos símbolos nacionais em função da ditadura militar.[96] Atos como o mencionado, ao contrário, tendem a situar esses tipos de distúrbios em setores sociais específicos, não sendo absolutamente generalizáveis e significando justamente aquela pretensão de canalizar-se um eventual sentimento otimista (em relação ao país) para uma atitude de apoio (ao poder).

***

Diz-se que é mórbido o retrato pintado por um artista com cores suaves ou delicadas. A aparição pública dos militares não transparecia nenhuma suavidade ou delicadeza; na verdade, o outro sentido da palavra "mórbido" talvez se aplique melhor, pois também não se pode associar a eles as ideias de alegria e desprendimento. Até nas festas e comemorações podia-se notar algo de sombrio, especialmente quando se associava civismo e religiosidade, práticas rituais sempre referidas à morte. Foi o que ocorreu em parte das comemorações do Sete de Setembro de 1972, durante o solene te-déum oficiado pelo cardeal Agnelo Rossi, na Santa Sé, encerrado com uma oração pela paz, pelo desenvolvimento e pela prosperida-

---

[94] *Correio Braziliense*, "Escolas se alinham à Nova República", 28 abr. 1985, p. 3.
[95] *Jornal de Brasília*, "Cultuar símbolos por decreto resolve?", 25 abr. 1985, p. 17.
[96] A ideia é de Roberto DaMatta e foi registrada por Manente (1985:5).

de do Brasil.[97] O altar, adornado com bandeiras brasileiras e cravos roxos, desejava homenagear o Sesquicentenário da Independência, mas o que também se pode ler nesse tipo de episódio (e houve muitos outros assemelhados durante os anos militares) é que, na impossibilidade da presença do povo, o poder se retrai e ampara-se em cultos formais, procurando registrar de alguma forma sua existência. É claro que esse tipo de cerimônia é comum em qualquer governo, mesmo nos democráticos e com bons índices de popularidade, mas não é o mais importante ou corriqueiro. A ditadura militar brasileira, por ser o que era, só em raros momentos pôde usufruir das vantagens do contato da autoridade com o povo, prática em que foram mestres Getúlio Vargas e Juscelino Kubitschek. Tais atitudes — é quase desnecessário dizer — não são apenas características menos relevantes deste ou daquele governo: traduzem, isto sim, toda uma atmosfera política de grande importância para a consecução de diretrizes governamentais e ainda para o "estar público" da sociedade — circunstância geradora de tranquilidade ou de instabilidade sociopolítica. Nesse sentido, o aspecto oficialesco e sombrio, emprestado pelo aroma de cravos roxos e do incenso em um altar civicamente embandeirado, é a tradução precisa da forma de aparição dos militares, que se encobriam em Brasília como numa casamata do poder. Algo, portanto, muito pouco otimista.

Por isso Otávio Costa execrou a lúgubre cerimônia da trasladação do corpo de Pedro I para o Brasil.[98] Na verdade, trasladação de parte do corpo, porque o coração ficou em Portugal (Brasil/Comissão Executiva Central do Sesquicentenário da Independência, 197-:9). A ideia o perturbava provavelmente em função desse toque oficialesco e sombrio mencionado há pouco. Os despojos mortais peregrinariam pelo Brasil até serem depositados na Capela do Monumento do Ipiranga (erguido na colina onde d. Pedro proclamou a Independência). Otávio Costa, que pretendia centrar os festejos do Sesquicentenário da Independência na figura de Tiradentes, chegou

---

[97] *Jornal do Brasil*, "Médici preside desfile na avenida Paulista", 8 set. 1972, p. 3.
[98] Entrevista OPC.

a falar com o presidente Médici, alertando-o para a improcedência das comemorações, mas foi vencido por outros setores militares. A festa, aliás, foi um sucesso: havia muita gente aplaudindo Médici,[99] bandeiras enfeitando as casas, carros decorados de verde e amarelo, vendedores de recordações cívicas — como uns monóculos com a fotografia de Pedro I.[100] Para Otávio Costa, esta foi a grande frustração que sofreu durante sua passagem pelo governo. Muitos entenderam que a festa fora patrocinada pela Aerp.[101] Analistas mais atentos, porém, inserem corretamente a trasladação de 1972 no contexto da política externa brasileira, que, à época, investia na defesa do Atlântico Sul e procurava aproximação com a África austral para o que, supunha-se, seria importante fortalecer a "comunidade luso-brasileira" (Gonçalves e Miyamoto, 1993:228).

O chefe da Aerp sabia do que estava falando. Em termos de propaganda política, o máximo que se pode extrair de um morto ilustre é sua "santificação", isto é, a transformação da figura da pessoa morta em herói. Pedro I já ocupava seu lugar (relativamente secundário) no panteão das grandes figuras nacionais. Dificilmente a mórbida cerimônia da trasladação e da peregrinação do corpo alteraria esse *status* ou renderia bons frutos em termos de propaganda. Tratou-se, portanto, de uma idiossincrasia de alguns militares e do próprio presidente. Além de expressar, como lembra Otávio Costa, certa decadência do governo português.[102] Esse mesmo tipo de frustração com cerimônias excessivamente marcadas como oficiais, Otávio Costa experimentou com as Olimpíadas do Exército,[103] evento esportivo patrocinado pela Secretaria Geral do Ministério do Exército, mas que também passaria ao público como criação da Aerp.

O cadáver ilustre sempre mobiliza a atenção das pessoas. Misticismo e desconfiança costumam associar-se quando se analisa

---

[99] *Veja*, "O colorido fim de festa", n. 210, p. 12-19, 13 set. 1972.
[100] *Jornal do Brasil*, "Médici preside desfile na avenida Paulista", 8 set. 1972, p. 3.
[101] Esta é a opinião de Caparelli (1982:159).
[102] Entrevista OPC. Otávio Costa referia-se ao salazarismo.
[103] Entrevista OPC.

a reação de certos setores populares diante da morte de personalidades públicas. É comum, por exemplo, anotar o número da quadra e da cova do falecido para fazer uma aposta no jogo do bicho. Da mesma forma, é quase uma rotina a série de boatos que asseveram certa suspeição quanto à morte em pauta, em geral especulando sobre um assassinato muito bem planejado e impossível de ser deslindado. Foi assim por ocasião das mortes de Costa e Silva, de Castelo Branco e de Juscelino Kubitschek. As mortes, os funerais destes dirigentes, são, portanto, momentos privilegiados para tentar perceber as atitudes sociais ante o poder. Como disse Jean-Marie Domenach (1963:52), "nenhum espetáculo impressiona tão profundamente a alma moderna e lhe dá tanto esse sentimento de comunhão religiosa a que aspira". Que poderíamos visualizar analisando algumas fotos de funerais de ex-presidentes da República?[104]

É grande a presença popular nos enterros de Getúlio Vargas e Juscelino Kubitschek. Mais que isso, impressiona o desespero, a comoção causada pela morte desses dirigentes, patentes nas feições dos populares que os acompanham. Populares que, nos enterros de Costa e Silva e Castelo Branco, estão ausentes, se não de todo, pelo menos não como figuras centrais, como fato notável durante as cerimônias, em sofrimento intenso ou acompanhando os cortejos com especial emoção ou interesse. Isso foi visível no enterro de Castelo Branco, no qual alguns poucos populares apareciam por trás de soldados em uniforme de gala, ou no enterro de Costa e Silva, em que a presença de autoridades, militares e seguranças, bem como de mulheres formalmente vestidas de luto, contrasta com o comparecimento de pessoas simples nos enterros de Juscelino Kubitschek e Getúlio Vargas.

---

[104] Getúlio Vargas suicidou-se em 1954. Castelo Branco foi vítima de acidente aéreo em 1967. Costa e Silva morreu de um infarto fulminante, em decorrência de trombose, em 1969, e Juscelino Kubitschek, de acidente automobilístico em 1976. As fotos analisadas foram publicadas nos seguintes veículos: *Manchete*, n. 798, 5 ago. 1967, n. 924, 3 jan. 1970, n. 1.272, 4 set. 1976; *O Cruzeiro*, ano 26, n. 47, p. 4-15, 4 set. 1954, n. 48, p. 62-66, 11 set. 1954.

AS FORMAS DE APARIÇÃO DO PODER

Rio de Janeiro (RJ), 18/12/1969. Funeral de Costa e Silva. Foto de arquivo. Agência O Globo.

Há também de se considerar a dramaticidade explícita dos enterros de chefes políticos famosos e a formalidade e frieza dos sepultamentos dos generais. Aqueles são "verdadeiros enterros", como talvez pudesse dizer Nelson Rodrigues, com direito a cenas de choro convulsivo, desmaios, pessoas que espontaneamente fazem discursos de reconhecimento, de agradecimento. Mais do que no de Juscelino Kubitschek, no enterro de Getúlio Vargas essas características estiveram presentes, como também estariam no de seu ministro da Justiça, Tancredo Neves. Mas JK contou com carga dramática especial, já que suscitou manifestações espontâneas de legitimação *durante* a ditadura: "Enterrado nos braços do povo em pleno regime militar, Juscelino lembrava Vargas, como Tancredo Neves lembrou Vargas e JK" (Gomes, 1991:6). Será possível dizer que os aparatos fúnebres são usados justamente para afirmar a importância do morto? Talvez não exclusivamente, mas não parece abusivo interpretar que, nos enterros de Costa e Silva e Castelo Branco — segundo diversas fotos publicadas na imprensa e que a exiguidade de espaço não permite reproduzir —, procurou-se compensar a carência de apreço popular com a ampliação do número de honras fúnebres. As baionetas dos soldados em continência, os carros blindados, a frieza do salão nobre do Clube Militar para Castelo Branco, a espada do marechal Costa e Silva pousada sobre as flores que adornavam seu caixão. Contenção, honrarias formais e sóbrias, diferentemente do calor popular manifestado aos líderes civis, como o canto do *Peixe-Vivo* para Juscelino Kubitschek ou os "batedores" civis espontaneamente escoltando Tancredo Neves — que, como Getúlio Vargas, também teve direito a discurso ao pé do túmulo. Há, portanto, muitas formas de reconhecer a legitimidade ou de denunciar a ilegitimidade do poder — a sacralização cívica para uns, os rituais estritamente de estilo para outros.

A consumação do tempo e da história tem na morte um momento marcante e terminal. Mas as posses — espécie de nascimento — e outras aparições dos presidentes da República talvez também nos sirvam para conhecermos melhor as relações estabelecidas entre o poder e a sociedade. Juscelino Kubitschek tomou posse calorosamente, cercado de atenção popular, cumprimentando as pessoas da sacada do Palácio do Catete, com a informalidade e o carisma que lhe eram próprios. Juntamente com o vice-presidente, circulou em pé em carro aberto, acenando ao povo. Mas foi em sua despedida do poder que esse contato popular direto se manifestou mais fortemente, ocasião em que muita gente o acompanhou a pé, tentando cumprimentá-lo.[105] Esse toque caloroso e popular apenas confirma algumas impressões já registradas por outros, isto é, a capacidade de infundir esperança de Juscelino Kubitschek, um "criador de otimismo", segundo Carlos Lacerda (apud Benevides, 1991:20). Fundador de Brasília, que, para Afonso Arinos de Mello Franco, "foi a exaltação da esperança nacional, do sentimento de grandeza, do aspecto sentimental da esperança de cada um" (apud Benevides, 1991:13). Otimismo que, para alguns analistas, contrastaria com a "carranca autoritária, moralista e vingativa do janismo" (apud Benevides, 1991:13).

Funeral de Getúlio Vargas. Arquivo Nacional. Fundo Correio da Manhã.

No desembarque de Jânio Quadros no porto de Santos como presidente eleito, em fevereiro de 1961, retornando de uma viagem

---

[105] Elementos retirados de fotos publicadas em *Manchete*, n. 198, p. 68-69, 4 fev. 1956, e n. 460, p. 28, 11 fev. 1961.

ao exterior, houve também o momento do clássico "aceno ao povo", a partir da escada do navio *Durango* — flagrante captado pelo fotógrafo da *Manchete*.[106] O sol incidia sobre parte da multidão de tipos pobres e de classe média que foi esperar Jânio e, por isso, eles olhavam para o presidente com a mão em anteparo. Não é de todo abusivo dizer que a histrionice de Jânio *ofuscou* boa parte da sociedade brasileira, inserindo este político na linhagem dos líderes que possuem um estilo de exercício do poder por assim dizer "espetacular". Diferentemente de JK, Jânio não buscava uma "postura de estadista", mas, como ele, também conseguia atrair a atenção da mídia por meio de atos chamativos, o que também caracterizou lideranças como Carlos Lacerda, o João Figueiredo desportista e das declarações bombásticas e Fernando Collor de Mello. Neste mesmo desembarque Jânio seria carregado nos braços do povo,[107] cena que se tornaria cada vez mais rara entre presidentes da República do Brasil em função do distanciamento que os generais-presidentes imporiam/sofreriam. Ausência de contato direto com populares é, naturalmente, um dos traços distintivos da ditadura.

Também durante as cerimônias da posse de Jânio Quadros na Presidência da República patenteou-se o que hoje, retrospectivamente, podemos caracterizar como "formas abertas" de aparição do poder, em contraste com a contenção do poder militar em suas manifestações públicas: em frente ao Palácio do Planalto, a multidão portava vassouras (símbolo do janismo), retratos de Jânio Quadros, bandeirolas etc. Enfim, havia um nítido caráter festivo, uma aglomeração popular.[108]

Esse estilo espetacular, comum a algumas democracias ocidentais, como a norte-americana — e que no Brasil seria retomado em novos moldes, com novas técnicas, a partir da chamada Aber-

---

[106] *Manchete*, "Jânio nos braços do povo", n. 459, p. 10-11, 4 fev. 1961, reportagem de Silva Neto, Ivo Barreti, Sérgio Jorge, Geraldo Mori e Reginaldo Manente, foto em preto e branco.
[107] *Manchete*, "Jânio nos braços do povo", n. 459, p. 16-17, 4 fev. 1961, foto em preto e branco de página dupla.
[108] *Manchete*, n. 460, p. 10-11 e 16-17, 11 fev. 1961, fotos em preto e branco de página dupla.

tura e da Campanha das Diretas —, não foi o que caracterizou a passagem de João Goulart pelo poder. Não estou aqui me referindo aos dissabores e impasses políticos vividos por Jango, mas ao traço de simplicidade que ele efetivamente possuía e que marcou sua imagem. É surpreendente o número de fotos em que o político gaúcho aparece olhando para baixo, com um sorriso contrafeito, algo tímido, aparentando certo recolhimento ou tranquilidade. Em 1962, depois de empossado o novo ministério, Jango voou para sua isolada fazenda de Uruaçu, no interior de Goiás. Flagrado nesse voo, com uma perna estendida sobre a poltrona da frente e a outra cruzada sobre a primeira, fumava e lia calmamente um papel, que depois dobrou, voltando-se para a paisagem que podia ser vista da janela do avião.[109] "Nunca o Brasil teve um presidente tão simples e ao mesmo tempo tão reservado quanto o fazendeiro Jango", dizia o destaque da matéria jornalística, que também mostrava João Goulart em sua fazenda, conversando com um empregado. Evidentemente, também colaboraria para a construção dessa imagem o intenso contato popular de Jango, como o do comício para os sem-terra, em que homens humildes ouviram com atenção as palavras de um presidente que estava perto deles — fisicamente mesmo — num palanque que mais o aproximava que o destacava da multidão (Melo Filho e Neves, 1962:8-9). Este é, portanto, outro item do que se poderia chamar de "tipologia das imagens do poder": a alta autoridade como "homem simples" — item em que também podem ser incluídos Itamar Franco ou o João Figueiredo dos cafezinhos e dos cavalos.

Como se vê pela inclusão de João Figueiredo nos dois "tipos" mencionados (o exercício espetacular do poder e a autoridade como homem simples), trata-se de classificação aproximativa, sujeita a interseções, podendo, sobretudo, referir-se a fenômeno absolutamente artificial, isto é, a uma imagem construída ou que se pretendeu construir, como foi flagrantemente o caso de João Fi-

---

[109] Neves (1962:8-9), foto em preto e branco, página dupla. A reportagem descreve a sequência de gestos relativa à leitura do papel.

gueiredo. Esse presidente contou com o "auxílio" de um experiente profissional em comunicação no início de seu governo e, de certa forma, constituiu-se numa espécie de cobaia para experimentos de *marketing* político — que muito se aprimoraria no Brasil desde então, especialmente em virtude da retomada da regularidade das eleições e das transformações estéticas e simbólicas provocadas pelas grandes campanhas das "Diretas" e pela eleição de Tancredo Neves. Foram tão confusas as experiências de construção de imagem de Figueiredo que talvez tudo possa ser resumido no episódio em que certas fotos do presidente — em que ele aparecia em situação dúbia quanto a sua origem militar e seu cargo civil, ou em que se mostrava íntimo demais do ditador chileno Augusto Pinochet — foram retiradas da Sala de Imprensa do Palácio do Planalto.[110] Depois de tantas tentativas fracassadas de construção de uma imagem positiva (fosse ela qual fosse), talvez o melhor seria que não houvesse nenhuma imagem do presidente, que fosse esquecido, como pediria durante famosa entrevista ao término de seu mandato.[111]

Além dessas experiências bastante artificiais com Figueiredo[112] e dos momentos de euforia durante o milagre econômico ou a conquista da Copa no governo Médici, os governos militares geraram imagens soturnas, sombrias, sobretudo carentes de calor popular. Na posse de Costa e Silva o que se via eram homens de terno e militares; e o novo presidente estava consciente disso, ao afirmar melancolicamente que "o governo que se inicia pode não ser popular, mas deve ser um governo para o povo".[113] Esse militarismo taciturno e grave ficaria totalmente patente na cerimônia da outorga

---

[110] *O Estado de S. Paulo*, "Sapha retira todas as fotos do presidente", 20 out. 1981, p. 5.
[111] A entrevista foi concedida ao jornalista Alexandre Garcia, da TV Manchete, em 29 de janeiro de 1985 e transmitida no dia 31.
[112] Ver, por exemplo, *Manchete*, n. 1.406, p. 4-7, 31 mar. 1979, em que Figueiredo aparece descontraído, em mangas de camisa, praticando equitação etc. Para sua posse foram levados 3.900 jovens uniformizados pela Liga de Defesa Nacional para assistir a um *show* pretensamente popular.
[113] *Manchete*, n. 780, p. 10 e 19, 1º abr. 1967, fotos coloridas de meia página.

da Constituição de 1969, no suntuoso Palácio Laranjeiras, com a aparição pesada dos três ministros militares,[114] que seriam imortalizados pela futura definição do líder oposicionista Ulisses Guimarães.[115] Ou no toque lúgubre da "eleição" de Emílio Garrastazu Médici pelo Congresso Nacional, que, por coincidência, estava de luto pela morte do ex-deputado Haroldo Veloso, o que emprestou um tom especialmente carregado à cerimônia (Praxedes, 1969:4-5). O presidente Médici, como já visto, só fruiria de alguma popularidade posteriormente, graças à eficácia da propaganda de Otávio Costa e aos desempenhos da economia e do futebol.

Rio de Janeiro (RJ), 17/10/1969. Emenda Constitucional nº 1, assinada pelos ministros militares no exercício temporário da República. Foto de arquivo. Agência O Globo.

Em sua posse, ao contrário, a praça dos Três Poderes estava praticamente vazia de populares (Melo Filho, 1969b:4-5), tal como ocorrera também com Castelo Branco.[116] Diga-se que ele já havia reforçado sua imagem militar, e tudo o que isso implicava, na "vi-

---

[114] *Manchete*, n. 915, p. 17, 1º nov. 1969, foto em preto e branco de página e meia.
[115] Ulisses Guimarães usou a expressão "Três Patetas" — título de um popular seriado humorístico — para se referir aos outorgantes da Constituição de 1969.
[116] *Manchete*, n. 627, p. 8-9, 25 abr. 1964.

sita de caráter evocativo" que fizera, antes da posse, ao Colégio Militar de Porto Alegre, depois de transmitir o comando do III Exército. Na ocasião ele afirmou: "Não mudarei".[117]

Brasília (DF), 15/4/1964. Posse de Castelo Branco na Presidência da República. Foto de arquivo. Agência O Globo.

Como disse, as experiências com João Figueiredo prenunciavam algumas mudanças no tratamento técnico do *marketing* político. Mudanças que seriam ditadas não só pelos novos marcos simbólicos instaurados pela Campanha das Diretas e pelo movimento de apoio à candidatura de Tancredo Neves, mas também pela urgência em renovar as imagens carregadas e gastas da ditadura. Não foi casual, portanto, que uma das atitudes mais festeja-

---
[117] *Manchete*, n. 916, p. 10, 8 nov. 1969.

das do presidente eleito Tancredo Neves tenha sido a série de sete entrevistas coletivas que concedeu em apenas dois meses (Salles, 1987?:75). Trata-se, evidentemente, de uma valorização da aparição pública, em contraposição ao ocultamento dos militares, que mal falavam.[118] Novas estratégias passaram a ser usadas, em geral através de *marketing* realmente estudado, mas também em função do clima de euforia que estimularia as promessas do "Brasil do futuro", como na época do Cruzado. Na ocasião, mais uma vez foram mobilizadas as forças do otimismo, geradoras, como sempre, de um clima de recriação, de estabelecimento de novas fórmulas para tudo; no caso, para a relação poder/sociedade. Com todos os ingredientes de ilusão que esses processos comportam, foi isso que se deu na comemoração da Semana da Pátria de 1985. Depois de ouvir o Hino Nacional do parlatório do Palácio do Planalto (que, a partir de então, seria muito mais usado do que durante o regime militar), "ocorreu o inusitado para a multidão. O serviço de alto-falantes do Planalto convidou os presentes à praça dos Três Poderes para entrar no prédio. Uma invasão pacífica teve início. A princípio tímidos, quando se viram em pleno segundo andar da imponente sede do governo, os visitantes não se contiveram e aos gritos de 'Fala, Presidente!' começaram a aplaudir José Sarney".[119]

O ministro-chefe do Serviço Nacional de Informações (SNI), general Ivan de Souza Mendes, diante da cena, afirmou: "Nunca vi tanta espontaneidade".[120]

Esses "lances de *marketing*", obviamente, não têm nada de espontâneo. Tentar construir em torno do mandatário público uma imagem positiva sempre foi um traço marcante de qualquer propaganda oficial. A relação da Aerp/ARP com este fato foi bastante dúbia: afinal, ela negava o "personalismo"[121] das propagandas po-

---

[118] Ficou conhecida, por exemplo, nos círculos militares, a dificuldade de relacionamento (até pessoal ou com assessores) do ex-presidente Ernesto Geisel.
[119] *Cidade de Santos*, "Em festa, povo sobe a rampa do Planalto", 4 set. 1985, p. 6.
[120] Ibid.
[121] "Personalismo", para a Aerp/ARP, significava a divulgação exclusiva de características positivas do presidente da República, numa espécie de "culto à personalidade", como foi feito por outros sistemas de propaganda oficial.

líticas, como no caso do DIP de Getúlio Vargas. Mas a projeção obtida por Médici durante a conquista da Copa do Mundo de futebol não deixa dúvida sobre a importância da "imagem" que os generais-presidentes deveriam ter. E o episódio da Copa foi apenas uma coincidência, indubitavelmente bem aproveitada. Mas, do ponto de vista estrutural, as pretensões quanto à imagem do presidente eram mais sofisticadas. Negava-se essa preocupação dizendo que não seria possível patrocinar um "culto à personalidade" nos moldes clássicos. Isso nem se coadunaria com a simulação de democracia que era o rodízio de generais na Presidência da República, nem tampouco convenceria ninguém, devido ao caráter oficialesco que esse tipo de propaganda possui. Negava-se a preocupação com a imagem, negava-se o "personalismo", porque a Aerp/ARP pretendia inaugurar um novo tempo de aparição da autoridade. Otávio Costa criticava, por exemplo, a velha imagem dos governos e do homem público do passado brasileiro: "estereótipo de governo demagógico, burocrata e incapaz". Agora, dever-se-ia procurar uma regeneração dessa imagem, projetar o "homem que não corteja a opinião pública e realiza o que deve ser feito prioritariamente".[122] Assim, para Otávio Costa (1971:16), "jamais se conseguirá empulhar o povo, apresentando-lhe governantes como novos sabonetes, e fazendo com que eles sejam recebidos e aceitos, graças a um esforço mágico da comunicação".[123] Isso, entretanto, não foi motivo para Médici não declarar que buscava certa imagem; precisamente o reconhecimento de que ele constituía um novo perfil de homem público (o que deveria ser reconhecido por todos): "Confesso lealmente que gostaria que meu governo viesse afinal a receber o prêmio da popularidade, entendida no seu legítimo e verdadeiro sentido de compreensão do povo. Mas, não pretendo conquistá-lo senão com o inalterável cumprimento do dever" (Costa, 1971:17).

---

[122] *Jornal do Brasil*, "Coronel Otávio Costa diz que propaganda é bom instrumento para a comunicação social", 15 abr. 1971, p. 3.
[123] Note-se que essa preocupação de Otávio Costa contrapõe-se aos primeiros estudos para a implantação da Aerp. Ver p. 123-124.

E Médici, em alguns momentos, conseguiria essa popularidade. Seu pôster chegou a ser vendido, por uma empresa, por Cr$ 50, segundo apurou a Câmara Municipal de Alecrim, no Rio Grande do Sul. Na ocasião, a Aerp apressou-se em informar que forneceria de graça os cartazes e, para quem quisesse, também dispunha de fotos menores e livros sobre o presidente.[124]

Também a ARP de Toledo Camargo adotaria a postura de negar o "personalismo". No caso de Geisel isso era especialmente inevitável, em face do rígido perfil do general. Em 1977, diante de pesquisas que apontavam a queda do prestígio do presidente, Camargo afirmaria que nenhuma medida para melhorar sua imagem seria tomada. Dizia que "a ARP não é nenhum DIP".[125] Dias depois, durante um encontro do governo sobre relações públicas, a afirmação seria reiterada: "Muitos relações públicas [dizia Toledo Camargo] chegam a imaginar que basta projetar uma imagem boa, mesmo que seja falsa. Não é isto o que se espera de relações públicas — o código de ética da comunicação social de governo repele frontalmente esta concepção".[126]

O que se pode dizer, em termos gerais, é que havia uma contradição entre a propaganda otimista de "congraçamento entre povo e governo" da Aerp/ARP e a aparição pública efetiva dos militares. Buscava-se, evidentemente, uma nova forma de aparição do poder. Os generais-presidentes deviam projetar a imagem de homens dignos, sérios, diferentes (segundo a ótica dos militares) dos políticos do passado, ao mesmo tempo que, cuidadosos, tudo divisavam. Uma nova era em que os presidentes seriam admirados por seu caráter *circunspecto*, em todos os sentidos da palavra: homens que — pretendia a propaganda — agiriam com prudência, ponderação, seriedade e que, além de projetarem essa imagem, olhariam tudo à volta de si.

---

[124] *Jornal do Brasil*, "Aerp diz que fornece de graça *poster* de Médici que firma vende a Cr$ 50,00", 24 ago. 1973.
[125] *O Estado de S. Paulo*, "Planalto analisa a queda do prestígio do governo Geisel", 5 jun. 1977, p. 7.
[126] *Jornal do Brasil*, "RPs do governo encerram seu encontro levando recomendações", 17 jun. 1977, p. 12.

3

O anseio pelo Brasil grande

> "Qual a palmeira que domina ufana
> Os altos topos da floresta espessa:
> Tal bem presto há de ser no mundo novo
> O Brasil bem fadado."
> *[vaticínio de Urania Venus ao poeta]*
>
> Americo Elysio [José Bonifácio de Andrada e Silva],
> *Ode aos baianos* (182-)

Há países que se projetaram como potências econômicas; outros, como potências bélicas. A multiplicidade e a perenidade das guerras das cidades helênicas da Grécia clássica; as transformações extraordinárias operadas pela Revolução Industrial, especialmente na Inglaterra; a inquietação que o desenvolvimento recente do Japão causa em potências tradicionais de nossa época — todos são fenômenos que dizem respeito ao poderio de nações, à manifestação de Estados notáveis por suas faculdades singulares.

Porém, mesmo as nações dotadas de grande poderio econômico e guerreiro possuem mitologias que sustentam convicções generalizadas, inclusive sobre essas capacidades.

Do escritor norte-americano Mark Twain diz-se que produziu "um estoque de materiais de construção do sistema mitológico e fabular dos Estados Unidos, um arsenal de instrumentos narrativos de que a nação necessitava para ter uma imagem de si mesma" (Calvino, 1993:166). Imagem que se expressaria, sobretudo, pela perspectiva do futuro, pelo que se "vai fazer em seguida", no dizer de outro escritor, Harold Brodkey (1994:5):

Otimismo. Esperança. Nós, americanos, gostamos de propaganda; nossa cultura exige dela que represente não o que funciona nem o que vale a pena preservar, e sim aquilo pelo qual vale a pena trabalhar. Isto substitui a tradição e, lá a seu modo neurótico, é vivificante, uma forma de liberdade. É também uma forma de loucura, um desejo ávido, e um tanto irreal, de que o futuro substitua o sentimento histórico.

Também no Brasil verificou-se, ao longo de sua história, um estado de tensão entre as noções de passado e futuro, história e perspectivas, que, para diversos grupos sociais, dissolver-se-ia com a pressuposição de um venturoso porvir, justificado por um passado cheio de referências a esse tempo que viria. Tal perspectiva, que até o início do corrente século sustentava-se somente nessa equação algo cíclica e tautológica — já que a promessa do futuro amparava-se apenas na sua reiteração —, fez-se mais tangível a partir dos anos 1940-50. O crescimento econômico do país — difícil no âmbito do Terceiro Mundo — chamou a atenção de brasileiros e de analistas estrangeiros, os quais, "notando a abundância de recursos de quase todo tipo, previam brilhante futuro para o maior país da América Latina". (Skidmore, 1991:31). Agora, tratava-se de uma expectativa mais bem fundamentada.

A afirmação de um futuro de glórias, entretanto, nem sempre amparou-se em indícios tão concretos como o do progresso material que de alguma forma viveu o Brasil nos últimos 50 anos. Frei Manuel de Santa Maria Itaparica, em seu poema dedicado a Santo Eustáquio, e que se publicou em Lisboa em 1769, falava da visão de Póstero, um velho "de desmarcada e incógnita estatura" que profetizava ao poeta franciscano um futuro para o Brasil:

Esta que vês (continuou dizendo)
Terra aos teus escondida e ocultada,
Quando eu velho for mais envelhecendo
De um Rei grande há de ser avassalada:
Não te posso dizer o como, e sendo
Esta notícia a outros reservada:

Basta saberes que sem romper muros
Será, passados séculos futuros.[127]

Será! A promessa que nos últimos séculos tem encantado tantos brasileiros também estava presente em outro "vaticinador de dias grandiosos para a terra brasílica" (Holanda, 1991:62), neste caso o próprio arcanjo São Miguel, que surge no poema "A Assumpção", de Francisco de São Carlos (1819:149), presciente de que "Então, Brazil, virá tua ventura:/ O Seclo d'oiro teu, tua cultura".

Como estabelecer relações entre tais mitos, expressos em campo literário tão longínquo, e a avassaladora materialidade do momento histórico que se quer analisar? Penso que não é difícil: centenas de poemas, milhares de textos, milhões de falas e mil milhões de imagens, ao longo de séculos, vêm registrando e reiterando tais perspectivas. Como o rio caudaloso que, de maneira caótica, à força gera defluentes, também a forte tradição sobre a positividade da exuberância brasileira por vezes se avoluma ainda mais, verticaliza-se como as pausas de uma narrativa, que depois prossegue. Nesses momentos é possível detectar a articulação entre fenômeno de tão longa duração e outros, episódicos ou conjunturais. Não que se possa ter integral clareza sobre o tipo de causação entre eles, mas alguns nexos *relacionais* podem ser pressentidos.

Entre dimensões temporais tão distintas, estabelece-se o mesmo tipo de dificuldade que já se percebeu na relação entre as chamadas esferas "macro" e "micro" da história: com a escala que é própria a uma, dificilmente verificar-se-ão as regras da outra.[128] Assim como é difícil estabelecer relações entre acontecimentos do dia a dia e fenômenos macroestruturais, também não é simples articular eventos de temporalidades diferentes. Mas, porque a história não é um reino de puras contingências, não podemos nos furtar à tarefa de pensar a questão. As reflexões de Fernand Braudel (1982:7-39) nos auxiliam: embora, por vezes, o grande historiador francês pareça co-

---

[127] Santa Maria Itaparica, Fr. Manuel de. *Eustáquidos*, canto quinto, XIX oitava (apud Holanda, 1979:139).
[128] Ver, a propósito, Ginzburg (1991:178).

mungar da crença no tempo como elemento externo que se impõe aos homens,[129] no conjunto sua concepção sobre a multiplicidade do tempo histórico é fundamental para a compreensão do "jogo móvel das relações sociais no seio das estruturas" diante da "distribuição não homogênea e diferenciada do tempo" de que falava Pierre Vilar (apud Cardoso, [19--]:198). Portanto, não só é possível, como também indispensável, considerar diversas dimensões temporais na investigação histórica. Como correlacioná-las, porém?

No campo da física contemporânea, que rediscute noções basilares como "ordem", "previsibilidade" e "determinação",[130] chama-se atenção para certo tipo de *input*, aparentemente inexpressivo, que causaria resultados inesperados numa sequência de eventos inicialmente prevista. Tal "dependência sensível das condições iniciais" talvez possa ser observada em outras esferas.

Que relações haveria, por exemplo, entre o discurso de posse do general Emílio Garrastazu Médici e a tradição de enaltecimento do Brasil, existente numa poética que se funda ainda nos primeiros séculos da colonização? Bem, são de fato remotas, mas existem: a poesia é uma das predileções do redator do discurso, Otávio Costa, então convidado por Médici, possivelmente por indicação do general Orlando Geisel, para chefiar a Assessoria Especial de Relações Públicas (Aerp). Com pouco tempo para redigir o discurso — e não conseguindo obter elementos com os membros do futuro governo para a tarefa de escrevê-lo —, optou o então coronel Otávio Costa por inspirar-se na poesia gaúcha.[131] Citando Augusto Maia, mas amparando-se também em sua memória geral de conhecedor da poesia brasileira, o *ghost-writer* elencou nessa peça uma série de imagens cujo estilo tornar-se-ia conhecido em seguida, com os trabalhos e a projeção da Aerp.[132] Assim, surpreendentemente, um

---

[129] Ver Cardoso ([19--]:197).
[130] Ver, a propósito, Saperstein (1984:303-5).
[131] Entrevista OPC.
[132] Para Jean-Marie Domenach (1963:93), "a propaganda tomou à poesia grande número de seus processos: a sedução do ritmo, o prestígio do verbo e até a violência das imagens".

general do regime militar falava "poeticamente", subvertendo a rotina dos discursos de posse e alcançando enorme repercussão na mídia. "No arrepio de minha sensibilidade", dizia Médici através da palavra de Otávio Costa, "neste momento, sou oferta e aceitação"![133] E, confirmando o hábito da referência a um tempo futuro de grandes realizações, garantia: "Homem de meu tempo, tenho fé em que possamos, no prazo médio de meu governo, preparar as bases de lançamento de nossa verdadeira posição nos anos 2000" (Médici, jun. 1970:35). Literário para ser escapista, já que seu verdadeiro autor nada tinha a dizer, o discurso teve grande repercussão e provavelmente ajudou a marcar o destino de Otávio Costa no que se refere às dificuldades que tinha para atuar no Palácio do Planalto e à impressão que setores da chamada "comunidade de informações"[134] possuíam dele: um sonhador, utópico, pretendente a poeta.[135] O fato é que um homem, sobrevindo aparentemente por acaso na estrutura governamental, definiria a marca do mais significativo sistema de propaganda política que já houve no Brasil. Mas isso não se deu realmente por acaso. Como se verá em outro capítulo, circunstâncias sutis, mas não fortuitas, conformaram essa situação.

Assim, embora não se possa conhecer e controlar integralmente os nexos *relacionais* entre a longa duração e o episódico, não parece abusivo estabelecer uma vinculação entre as visões sobre o futuro positivo do Brasil, fundadas desde o período colonial, e a dicção da Aerp/ARP. Não se está supondo, evidentemente, uma permanência imutável de discursos perenes, mas a constante *ressignificação* desses conteúdos, que, com a propaganda militar, as-

---

[133] Discurso de posse de Emílio Garrastazu Médici na Presidência da República, pronunciado em 30 de outubro de 1969. Ver Médici (jun. 1970:36).
[134] A expressão refere-se ao grupo de pessoas, militares ou não, que atuava sob as ordens ou inspiração do Serviço Nacional de Informações (SNI), com perfil político tendente a apoiar medidas radicais de endurecimento do regime, e que patrocinava ações de espionagem e perseguição política.
[135] A impressão de que o governo julgava o trabalho da Aerp uma "perfumaria" também é expressada por Toledo Camargo (1995:154), um dos assessores-adjuntos de Otávio Costa.

sumiriam características particulares. Essa perspectiva analítica talvez ajude a compreender por que a visão de um futuro promissor não foi atributo exclusivo dos generais. Na verdade, a vontade de superar o subdesenvolvimento consolidou-se, como projeto, já durante o governo de Juscelino Kubitschek, época em que "toma força a utopia nacionalista que dá por findo o ciclo do atraso. Industrialização, urbanização e tecnologia são as palavras de ordem do momento. [...] Quase todos os grupos sociais são tomados pelo espírito ufanista da época" (Velloso, 1991:122).

Brasília foi o símbolo máximo desse "limiar de uma nova era"; sua construção querendo marcar, a um só tempo, o rompimento com o passado de atraso e o compromisso com um futuro de realizações. Para Otávio Costa, "quem sepultou de fato Vargas foi JK. E sepultou com um golpe mágico, esplendoroso, que é a fundação de Brasília, um golpe psicológico de mestre, porque, até a transferência da capital, Vargas, mesmo morto, comandava o país" (D'Araujo, 1994b:81).

O final dos anos 1950 e o início dos 60, portanto, foram repletos de expectativas positivas, de uma exacerbação das esperanças em torno dos destinos do Brasil. Também em setores intelectuais, politizados e progressistas verificava-se essa esperança de construção de uma "nova era histórica" (Mota, 1994:12). Depoimentos de militantes de esquerda, que viveram intensamente a época, chamam atenção para "o momento de maior poderio" da história do PCB, em 1963, e para essa etapa, como "uma fase de excepcional florescimento da cultura brasileira [...] [ainda que] sem dúvida com certa marca de populismo e de otimismo ingênuo" (Gorender, 1987:46, 48).

Tais perspectivas positivas sempre retornam em fases de alguma estabilidade econômica e/ou política — justamente porque não são simples *instrumentalizações* ideológicas, e sim porque se fundam num imaginário secular que não é de todo imotivado nem desconectado do "poder efetivo". Assim, não surpreende que o contexto do chamado "milagre econômico" tenha sido propício ao desenvolvimento da retórica sobre a "grandeza viável e tangível" do Brasil.[136] Bastava ter olhos para ver: a "vocação de grandeza do Brasil" seria justificada facilmente pelos dados ao redor, pela dimensão concreta, natural, do país; não era uma utopia. Nesse sentido, o golpe de 1964 deveria ser entendido por todos como o marco de um novo patamar temporal, qualificado e legitimado pelas conquistas que ia obtendo. Por isso, deveria ser reconhecido inclusive pelos que, num primeiro momento, não souberam compreendê-lo. Para Emílio Garrastazu Médici, "o futuro do Brasil pede dos que depois aceitaram a Revolução, dos que afinal reconheceram os seus serviços, ou dos que somente a compreenderam ou a ela se inclinaram, a grandeza de tê-la como o começo de um novo tempo".[137]

Assim, uma fórmula temporal relativamente simples equacionava o projeto do regime militar no contexto dos aparentes sucessos obtidos através da estabilização econômica. As providências tomadas pelos governos ditatoriais possuiriam "alcance histórico", justamente porque recuperariam o "tempo perdido" na busca de um futuro para o qual a nação estaria "predestinada".[138]

Conforme já havia notado Sérgio Buarque de Holanda, a "eficácia comunicativa" de mitos como o de Póstero deve ser de fato muito grande (1991:62), ou seja, projetar no futuro um tempo de êxitos é, de alguma forma, garantir a aceitação do público. Talvez por isso essa narrativa mitológica sempre tenha feito tanto sucesso. Ernesto Geisel (1975:120), chefe do segundo governo militar que usou intensivamente a propaganda política, também recorreu muitíssimo ao discurso sobre o futuro, sobre os "antigos e renovados anseios do povo brasileiro". E pode-se notar que essa imagem também chegou a ser absorvida por estrangeiros: durante as comemorações do Sesquicentenário da Independência, por exemplo, o jornal colombiano *El Tiempo* referiu-se ao Brasil como o "país do futuro".[139]

---

[136] A expressão foi usada pelo então presidente Emílio Garrastazu Médici. Ver *O Globo*, "Médici ao povo: revolução fez o Brasil nascer de novo", 1º abr. 1970, p. 3.
[137] Ibid.
[138] *O Globo*, "Médici anuncia: inflação será só de 12% este ano", 2 jan. 1973, p. 5.
[139] *Jornal do Brasil*, "Médici preside desfile na avenida Paulista", 8 set. 1972, p. 3.

A persistência da ideia de um futuro promissor só se explica pela crença em uma predestinação. Exuberância da natureza, tamanho continental, riquezas minerais — estas seriam algumas das características do Brasil que o fariam único. O vigor do discurso sobre o futuro é sustentado pela unidade de ideia, pela identidade que propicia essa convicção quanto à singularidade. O *futuro promissor* há de vir para um país tão *especial* — essa imagem tem força suficiente para situar-se como foco de referência de autorreconhecimento social: "brasileiros" são os que vivem no "país do futuro".

Tal singularidade sustenta-se não só na materialidade da geografia e na opulência da natureza brasileira, mas também em certos "traços especiais" de nossa história, que, conforme uma série de fabulações, teria sido incruenta, sem conflitos raciais e prova da possibilidade de um escravismo que, apesar de tudo, foi benevolente. História de um país que viveu um período imperial "liberal e pacífico".[140] Uma história feliz, um país ditoso, ou mais doce, como o "Amor brasileiro" do dengoso autor da *Viola de Lereno*.[141] Assim, apesar dos maus governos, "não sofre o povo, no Brasil, felizmente, de frustrações generalizadas ou nacionais, que provocassem [...] profundos ódios ou discriminações" (Rodrigues, 1963:28).

Os "traços distintivos" da inexistência de conflitos raciais e da exuberância natural são, de algum modo, a contrapartida, em termos de imaginário, de leituras pessimistas sobre as limitações que se imporiam a um país tropical habitado por "raças inferiores". Trata-se, pois, de uma das formas de aparição da disputa pela "leitura correta" do Brasil. Conforme já se disse, à imagem da população "impura", que seria necessário "embranquecer", sobrepõe-se a ideia

---

Os jornais *El Mercurio*, do Chile, e *Nunca*, da Romênia, também fizeram referências elogiosas ao país, registradas nessa mesma matéria.
[140] Ver, a propósito, Mota (1990a:20).
[141] "Cuidei que o gosto de amor/ Sempre o mesmo gosto fosse,/ Mas um amor brasileiro/ Eu não sei por que é mais doce." Do poema "Doçura de amor", de Domingos Caldas Barbosa (1738-1800), célebre introdutor da "modinha" brasileira nos salões lisboetas (apud Holanda, 1979:243).

de congraçamento inter-racial e interétnico. Em vez de estarmos fadados a viver numa região tórrida, imprópria, teríamos o privilégio de habitar um rincão prodigioso do ponto de vista natural. Esta velha disputa foi interpretada por Otávio Costa naturalmente conforme a perspectiva otimista, segundo a qual na própria competição se perceberia mais um traço incomum, notável, do povo brasileiro: sua capacidade de superar obstáculos, de tudo poder, inclusive vencer tais estorvos do imaginário:

> Somos uma nação historicamente empenhada na luta contra o mito, em romper o cerco do fatalismo e do desalento de todos os mitos, de todos os determinismos. Ao longo dos tempos, nossa vontade afrouxa ou se abate, vergastada por teorias pseudocientíficas, com que vontades mais fortes, na avidez persecutória de seus desígnios, buscam crestar a esperança de mais fracas vontades (Costa, 197-a:39, "A terceira margem").

Ernesto Geisel (1975:11), que presidiu o país num momento em que o "milagre econômico" já não existia e, portanto, não podia ser invocado como justificativa de coisa alguma, precisou lançar mão desse mote, pretendendo com isso avivar "a capacidade moral, espiritual e material de um povo em sobrepor-se às forças antagônicas que lhe tolhem o caminho". Capacidade singular esta que seria comprovada pela resistência à crise do petróleo que se abateu sobre o mundo a partir de 1973 e em relação à qual "o Brasil, por longos meses, se mantinha imune [...] escudado num otimismo sem dúvida sadio e na crença inabalável no futuro desta nação que despertava para seu destino de grande potência" (Geisel, 1975:179). Ou pelo vigor da economia, que, em 1969, mesmo diante da doença de Costa e Silva e do sequestro do embaixador Charles Elbrick, resistia: "As crises não abalam o Brasil".[142] Ou seja, era o caráter distinto e raro do povo e do país, dado no passado e testado no presente, que justificava "o generoso consenso nacional

---

[142] *Manchete*, "As crises não abalam o Brasil", n. 910, p. 60-61, 27 set. 1969.

em torno do decidido e magnífico propósito da criação de uma grande nação, próspera, soberana e justa".[143]

De onde provém essa convicção sobre a grandeza do Brasil? De que escaninhos mentais procedem essas imagens sobre a exuberância natural do país? Segundo Vamireh Chacon (1975:875), "todas as nações enfrentam seus momentos de bovarismo. Não poderíamos ser exceção. Em nosso caso, o tamanho do território e a lenda do *Eldorado* marcaram profundamente a imaginação brasileira desde o berço". Certamente, nem sempre foram ou são positivas as percepções sobre o Brasil. Martin Fernandez de Enciso, por exemplo, que visitou a costa do Brasil, publicou, em 1519, uma *Suma de geografia* na qual afirmava que, entre o cabo de Santa Maria e o de Santo Agostinho, havia muito pau-brasil, mas quase não havia outra coisa de proveito. Contudo, ele também afirma ter sabido da descoberta, no rio "Marañon", de uma esmeralda do tamanho da mão de um homem![144] Da mesma forma, muito embora as vegetações luxuriantes das costas tropicais não fossem novidade para os portugueses — tendo em vista suas viagens anteriores à costa ocidental africana (Boxer, 1977:112) —, a verdade é que não foi desprezível o impacto causado pela paisagem própria do Brasil na mente dos colonizadores.

Toda uma "literatura nativista" descreveu, à exaustão, flora, fauna e paisagem natural do Brasil (Leite, 1983:155-172). Muitos se dedicaram ao estudo dos "tesouros inexauríveis da nossa flora sem rival", à contabilização da "pasmosa variedade dos representantes da nossa fauna" (Carvalho, A., 1930, v. 3, p. 305).

Para Sérgio Buarque de Holanda, foi com Manuel Botelho de Oliveira que, pela primeira vez, a natureza brasileira ganhou "cidadania poética", com o poema *A ilha da Maré*, no início do século XVIII (Holanda, 1991:79). De fato, a silva do poeta baiano, adepto do estilo culto, demora-se em descrever frutas, legumes e

---

[143] Ibid., p. 29.
[144] Ver Carvalho, A. (1930, v. 2, p. 109). A publicação, raríssima, saiu em Sevilha. Marañon é o nome pelo qual era conhecido o rio Amazonas.

tudo mais "que o Brasil contém para invejado", terra que "perfeitos quatro AA encerra":

> Tem o primeiro A nos arvoredos
> Sempre verdes aos olhos, sempre ledos;
> Tem o segundo A nos ares puros,
> Na tempérie agradáveis e seguros;
> Tem o terceiro A nas águas frias,
> Que refrescam o peito e são sadias;
> O quarto A no açúcar deleitoso,
> Que é do mundo o regalo mais mimoso.

Como já se viu, em 1769 seriam publicados os *Eustáquidos*, de Manuel de Santa Maria Itaparica, autor que soube "escolher e fixar em grande parte a tópica do sentimento nacional nascente" (Holanda, 1991:61). Cantando frutas, legumes, arvoredos, pássaros, e também peixes, mariscos e baleias, a *Descrição da ilha de Itaparica* procura engrandecer a terra que o poeta habitava, através de 65 estrofes, que se concluem, curiosamente, com uma menção ao conflito entre o caráter ficcional e o objetivo das narrativas:

> Até aqui, musa; não me é permitido
> Que passe mais avante a veloz pena,
> A minha pátria tenho definido
> Com esta descrição breve e pequena;
> E se o tê-la tão pouco engrandecido
> Não me louva, mas antes me condena,
> Não usei termos de poeta esperto,
> Fui historiador em tudo certo.

Conforme já mencionado, no final do século XVIII e início do XIX certo conjunto de publicações procurou encaminhar soluções práticas para o melhor aproveitamento do Brasil. É o caso de uma das mais importantes delas, o *Discurso sobre o melhoramento da economia rustica do Brazil*, de José Gregório de Moraes Navarro

(1799), que permaneceria praticamente desconhecida, apesar de suas preocupações "ecológicas" surpreendentemente avançadas. Navarro (1799:11), incorporando-se ao que já constituía, à época, uma tradição, refere-se ao Brasil como "riquíssimo país, onde se vê correr rios de leite, e de néctar, e sair das árvores delicioso mel".

O "Brasil ditoso", tão "amplo e vasto", com "dotes que a natureza lhe deu com mão liberal", cujas árvores não secam porque "Todo o ano há primavera/ Fosse Agosto, ou fosse Abril", cantado com minúcias no *Caramuru* de Santa Rita Durão — suas províncias, montes, rios, e também a cana, a mandioca, o tabaco, o coco, a banana, ervas, flores... A cana, sobretudo, "Rival do Mel Hibleu, suave Açúcar", cujos "sacarinos dons" adoçavam manjares de ambos os mundos. Não é necessário que nos estendamos em muitas referências, conhecidas e já analisadas no âmbito de estudos literários e históricos.

Tão longínqua tradição instalou-se no imaginário de diversos grupos sociais brasileiros com a força de uma verdade incontestável. Não surpreende, portanto, que a encontremos, mais ou menos reformulada, em épocas recentes. Alguns autores, não sem razão, atribuem aos viajantes, aos cronistas e aos românticos a responsabilidade pela construção da ideia deformada da "riqueza natural brasileira" (Chacon, 1975:875). Poetas do barroco e do neoclassicismo também não devem ser esquecidos. Mas, na verdade, a força dessa ideia provém dela mesma. A *necessidade* de construir uma leitura positiva sobre a região que se habita encontrou, na paisagem natural brasileira, um prodigioso manancial de imagens propícias. Para a propaganda política isso sempre foi de grande utilidade. Em 1938, por exemplo, a Agência Nacional divulgava folhetos reiterando os mitos da grandeza, da cordialidade, da democracia racial, e, já naquela época, articulava o enaltecimento de tais valores à própria segurança nacional (Brasil/Agência Nacional, 1938, passim).

Na opinião do chefe do Serviço de Cinema do Ministério da Justiça, em 1947, um dos papéis do *Cinejornal Informativo* produzido pela Agência Nacional seria mostrar "ao povo a síntese das atividades oficiais e ilustrando, com a mais sã das escolas, o espírito deste mesmo público que ainda quase nada conhece do que o Brasil possui de belo e grandioso" (Brasil/Arquivo Nacional, 1947). Aí está uma das características centrais dessa tradição: a pressuposição de que a excepcionalidade do Brasil ainda é desconhecida, especialmente dos setores populares. Assim, divulgar tais grandezas nunca será considerado ato de propaganda, mas recurso pedagógico realista, pois "as dimensões territoriais do país, os imensos recursos de que dispõe, a inteligência e engenhosidade do homem brasileiro e a dinâmica da sua expressão demográfica são fatores capitais que suscitam interesses e motivam aspirações de grandeza. Negar-se a vocação de grandeza da nação seria ignorar a magnitude da terra e a capacidade de superação do homem" (Mattos, 1969?:9).

Ou seja, o pessimista, o realista ou o crítico do governo do momento será sempre impatriótico, já que a grandiosidade brasileira só não é garantia de um futuro promissor para quem a ignore (e que, portanto, cabe ser esclarecido). Ela — o que se diz sobre ela — *constrange* à atitude otimista.[145] Assim, o Brasil que o futuro presidente Médici iria encontrar, ao assumir em 1969, era retratado pelo diretor da revista *Manchete* como um país com problemas e dificuldades. "Mas, como o próprio novo presidente verá em nossas páginas, as potencialidades e as reservas brasileiras são tão extraordinárias que o caminho do otimismo e do trabalho construtivo se impõe sobre todas as encruzilhadas" (Ghivelder, 1969:3).

"Fronteira agrícola", "fronteira mineral",[146] trunfos reais ou de algum modo fantasiados, como a "mancha de terra roxa comparável à de qualquer estado da região Centro-Sul" (Skidmore, 1991:292), apresentada pelo ex-ministro Delfim Neto como justificativa para a estrada que cortaria a Amazônia, lugar da clássica representação

---

[145] Segundo o filósofo José Arthur Giannotti (1976:3), os que dissentiam do desenvolvimento a qualquer custo, durante a ditadura, eram considerados a "antinação".
[146] *O Globo*, "Roberto Campos homenageado com almoço no Rio", 25 jun. 1980, p. 21.

da "floresta exuberante e rica" (Geisel, 1975:140) — todas seriam vantagens que cumpria conhecer e reverenciar.

É nesse contexto de busca da construção de uma imagem grandiosa do Brasil que se torna compreensível a obsessão generalizada da noção de "maior", "mais". A ideia de superioridade sobre os demais estava implícita, por exemplo, na escolha do título de "imperador", dado a d. Pedro quando da Independência (Rodrigues, 1963:77). Da mesma forma, a imigração e a transferência da capital para o interior eram os remédios para resolver o problema do despovoamento deste país, que, afinal, "é agora sem dúvida a mais importante parte do universo".[147] Muitos exemplos de fases recentes poderiam ser lembrados. A inauguração da ponte Rio-Niterói, em 1974; as referências ao subsolo mais rico do mundo, especialmente quando da descoberta de Carajás na mesma época; as pretensões do Programa de Construção Naval, de 1974, que aspirava a situar o Brasil entre os "maiores construtores navais do mundo" (Geisel, 1975:109). Enfim, após os anos do "milagre econômico", "os brasileiros se convenceram mais ainda da necessidade de *pensar com grandeza*. Eles aprenderam principalmente que nada mais pode ser pequeno ou medíocre quando se vive num país como este" (Melo Filho, 1974a:17). País singular, exuberante, especial, que, por um impulso também incomum, "milagroso", estaria brevemente, segundo essa ótica, no "plano das nações mais desenvolvidas" (Geisel, 1975:196). A décima maior economia mundial, a oitava entre as nações do "mundo ocidental" — propagandeava-se.

Como já disse, Ernesto Geisel não se beneficiou do chamado "milagre econômico". Ao contrário, governou no período da crise do petróleo, tendo de enfrentar altas taxas de inflação. Entretanto, talvez mesmo por isso, utilizou bastante as imagens relacionadas ao passado imediato de grande crescimento, do qual só se podia aproveitar realmente a lembrança de um período de estabilização. Afirmar que a transitoriedade era da *crise*, e não do *milagre*, foi

---

[147] *O Universal*, Ouro Preto, 15 ago. 1825, p. 51-52 (apud Brasil/Presidência da República/Serviço de Documentação, 196-a:131).

a estratégia mais comum. A ideia de "milagre econômico", aliás, sempre foi controvertida, mesmo no âmbito do governo ou daqueles que o apoiavam. A oposição, desde as primeiras menções ao assunto, sempre procurou denunciar o caráter ilusório da situação. O tema foi censurado e, segundo o então senador Paulo Brossard, "hoje é até proibido falar no milagre. Enquanto nos tiram o rádio e a televisão, se usam os mesmos veículos para iludir o povo, sob o pretexto de que *este é um país que vai pra frente*, mas não vai coisa nenhuma".[148]

Há algum tempo o próprio governo buscava negar a autoria da noção de "milagre". Jarbas Passarinho (1975:2), por exemplo, afirmou que "jamais a Aerp, que foi, no governo Médici, a agência promotora dos filmetes para a televisão, produziu qualquer propaganda direta ou indiretamente relacionada com o chamado milagre brasileiro". Assim, "o grau alcançado, nos últimos anos, pelo nosso desenvolvimento [dizia Médici em 1973], tem induzido, com frequência, analistas estrangeiros a qualificar esse fenômeno social como 'milagre brasileiro'. A verdade é, no entanto, que não decorre esse fenômeno de nenhum milagre [...] O milagre brasileiro [...] tem um nome, e esse nome é: trabalho".[149]

Não surpreende, portanto, que na cerimônia de transmissão do cargo de presidente da República, Geisel (1975:28) já se referisse ao "milagre" de maneira algo eufêmica, como "um sopro de modernização e dinamismo [que] anima, arrebatador, o povo brasileiro".

O interesse despertado pela ideia de um impulso incomum em favor da economia é facilmente compreensível, pois, afinal, é o dinamismo da mesma que garante a realização de quaisquer projetos. No caso brasileiro, contudo, o "milagre" coincidiu com certo "espírito modernizante" que animava, havia algum tempo, setores médios e da elite brasileira. Essa modernização traduzia-se sobretudo na vontade de adotar bens e serviços até então não generalizados no Brasil e na realização de projetos grandiosos,

---

[148] *Jornal do Brasil*, "Oposição condena milagre e diz que realidade é triste", 21 set. 1976, p. 2.
[149] *O Globo*, "Médici anuncia: inflação será só de 12% este ano", 2 jan. 1973, p. 5.

empreitadas de vulto, especialmente no campo da construção civil. Não é minha intenção analisar o caráter dessa "modernização" ou a pertinência ou impropriedade dessas obras, aspectos já abordados por outros autores. Importa apenas destacar que, no plano das representações, é comum associar-se uma atitude empreendedora, otimista, com esse tipo de consumo e realização. "Anos dourados", por exemplo, é expressão que está associada, singularmente, ao que era possível consumir e ao que se construía na época do governo de Juscelino Kubitschek. Que dizer de Brasília, senão que "seu papel histórico significa a prevalência do otimismo"? (Rodrigues, 1963:148.)

Assim, no início da década de 1960, viveu-se no Brasil uma expectativa modernizante, em grande medida amplificada pela propaganda chamativa, luxuosa (em geral encomendada), que a imprensa — notadamente as revistas semanais — aprendia a praticar. A percepção de que aqueles cadernos especiais eram simplesmente comprados por governos ou empresas públicas não é tão importante quanto a compreensão de que eles causavam efetivo impacto. Milhares de imagens de canteiros de obras, de radicais intervenções na paisagem natural, de construção de usinas, estradas e barragens foram divulgadas por todo o país através de revistas como a *Manchete*. E colaboraram para a *invenção do otimismo*, para consolidar e *ressignificar* a convicção de que vivíamos uma época superadora do atraso, como simbolizava a foto das águas de Furnas cobrindo o passado, pobre e melancólico, das casas de camponeses que preferiram ficar até o momento final da inundação. Poucos se perguntavam sobre os sacrifícios necessários a essa "modernização": como questionar, contudo, "1.200.000 kW contra o subdesenvolvimento"? (Jacob, 1963:10-15.)

Tomar nas mãos o controle de demandas sociais já em curso e, assim, beneficiar-se de seu processo de concretização — esta é uma estratégia comum aos governos que, por necessidade de manutenção da autoridade, devem ter grande senso de poder. Angela de Castro Gomes (1988:26-27) mostrou, com acuidade, como interesses, valores e tradições operárias da Primeira República foram reinventados pelo Estado no pós-1930. Aqui, decerto, falamos de outro contexto e de atores diversos. Persiste, porém, o senso de oportunidade política: se o caso é crescer — poderiam dizer os militares —, se a questão que se impõe (e que ainda confere legitimidade) é o rompimento com o atraso, então que se realize tal coisa ordenadamente, de maneira planejada. Assim, a crença no planejamento, na capacidade técnica de estabelecer metas, organizar ações, pretendendo-se prever resultados, foi uma das marcas fundamentais da ação supostamente modernizante dos governos militares.

Economistas estariam "ajudando a fazer deste Brasil um Brasil mais planificado, medido, previdente, crescente, consequente" (Costa, 197-a:65, "A vocação primeira do visconde"). O que se impunha era a construção do "Brasil, grande potência" e, portanto, não se poderia ter apenas "objetivos", mas "Grandes Objetivos", como explicitamente se intitulavam aqueles que João Paulo dos Reis Velloso elaborou para o "Terceiro Governo da Revolução". Planejava Velloso que todos os ministérios apresentassem alguns "projetos de grande impacto", 15 a 30 por ministério, o que teria o alcance político de "entusiasmar a população e converter as energias do otimismo em saltos para o desenvolvimento", conforme analisava a imprensa.[150] Não importa que todos conheçamos os resultados concretos a que tais pretensões nos levaram. Na ótica que aqui interessa relevar, cabe chamar atenção para o fato de que a *atitude* otimista do planejador revela a força da *representação* sobre o país exuberante e rico, para o qual uma correção de rota, uma organização rigorosa ou uma intervenção racional bastam para conduzi-lo ao seu inexorável encontro com o futuro promissor.

A "missão civilizadora" de que se imbuíram os governos militares foi perfeitamente interpretada pelos tecnoburocratas, sem descuido das dimensões mais estritamente ideológicas do projeto. Para "colocar o Brasil, no espaço de uma geração, na categoria das nações desenvolvidas", usar-se-ia um modelo econômico "capaz de

---

[150] *Veja*, "Velloso e seus grandes impactos", n. 71, p. 19, 14 jan. 1970.

realizar o desenvolvimento e a grandeza nacionais, sem descaracterização da experiência tropical-humanista da cultura brasileira".[151]

A "aceitação do planejamento", conforme dizia Roberto de Oliveira Campos, era uma das premissas indispensáveis para que o país atingisse suas metas. Planejamento como "aventura calculada", processo a um só tempo imprevisível, que visava à fortuna — sorte ou destino — e que traduzia, no plano das ações governamentais mais concretas (o do gerenciamento da economia), a "missão civilizadora" para a qual se acreditavam predestinados os militares e seus colaboradores: "Nossa peripécia na última década terá nota positiva nos livros da história. Rápido crescimento econômico, coesão política e preocupação humana alargaram enormemente o espectro de nossas opções. O Brasil finalmente amadureceu" (Campos, 1975:5).

O otimismo dos planejadores chegou a limites realmente surpreendentes, como a pretensão de substituir, no âmbito da política salarial, as pressões políticas e greves por um simples cálculo aritmético. Nesse mesmo sentido, embora desde 1975 já se reconhecesse o fim do "milagre",[152] o II Plano Nacional de Desenvolvimento (PND) era francamente delirante do ponto de vista das metas que propunha e dos investimentos que entendia necessários (Ferraz, 1976:3-4).

Confiança no governo, planejamento, determinação, trabalho ordeiro e os nunca bem explicitados "sacrifícios" eram as exigências que os governos ditatoriais faziam para "dar conta da ingente tarefa que nos foi cometida, de impulsionar este portentoso país [...] para seus grandes destinos" (Geisel, 1975:34).

Que grande destino seria este? Evidentemente, o de constituir-se o Brasil em uma "grande potência", algo que alguns pensadores consideram um "projeto" que a direita já teve para o país (Ribeiro, 1994:4), mas que talvez possa ser chamado, mais propriamente, apenas de uma intenção. A pretensão de situar o Brasil no cená-

---

[151] *Jornal do Brasil*, "O modelo brasileiro. Os planos", 30 dez. 1973, Caderno Especial, p. 1.
[152] *Folha de S.Paulo*, "Simonsen reconhece que o 'milagre' acabou", 24 out. 1975, p. 19.

rio mundial, e não apenas no continente americano, estava realmente presente nas elucubrações geopolíticas de Golberi do Couto e Silva. Transformar o Brasil em potência mundial de fato era o desejo decorrente. Mas a supervalorização do "dispositivo teórico-doutrinário" de Golberi é um evidente exagero: seu texto não ultrapassava níveis elementares de elaboração intelectual. E, mais importante, não gerou senão um "espírito", uma vontade vaga e difusa de persecução do objetivo de "grande potência". Isto é, a força da ideia do "Brasil potência" não decorre essencialmente de um projeto sofisticado, ao qual aderiram unitária e conscientemente os militares. Tal força advém da poderosa rede de representações que se constituiu no Brasil ao longo dos séculos e que, dormitando nos períodos de crise e insegurança, desperta e despertará vigorosa sempre que existir alguma estabilidade.

O "Brasil potência", portanto, foi muito mais uma ideia-síntese. A um só tempo, recuperou uma longa tradição de anseios e projeções sobre a grandeza brasileira e constituiu-se numa tática que buscava atrair para a aliança de capitais nacionais, estatais e internacionais a presença legitimadora das camadas médias, sempre interessadas em "desenvolvimento e segurança". Afinal, o discurso sobre o combate à inflação, à corrupção e à subversão não poderia ser mantido indefinidamente, em face do esgotamento (real ou aparente) dos objetos de sua trama (Genoíno, 1994:8).

Jornalistas estrangeiros colaboraram bastante para a consolidação da ideia, nos anos 1970, de que era realmente possível "realizar nosso destino de grandeza", como dizia o ideólogo Carlos de Meira Mattos (1970:41): Alastair Buchan previa, em 1974, um *status* de grande potência para o Brasil (apud Packenham, 1977:3).[153] Para Stefan H. Robock:

> Se o Brasil puder manter seu desenvolvimento, que está em marcha há três décadas, será uma das primeiras grandes nações a cruzar a larga

---

[153] Buchan, Alastair. *The end of the postwar era: a new balance of world power* (Londres, 1974).

brecha que separa os países menos desenvolvidos dos desenvolvidos [...] Ele se tornará uma das maiores potências políticas do mundo, como alguns observadores já estão prevendo.[154]

Grande repercussão no Brasil também teve o estudo sobre as perspectivas da América Latina, levado a cabo pela Comissão de Opções Críticas para os Americanos, presidida por Nelson Rockefeller. Segundo as conclusões da comissão norte-americana, o Brasil poderia aproximar-se do estágio de grande potência, e mesmo superar a França e a Grã-Bretanha em termos econômicos e militares.[155] Em 1977, John B. Oakes, no *The New York Times*, descrevia o Brasil como o "maior, mais populoso [país latino-americano]". Um "prodigioso gigante em ascensão".[156] Tal proeminência chegou inclusive a assustar outros países da América Latina. O Instituto Boliviano de Estudos Geopolíticos, por exemplo, estava convencido de que "o Brasil sustenta um destino manifestamente imperialista na América do Sul".[157]

Com os fracassos da política econômica, a ideia de "grande potência" foi sendo paulatinamente abandonada. Geisel (1975:34, 129), no início de seu governo, ainda falava de potência "emergente". Mas a mobilização das forças necessárias para o assomar da longa tradição de anseio por um Brasil grande não admite eufemismos.

---

[154] Robock, Stefan H. Realizing the miracle. *Saturday Review*, out. 1975 (apud Packenham, 1977:3).
[155] *O Estado de S. Paulo*, "Estudo indica Brasil como líder da AL", 16 mar. 1977, p. 14.
[156] *Jornal do Brasil*, "*The New York Times* diz que Brasil está como a Inglaterra do século XIX", 28 abr. 1977, p. 2.
[157] *O Estado de S. Paulo*, "Na Bolívia, novas críticas ao Brasil", 2 abr. 1977, p. 16.

4

A criação de uma agência de propaganda

"Esta assessoria foi criada envergonhadamente."

Otávio Costa (entrevista OPC)

Desde 1964, o regime militar viveu um conflito em relação à propaganda política. Havia aqueles que julgavam indispensável cuidar da imagem do governo, fazer propaganda; proposta que foi levada ao primeiro general-presidente. Existiam setores, entretanto, que associavam essa tarefa à própria circunstância de exceção que vivia o Brasil, isto é, fazer propaganda política chamaria ainda mais atenção de todos para o fato de o país viver sob uma ditadura. Por isso, esse tipo de projeto chocava-se com as convicções de Castelo Branco, que, segundo José Maria de Toledo Camargo — chefe da Assessoria de Relações Públicas de Ernesto Geisel —, "tinha muitos traços do extinto udenismo. E os udenistas, quando pensavam em propaganda oficial, lembravam logo do DIP de Getúlio, o que lhes provocava até arrepios" (apud Rampazzo, 1977:8). Para Otávio Costa — chefe da Assessoria Especial de Relações Públicas de Emílio Garrastazu Médici —, Castelo Branco tinha "ojeriza visceral" à propaganda.[158]

Esta é uma questão importante. Muito embora os chefes da Aerp e da ARP negassem constantemente qualquer semelhança com o DIP e se empenhassem em não fazer propaganda exaltando os líderes militares, a verdade é que os temas do congraçamento racial,

---

[158] Entrevista OPC.

do caráter positivo do povo, do trabalho, da solidariedade e outros (aspectos que serão vistos no último capítulo) estavam presentes na propaganda do Estado Novo. Mesmo a ausência de propaganda personalista — sempre apresentada como prova da diferença entre a Aerp/ARP e o DIP — deve ser vista também de outro ponto de vista: seria muito difícil sustentar um tal tipo de propaganda em um veículo como a TV. A maior diferença entre a propaganda do DIP e a da Aerp/ARP está, aliás, na questão técnica.

Seja como for, o movimento militar de 1964 tornava-se a cada dia mais impopular: "Era preciso fazer alguma coisa. Havia pressões para que o Castelo criasse um órgão que produzisse informações para a sociedade, um órgão de comunicação, mas ele se mostrava intransigente, achava que a verdade se impõe por si só" (Costa, 1994c:259).

Teria sido por causa dessa convicção que Castelo Branco eliminara tudo que dissesse respeito à propaganda do projeto que Golberi do Couto e Silva lhe encaminhara propondo a criação do Serviço Nacional de Informações, o SNI: "As pessoas que criaram o SNI, e que venderam a ideia ao Golberi, pensavam vender uma ideia com um órgão de dupla mão [...] a informação e a comunicação".[159] Havia também setores ainda mais radicais, para os quais a TV, por exemplo, poderia ser utilizada, desde que fosse para uma "demonstração de força",[160] e não para simples propaganda.

Mas a tese favorável à propaganda acabaria vencendo. Fatores aparentemente insignificantes colaboraram para isso. Primeiro, durante o período em que já se sabia que o general Costa e Silva seria o sucessor do presidente Castelo Branco, houve uma série de comentários jocosos sobre o futuro mandatário por parte da população em geral, o que incomodou o *staff* de Costa e Silva (Aguiar, 1976:282). Por outro lado, o coronel Hernani d'Aguiar — próximo a esse grupo e amigo pessoal de Costa e Silva — havia feito, em 1966, um curso de relações públicas na Pontifícia Universidade

---

[159] Entrevista OPC.
[160] *Veja*, "A imagem do governo", n. 12, p. 14, 27 nov. 1968.

Católica do Rio de Janeiro (PUC-Rio) e se "apaixonara pelo tema" (apud Rampazzo, 1977:8). Por sugestão de d'Aguiar, foi criado um grupo de trabalho para "favorecer a imagem do candidato e equacionar o problema da comunicação social no Brasil, com vistas ao futuro governo" (Aguiar, 1976:18),[161] chefiado pelo próprio coronel. Vem daí, portanto, a peculiar denominação de "Relações Públicas" às atividades que eram, afinal, de propaganda[162] — um eufemismo típico dos militares brasileiros, que, também nessa área, procuravam dissimular o caráter ditatorial de sua intervenção na vida pública brasileira.[163]

O projeto de funcionamento do grupo falava da necessidade de "sigilo absoluto" como uma preliminar básica, pois o comportamento do futuro presidente Costa e Silva, orientado pelo grupo, deveria parecer espontâneo. Havendo vazamento, "não se conseguirá criar imagens, pois tudo ruirá sob a impressão de artificialismo. O grupo não deve permitir o conhecimento de sua própria existência; seria, para todos os efeitos, uma reunião informal de uns poucos amigos" (apud Rampazzo, 1977).

Mas as tarefas a que esses "poucos amigos" se propunham não sugeriam um planejamento que se extinguisse com a "campanha" de Costa e Silva. O grupo, integrado por Lahyr Andrade de Almeida, José Porto Sobrinho, Carlos Chagas (depois substituído por Heráclito Salles), Walter Ramos Poyares, além do próprio d'Aguiar (1976:321), pretendia:

---

[161] Hernani d'Aguiar chefiou o escritório do então candidato Costa e Silva, no bairro de Copacabana, no Rio de Janeiro, sendo também, na ocasião, secretário pessoal de Costa e Silva e de sua esposa.

[162] Note-se, porém, que há muito tempo o termo era utilizado nos meios militares. Nos anos 1950 já havia uma Divisão de Relações Públicas no gabinete do ministro da Guerra (Brasil/Ministério do Exército, 1957).

[163] O rodízio dos generais-presidentes e a preocupação formal com a legislação são outros traços dessa tentativa dos militares brasileiros de não se caracterizarem como ditadores típicos. Jarbas Passarinho, coronel que atuou como ministro de vários governos militares, teria sido um dos primeiros a assinalar indiscutivelmente a expressão "ditadura", em 1968, por ocasião da assinatura do AI-5, insofismável instrumento de arbítrio ditatorial.

a) fixação de temas (ou técnicas) que serão a base da ação do grupo, considerando-se tanto o próximo governo (aspecto político-administrativo) como o presidente e sua esposa (aspecto pessoal); b) levar ao presidente sugestões sobre seu comportamento até sua posse; c) estudo da conveniência de campanhas promocionais; d) oferecimento de sugestões para aplicação no próximo governo, de modo a conquistar a opinião pública; e) divulgação e informação tanto sobre a pessoa do presidente como seus planos de governo; f) estudo da estrutura, em nível presidencial, de um órgão de relações públicas para funcionar no próximo governo.[164]

Neste último tópico estava a possibilidade de criação de um sistema de propaganda, o que efetivamente se deu cerca de nove meses depois da posse de Costa e Silva, "com a ajuda preciosa do general Portella" (Aguiar, 1976:18) e sob o comando de d'Aguiar. Portanto, embora as alegações iniciais visassem à imagem do futuro presidente, havia uma preocupação de fundo com a opinião pública, com as críticas que o regime militar vinha sofrendo e que tornavam o governo "impopular e, mais do que isso, malquisto".[165] Por isso, o Grupo de Trabalho de Relações Públicas (GTRP) tanto definiria objetivos restritos à pessoa do presidente (como a recomendação para que Costa e Silva rareasse suas "visitas a coquetéis e recepções mundanas")[166] quanto estabeleceria metas mais globais, como "ativar, emocionalmente, a grande massa. Criar o símbolo. Fazer nascer a crença, o otimismo, a esperança" e "planejar a evolução paulatina do GTRP para SNRP (Serviço Nacional de Relações Públicas)".[167]

Mas era visível alguma hesitação por parte dos militares em efetivamente consolidar um sistema de propaganda política. Os eufemismos "relações públicas" e "comunicação social", bem como as precauções com os estudos preliminares e a postergação de quase

---
[164] Ibid.
[165] Ibid.
[166] Ibid.
[167] Ibid.

10 meses para a efetiva instituição da Aerp, indicam isso. Por outro lado, embora muitas vezes ex-integrantes da Aerp e da ARP tenham afirmado que as contestações do período haviam sido uma causa determinante para a institucionalização da propaganda política, cabe destacar que, na verdade, tais manifestações oposicionistas se intensificariam realmente em 1968, depois da criação da Aerp (que se deu ainda em janeiro desse ano). Em outubro, o ministro do Planejamento, Hélio Beltrão, e o presidente da Associação Brasileira de Imprensa, Danton Jobim, ainda faziam conferências em um seminário do Executivo que discutia diretrizes para a atuação do governo (Brasil/Presidência da República/Aerp, 1968d:3). Portanto, não parece abusivo afirmar que a criação do órgão deveu-se menos às injunções da conjuntura, e mais a uma vitória parcial de certo ponto de vista doutrinário,[168] qual seja, o que defendia a necessidade da propaganda contra aqueles que julgavam que "a verdade" se impõe por si só. Vitória parcial, porque, apesar de criada, a Aerp não possuía um *status* como o do SNI. Os militares estabeleceram uma estrutura oficial de propaganda política porque isso, afinal, "deveria servir para alguma coisa", auxiliaria de algum modo; pelo menos era o que diziam alguns "companheiros inteligentes", que não cabia questionar. Mas parece indubitável que admitir isso causava desconforto, lembrava demasiadamente as experiências nazifascistas, recordava o DIP, transparecia a noção do culto à personalidade, marcante em outras ditaduras, das quais a ditadura militar brasileira buscava diferenciar-se.

Tudo isso explica como foi criada a Aerp — uma simples "assessoria" e não um "serviço nacional" —, pelo Decreto nº 62.119, de 15 de janeiro de 1968. Na verdade, o decreto tratava, em essência, de reformulações na estrutura da Presidência da República e, entre uma e outra providência, criava a Aerp: "Timidamente, envergonhadamente, disfarçadamente, como quem não quer nada", no dizer de Otávio Costa. "Esta assessoria foi criada envergonhadamen-

---

[168] Há opinião contrária, segundo a qual "a campanha política desencadeada pelo governo, no contexto da guerra psicológica, tem sua origem na situação tumultuada vivida pelo país a partir de 1967". Ver Caparelli (1982:156).

te, no desvão de um decreto que tratava de uma reformulação do Gabinete Militar [...], pegou de susto os outros."[169]

Mas não podia deixar de ser criada, segundo as avaliações de alguns militares. Grupos de trabalho, ao estudarem aspectos como "imagem do governo-opinião pública" e "promoção institucional do governo",[170] chegaram a conclusões nada positivas sobre a *performance* do regime militar. "Não existe a rigor uma imagem formada do governo", dizia documento de 1968 da Aerp (Brasil/Presidência da República/Aerp, 1968d:44). "É visível a grande insatisfação de parte do público em geral quanto ao encaminhamento dado por sucessivos governos ao problema econômico que o aflige" (Brasil/Presidência da República/Aerp, 1968d:41). Por isso, seria necessário tomar uma série de iniciativas, motivar a população, desviar a atenção para "fatos notáveis". Sugeriam, por exemplo, a "instituição pela Aerp, em colaboração com o Ministério da Educação e Cultura, do prêmio 'os jovens que mais se destacaram no Brasil', com farta divulgação e eventual recebimento dos premiados pelo senhor presidente da República" (Brasil/Presidência da República/Aerp, 1968d:36). Ou um calendário de eventos instituidor de certa mentalidade sobre o Brasil e sua rotina grandiosa:

> Que a Aerp estabeleça, em coordenação com os ministérios, calendário anual do Executivo, assinalando fatos rotineiros ou não, suscetíveis de provocar o interesse público, seja, a criação de "eventos" capazes de multiplicar esse interesse — o milionésimo transportado pela CAN, o imigrante nº 500.000 etc. [Brasil/Presidência da República/Aerp, 1968d:34].

Um nítido padrão pedagógico, portanto, criador de uma pauta de preocupações cívicas, e que pretendia estabelecer um tipo de cidadania decorativa, que permitiria a presença ou a "participação"

---

[169] Entrevista OPC.
[170] Esses grupos de trabalho estiveram reunidos durante um encontro sobre "relações públicas" promovido pelo governo. Ver Brasil/Presidência da República/Aerp (1968e).

de todos através de iniciativas adjetivas, secundárias, compondo algo como um "cenário de democracia" por meio de comemorações enaltecedoras dos feitos dos brasileiros e do Brasil.

A Aerp, portanto, foi criada a partir de propósitos diferenciados (essa perspectiva dos prêmios e eventos, por exemplo, não chegou a se consolidar), com objetivos e competências formalmente estabelecidos, mas que, na verdade, dependeriam estritamente de seus condutores para se concretizarem desta ou daquela forma. Ou seja, não se pode falar de um projeto de propaganda política muito claro — como o foi o projeto de criação do SNI — ou que empolgasse da mesma maneira os militares. Aquilo que, para os setores letrados e críticos da sociedade, parecia um arranjo de propaganda muito bem estruturado resultou, na verdade, de algumas iniciativas pessoais ou setoriais, não contando em muitos casos com a simpatia de vários grupos da oficialidade.

É, portanto, indispensável distinguir as motivações do criador da Aerp, Hernani d'Aguiar, das de seus sucessores, Otávio Costa e Toledo Camargo. Hernani d'Aguiar produziu uma propaganda de poucos efeitos, por ser excessivamente oficial, mas foi quem conseguiu implementar a Aerp como projeto necessário. Otávio Costa e Toledo Camargo, se tivessem oportunidade, ter-se-iam empenhado na criação do órgão? Impossível responder, mas é certo que suas motivações eram de outra natureza. Estavam imbuídos, sobretudo no governo Médici, de um desejo aparentemente sincero de desanuviar o ambiente de radicalização — pretensão carregada de messianismo. Para tanto certamente colaborou a equívoca superestimação que faziam os militares em geral do poderio da luta armada e dos sequestradores.[171]

Os princípios que nortearam a atuação da Aerp/ARP, no período posterior ao de Hernani d'Aguiar, foram estabelecidos por Otávio Costa e Toledo Camargo durante o fim de semana imediatamente posterior à posse de Médici na Presidência da Repú-

---

[171] Entrevista de José Maria de Toledo Camargo concedida ao autor em 2 de dezembro de 1995. Doravante esse depoimento será assinalado apenas como "Entrevista JMTC".

blica. Como militares disciplinados que eram, usaram as técnicas de estudo de situação ensinadas pela Escola de Estado-Maior para entender qual seria sua missão. Foi nesses dias que estabeleceram os objetivos e métodos que perdurariam por muitos anos orientando a atuação da Aerp/ARP. Foi também nessa mesma reunião que consolidaram sua posição contrária ao tipo de propaganda de Hernani d'Aguiar e favorável a algo mais sutil.[172]

As competências e objetivos da Aerp estabeleceram um jargão que seria largamente usado a partir de então por seus profissionais. "Motivar a vontade coletiva para o esforço nacional de desenvolvimento",[173] por exemplo, foi expressão muito utilizada para justificar a propaganda da época.

Em fevereiro de 1971 seria divulgado um Plano Global de Comunicação Social, durante um encontro realizado na cidade do Rio de Janeiro. Na ocasião foram revelados os objetivos do governo com a propaganda. Falava-se em "mobilizar a juventude"; em "fortalecer o caráter nacional"; em estimular o "amor à pátria", a "coesão familiar", a "dedicação ao trabalho", a "confiança no governo" e a "vontade de participação". Todo um receituário que supunha "contribuir para a afirmação democrática" do país e que também pretendia "atenuar as divergências que sofre a imagem do país no exterior".[174] Tinha-se por fito, portanto, uma atuação complexa, capaz de atingir objetivos bastante vagos (como o "fortalecimento do caráter nacional" e a "vontade de participação", sem que se dissesse que tipo de participação seria esta) e de crítico dimensionamento moral nos anos 1970, época já posterior à chamada "revolução sexual" e à liberalização dos costumes — tempos em que, certamente, não soariam modernos os apelos à "coesão familiar" e ao "amor à pátria".

Mas os criadores da Aerp sabiam que não conseguiriam atingir os setores mais críticos da sociedade. Tinham consciência dos

---
[172] Entrevista JMTC.
[173] *Jornal do Brasil*, "Otávio Costa diz que ARP [sic] não pretende ser o antigo DIP e nem mudar opiniões", 24 abr. 1970, p. 3.
[174] *Jornal do Brasil*, "Toda a comunicação oficial da administração federal será centralizada na Aerp", 30 jan. 1971, p. 4.

limites da propaganda política, de sua incapacidade de modificar posições radicais, oposicionistas, intelectualizadas. Ou, dito de outro modo, sabiam do alcance da propaganda para o restante da sociedade brasileira. Os temas "decorosos" sobre a família, o "caráter nacional" etc., portanto, eram a forma possível de fazer essa propaganda, que, se assumisse um viés estritamente político, de enaltecimento do regime, do governo ou dos governantes, certamente seria rejeitada, inclusive pelos setores não letrados da sociedade, mas que, nem por isso, deixariam de perceber o grotesco de tal pretensão.

Assim, os propagandistas do regime militar tiveram de conviver com uma situação contraditória: por um lado, precisavam afirmar valores "positivos", "moralizantes", "verdadeiros" no sentido de que seriam eticamente superiores; por outro, tinham de conviver com o regime autoritário, com a censura, as perseguições políticas etc. Em função disso, desenvolveram uma "estratégia retórica" que consistia em afirmar precisamente o inverso do que se tinha. Ernesto Geisel (1975:62), no 10º aniversário do golpe de 1964, falou que "a semântica tortuosa dos demagogos transmudava o mal em bem e o bem em mal"; ele se referia, naturalmente, aos inimigos do regime militar, mas é notável como o enunciado pode ser relacionado a essa estratégia que os propagandistas do governo precisaram desenvolver. Segundo palavras de Otávio Costa em 1970, por exemplo, a comunicação social no Brasil "não pretende fazer promoção e muito menos propaganda e não só divulgar, mas dar seu quinhão de ajuda para o entrelaçamento governo-povo. Estimular a vontade coletiva para o fortalecimento do caráter nacional".[175]

Se não pretendiam fazer propaganda, de que se tratava, então? Do "jogo da verdade", diriam: "A arte de comunicar não é a arte de vender a imagem ótima […] de um governo, mas a arte de apresentá-la verdadeira" (Costa, 197-a:156, "Uma despedida"). Assim, os princípios da Aerp seriam compatíveis com a mais liberal das democracias: "legitimidade", "respeito aos direitos humanos",

---

[175] *Jornal do Brasil*, "Encontro da Aerp foi encerrado", 1º ago. 1970, p. 3.

"impessoalidade", "liberdade de expressão"...[176] A estratégia retórica, portanto, consistia em negar propósitos que, no fundo, eram perseguidos; mas que, admitidos, configurariam uma situação difícil de enunciar: a ditadura estava fazendo propaganda política. Somente, talvez, os que viveram aquela época possam expressar com clareza esse tipo de incongruência. Uma série de relativizações conformava um regime político que, embora autoritário, ditatorial, não pretendia ser identificado desse modo. Como já registrado, os militares buscaram o rodízio dos presidentes, tentaram construir um arcabouço legal com atos institucionais que "ocultassem" sua ilegitimidade e, no plano da propaganda política, não só praticaram uma propaganda peculiar — "não política", porque basicamente amparada em "valores morais" e em questões de utilidade pública —, como também falavam em "verdade": "Num mundo cada vez menor [...] querer iludir o público é antes de tudo um despropósito, porque ninguém pode mais vender imagem que não seja a da verdade".[177]

Havia temores constantes entre os responsáveis pela propaganda dos militares. Uma das acusações que mais os desagradavam era a de que praticavam "lavagem cerebral" na população. Para o major Adauto Luís Luppi Barreiros, assessor-adjunto, o que a ARP fazia era "ajustar o caráter da comunicação com a opção de vida que o Brasil tem, que é a democracia".[178] Assim, por se tratar de uma prática pretensamente inspirada em princípios democráticos, a propaganda do governo não seria política, não precisaria inculcar na população falsas convicções positivas sobre o governo e os governantes: "Não há predominância do aspecto político no setor de comunicação do governo. A política de comunicação do governo estabelece certos princípios de comunicação, como o princípio

---

[176] *Jornal do Brasil*, "Otávio Costa diz que ARP [sic] não pretende ser o antigo DIP e nem mudar opiniões", 24 abr. 1970, p. 3.
[177] *Jornal do Brasil*, "Otávio Costa estreia como professor pedindo elevação para as relações públicas", 10 set. 1970, p. 16.
[178] *Jornal do Brasil*, "ARP explica que resposta a Frota se houvesse não seria atribuição sua", 15 out. 1977, p. 2.

da verdade prevalente, que garantem que não existe lavagem cerebral na comunicação realizada pelo governo".[179]

Também Otávio Costa volta e meia negava a possibilidade de seu trabalho ser entendido como parte de uma "guerra psicológica": "Para o governo, o trabalho desenvolvido pela Assessoria de Relações Públicas não é o emprego de uma arma psicológica nem propaganda, mas é a necessidade de comunicar-se".[180]

Outro temor persistente era o da comparação com o DIP de Getúlio Vargas: "A cada dia paramos e refletimos, para não copiá-lo. É um perigo do qual fugimos", dizia o coronel Toledo Camargo em 1977, mas prosseguia se traindo: "uma *tentação* que evitamos".[181] Assim, se o DIP fazia propaganda de Getúlio Vargas, a Aerp/ARP pautar-se-ia pela "impessoalidade"; se aquele fora um órgão superdimensionado e influente, os do regime militar deveriam ser enxutos: "Um órgão todo-poderoso significa um órgão todo perigoso, e a lembrança do antigo DIP está aí mesmo, para provar isto".[182]

Foi também muito difícil para a ARP de Toledo Camargo convencer a todos de que o órgão não fora recriado[183] em um ano eleitoral com o propósito de auxiliar a claudicante Arena, partido que apoiava o regime militar: "Não temos preocupações partidárias [...] a ARP não é escritório eleitoral, embora criada em ano de eleições".[184] E, como em outras vezes, quando se tratava de negar o inegável, reafirmava Toledo Camargo o "trinômio que fez gerar a ARP: legitimidade, verdade e impessoalidade".[185] Enfim, para os propagandistas dos militares, vivíamos numa democracia e seu pa-

---

[179] Ibid.
[180] *Jornal do Brasil*, "Otávio Costa diz que ARP [sic] não pretende ser o antigo DIP e nem mudar opiniões", 24 abr. 1970, p. 3.
[181] *Jornal do Brasil*, "Camargo diz que ARP não copia o DIP", 26 nov. 1977, p. 3 (grifo meu). Sublinhe-se que, ao escrever suas memórias, Toledo Camargo chegou à conclusão de que órgãos como a Aerp/ARP não deveriam existir em nenhum tipo de governo. Entrevista JMTC.
[182] A declaração é de José Maria de Toledo Camargo em *O Estado de S. Paulo*, "Governo considera isenta e realista sua propaganda", 4 jul. 1976, p. 5.
[183] Mais detalhes sobre a evolução Aerp/ARP serão vistos adiante.
[184] *Jornal do Brasil*, "ARP divulga Plano de Comunicação", 17 mar. 1976, p. 5.
[185] Ibid.

pel era, precisamente, o de fomentar o livre diálogo entre governo e população. Isso porque, como pretendia o chefe da ARP em 1977, não havia *ruídos* nessa comunicação: "Meu Deus do céu", afirmou Camargo em 1977, "a crítica é livre neste país"![186]

Em síntese, semelhante estratégia retórica consistia não só na negação do "mal" que pode ser a propaganda ("lavagem cerebral", lembrança do DIP) e na valorização de aspectos que, afinal, estavam anulados pela ditadura ("verdade" e "democracia", por exemplo), mas também numa postura de antecipação às críticas possíveis. Isso foi especialmente comum com a questão do otimismo, do ufanismo: diante da evidência de que seriam acusados de excessivamente esperançosos e mistificadores da realidade, os responsáveis pela propaganda dos militares sempre se adiantavam às críticas e negavam isso. "Esse otimismo construtivo que vai orientar o Plano [de Comunicação Social do Governo — 1976] [...] é uma ideia-força de toda a campanha, baseada num texto otimista, de esperança, *mas não triunfalista*".[187]

Por isso era tão difícil para esses militares definir o que, afinal, estavam fazendo. Não se tratava de propaganda; que seria então? Recurso muito usado foi responder a esta questão com a lembrança das campanhas comunitárias, sobre saúde pública, higiene etc., ou com a noção de civismo: "A Aerp não é um órgão de promoção do governo ou do presidente da República: o objetivo de suas campanhas é dirigido para o interesse comunitário (campanhas de trânsito), e para a formação de uma consciência nacional, fundada em valores éticos e morais".[188]

Dedicando-se, portanto, apenas a campanhas de "cunho cívico e educativo",[189] a propaganda governamental pretendia se passar

---

[186] *Jornal do Brasil*, "Camargo diz que reações à campanha contra a inflação eram esperadas", 25 out. 1977, p. 16. A frase refere-se às críticas que setores do próprio governo fizeram a uma campanha contra a inflação.
[187] *Jornal do Brasil*, "ARP divulga Plano de Comunicação", 17 mar. 1976, p. 5 (grifo meu). Ver também palavras de Otávio Costa sobre a negação do ufanismo à p. 37.
[188] *Jornal da Tarde*, "A Aerp não comenta seu fim", 30 ago. 1973, p. 3.
[189] *O Estado de S. Paulo*, "Governo remaneja setor de imprensa e extingue Aerp", 1º jun. 1974, p. 4.

por inofensiva, de utilidade pública, o instrumento criador de uma atmosfera de paz, de concórdia, algo que soava enigmático vindo de um regime autoritário: "A comunicação [...] está voltada, principalmente, para o estímulo a um estado de espírito".[190]

Seja como for, seria impossível compreender a propaganda dos governos militares sem analisar a personalidade de Otávio Costa. Nascido em Alagoas em 1920, formou-se pela Escola Militar do Realengo, em 1942. Em 1964, como tenente-coronel, serviu na Escola de Comando e Estado-Maior do Exército (Eceme). Em 1966 foi assistente do general Orlando Geisel no Estado-Maior do Exército e, de 1968 a 1969, comandou o Centro de Estudos de Pessoal (CEP), para depois assumir a chefia da Aerp. Embora não tenha sido o primeiro dirigente da Aerp — criada sob a chefia do coronel Hernani d'Aguiar, como já foi visto —, nem tenha conseguido fazer com que o órgão se perpetuasse após o término do mandato de Médici, foi ele quem criou a marca, a característica inconfundível dos "filmetes" — como ele chamava — que posteriormente seriam reproduzidos também durante o período da ARP, de Toledo Camargo, no governo Geisel.

Otávio Costa não era um militar "típico", por assim dizer. Conhecia literatura, especialmente a poesia brasileira, e muitas vezes, em discursos, usava "uma linguagem quase poética".[191] Quando comandou o CEP — uma instituição de ensino militar voltada para a formação de profissionais militares e que se amparava em docentes de cursos superiores —, impressionou-se bastante com os psicólogos que lá atuavam: "Acompanhei muito os cursos de relações públicas, o curso de comunicação social".[192] Isso se deu durante o ano de 1968, enquanto observava o que se procurava fazer, nessa área, no governo Costa e Silva. Chegou mesmo a redigir

---

[190] *O Estado de S. Paulo*, "O comunicador exige amor", 16 out. 1970, p. 7.
[191] O fato foi notado pela imprensa, por exemplo, quando de sua primeira aula como professor da Faculdade de Comunicação da UnB, na cadeira de relações públicas. Ver, a propósito, *Jornal do Brasil*, "Otávio Costa estreia como professor pedindo elevação para as relações públicas", 10 set. 1970, p. 16.
[192] Entrevista OPC.

alguns textos para aquele presidente — atividade que sempre exerceu, juntamente com a de orador, desde os bancos escolares. Em dado momento, recebeu uma convocação: "Quando mais crescia a reação contra a Revolução, nas ruas e nos meios de comunicação, o ministro Lyra Tavares encontrou-se comigo e disse: — Otávio, você precisa escrever nos jornais. Alguém precisa expor os nossos pontos de vista" (Costa, 1994c:264).

Mas o então coronel tinha seus temores, acompanhava com apreensão os sinais e os atos dos setores mais duros do regime militar: "Eu tinha uma angústia, por exemplo, eu tinha uma fortaleza lá em cima no CEP, eu tinha uma angústia que algum dia alguém quisesse prender alguém lá em cima".[193] Contudo, possivelmente tornou-se conhecido justamente quando decidiu atender ao pedido de Lyra Tavares e escreveu a primeira de uma série de crônicas para o *Jornal do Brasil* — trabalho que definiu como "uma palavra de concórdia numa hora de discórdia".[194] Esta primeira crônica foi uma resposta à música "Pra não dizer que não falei das flores", de Geraldo Vandré, amplamente divulgada à época em virtude de um festival da canção e que possuía forte conotação crítica: "A classe [militar] ficou inteiramente agradecida a mim".[195]

Assim, embora não fosse um militar "típico", em função de seu refinamento intelectual e de uma concepção algo "sentimental" da vida, ao ser levado para a Aerp, no início do governo Médici, carregou consigo características muito comuns aos militares brasileiros, mas certamente buriladas por essa personalidade específica. O traço mais importante, sem dúvida, é o entendimento do papel do militar como um "educador", um "formador de cidadãos" — na opinião do próprio Otávio Costa — ou da pretensiosa visão que a maioria dos militares brasileiros tem da sociedade civil: eles se julgam (pelo menos julgavam-se àquela época) supe-

---

[193] Entrevista OPC.
[194] Entrevista OPC.
[195] Entrevista OPC. A crônica, intitulada "As flores do Vandré", foi publicada em 6 de outubro de 1968 e consta também em Costa (197-a:1-5).

riores, eles "se autointerpretam como substitutos do Poder Moderador".[196]

Chegando ao Palácio do Planalto, enfrentou dificuldades típicas desses ambientes onde prevalece grande competição e defesa bravia de setores que, evidentemente, querem sempre apoderar-se de maiores fatias do poder. Sentia-se perdido no palácio. Tinha problemas com a comunidade de informações, que não gostava de seus textos. O chefe do Gabinete Civil "acintosamente não gostava"[197] de Otávio Costa e o chefe do Gabinete Militar — o futuro presidente João Figueiredo — "tinha ciúmes" e também "não gostava" do assessor-chefe da Aerp. Porque precisava criar um ambiente que lhe possibilitasse trabalhar e também porque não gozava da intimidade do presidente Emílio Médici, Otávio Costa propôs-lhe, em face da dificuldade de acesso a ele e do caráter "irrelevante e adjetivo" dos assuntos que trazia, que o general lhe desse um voto de confiança, isto é, que o deixasse atuar livremente — o que obteve. Com isso, passou a produzir suas campanhas com independência e a ficar bastante tempo sem se avistar formalmente com Médici: "Fazia o que me viesse à cabeça", informou.[198]

Essa é uma situação curiosa: que fazia Otávio Costa num ambiente de tanta animosidade? Se a comunidade de informações, a linha dura e os gabinetes Civil e Militar não gostavam dele, e se o próprio presidente da República via seu trabalho como algo secundário, por que estava no Planalto? Essa aparente contradição serve para esclarecer a dificuldade com que os militares viam o projeto de fazer propaganda política. Centralizando essa tarefa penosa nas mãos de uma personalidade tão particular, eles de alguma forma travestiam seu propósito de institucionalizar a propaganda num projeto por assim dizer pessoal — "coisas do Otávio".

---

[196] Entrevista OPC. O Poder Moderador foi introduzido no Brasil pela Constituição de 1824 e conferia ao imperador a arbitragem de disputas, na medida em que ele era considerado o intérprete da vontade e do interesse nacionais.
[197] Entrevista OPC. Todas as expressões entre aspas deste e do próximo parágrafo são de Otávio Costa.
[198] Ver também D'Araujo, Soares e Castro (1994a:268).

Sua atuação, contudo, não foi "adjetiva" nem "irrelevante". Criou uma nova modalidade de propaganda política no Brasil, que se amparava nos modernos recursos oferecidos pelos meios de comunicação de massa e que absorvia e recriava padrões de comportamento, crenças, instituições e outros valores espirituais e materiais tidos como conformadores da sociedade brasileira. Um tipo de propaganda que subsistiria por muito tempo. Com isso, é claro, tornou-se um referencial, transformou-se em alvo de comentários os mais diversos. Segundo ele, foi criticado tanto pela esquerda quanto pela direita. Para aquela, ele era "o dr. Goebbels tupiniquim"; para esta — especialmente o SNI —, "eu era o presunçoso, era o vaidoso, era um bobalhão, era um poetinha besta, era um ingênuo". E ainda, em função de sua acessibilidade, passou a atender muitos jornalistas, a conversar com profissionais da imprensa que não seriam sequer recebidos pelos setores "duros". Assim, era sempre responsabilizado por vazamentos e outros problemas com os jornais e revistas: "Eu era o réu inconfesso de todas as culpas do Palácio".

Otávio Costa procurou criar, em função disso, uma estrutura que servisse aos seus propósitos e que não permitisse interpretações que a pusessem em xeque. Isto é, não podia reproduzir um órgão como o DIP. Precisava de uma estrutura "enxuta" e, antecipando-se a uma tendência desestatizante que surgiria muito tempo depois, desejava articular-se com a iniciativa privada, "terceirizar" tarefas, como se diria hoje: "O segredo são estruturas leves, simples, capazes de estimular a iniciativa privada, que é a força que devemos acionar".[199] Por essas razões, embora alguns setores defendessem a tese, como reconhecia Otávio Costa, da necessidade de um "Ministério da Propaganda, da Informação, ou que nome tenha",[200] isso não seria bom: "Não há necessidade de um órgão centralizador de divulgação. Esses órgãos, com características es-

---

[199] *Folha de S. Paulo*, "Otávio Costa condena a criação de um novo DIP", 29 jul. 1970, p. 3.
[200] Ibid. A proposta era a de criação de um Serviço Nacional de Relações Públicas. Ver p. 124.

tatais, transformam-se mais cedo ou mais tarde em cabide de emprego".[201]

Mas a Aerp/ARP sempre procurou centralizar a tarefa de divulgação do regime militar, bem como estruturou-se de maneira a estar presente onde se fazia necessário. O episódio em torno do *slogan* "Brasil: ame-o ou deixe-o" exemplifica bem o primeiro aspecto. Esta frase, segundo consta, foi divulgada no Brasil pela Operação Bandeirantes.[202] Para Otávio Costa, o *slogan* inseria-se no contexto de uma "operação psicológica"[203] e justamente a Operação Bandeirantes possuía um núcleo de operações psicológicas que, segundo Otávio Costa, "invadia a nossa área e ainda lançava mensagens desse tipo": "Não era um trabalho de comunicação social, e eu paguei meu preço [...] Juram que a mensagem foi minha! No meu canhenho fúnebre vai constar: coronel Otávio Costa, ex-assessor de relações públicas etc., que escreveu o 'Brasil: ame-o ou deixe-o', morreu, este miserável morreu".[204]

A mesma Operação Bandeirantes era a responsável pela ida de militantes da guerrilha,[205] feitos prisioneiros, à televisão, quando então eram obrigados a dizer que se sentiam arrependidos, "farsa grotesca" que, para Otávio Costa, também se inseria no contexto da "guerra psicológica": "E eu ficava com cara de besta na minha

---

[201] Ibid.
[202] A Operação Bandeirantes (Oban) foi criada em 29 de junho de 1969 por iniciativa conjunta do general Canavarro Pereira, comandante do II Exército, e da Secretaria de Segurança Pública do governo Abreu Sodré. Tratava-se de uma "entidade centralizadora de homens e materiais na luta contrarrevolucionária" e "uma vez que não constava de nenhum organograma do serviço público, a Oban tinha caráter extralegal" (Gorender, 1987:156-157).
[203] O *slogan* foi usado, com este propósito de intimidação, várias vezes. Em 1970, por exemplo, a frase foi pichada no muro da casa de d. Helder Câmara, arcebispo de Olinda. *Folha de S.Paulo*, "Ame-o ou deixe-o", 28 ago. 1970, coluna "Sumário", p. 3.
[204] Entrevista OPC.
[205] Sobre a opção pela luta armada de oposicionistas à ditadura, consultar Gorender (1987, passim).

areazinha, fazendo meus filmetes ingênuos e poéticos e recebendo a conta a pagar".[206]

Também para o coronel Toledo Camargo o *slogan* (na verdade uma versão do original americano "*Love it or leave it*") fora infeliz, por sua carga de radicalização, e "contrariava tudo aquilo que a Aerp vinha planejando há longos meses":[207] "Até hoje me dá calafrios quando penso nos aborrecimentos provocados".[208] Por isso, ao menos durante a existência da ARP de Camargo (1976-79), quaisquer campanhas propostas pelas assessorias estaduais de relações públicas deviam passar pelo crivo do órgão federal: "Não deve haver dispersão de mensagens, que de outro modo poderão ser conflitantes".[209] Portanto, uma forma inequívoca de centralização.[210]

No que se refere à sua estruturação, a Aerp articulava-se com assessorias assemelhadas no âmbito dos estados[211] e possuía sucursais no Rio de Janeiro e em São Paulo. Em 1970, por exemplo, foi inaugurada, em dependências do Palácio Ibirapuera, sob a prefeitura de Paulo Maluf, a sucursal paulista — que seria chefiada por Sérgio Paulo Freddi[212] até 1973, quando morreu, e depois por Oduvaldo Valadão (Camargo, 1995:150). A Aerp fazia-se também presente em outros órgãos governamentais cuja estrutura lhe pudesse ser útil, como o Instituto Nacional do Cinema, que teve seu Conselho Deliberativo ampliado de sete para oito membros, através de lei de 1971, a fim de poder incluir um representante da Aerp.[213] Terá

---

[206] Entrevista OPC.
[207] *O Globo*, "Camargo recorda *slogan* que prejudicou governo", 18 jun. 1977, p. 7.
[208] *O Estado de S. Paulo*, "Camargo prega a isenção mútua imprensa-governo", 18 jun. 1977, p. 5.
[209] Ibid.
[210] Outro analista afirma que a Aerp foi "a segunda tentativa que ocorria no Brasil para a centralização da propaganda política governamental. A primeira com o DIP [...]. Mas a Aerp [...] não tem um poder de decisão". Ver Caparelli (1982:156). Ao contrário, o *modus faciendi* que Otávio Costa estabeleceu com Médici demonstra bem a margem de liberdade e decisão da Aerp.
[211] Ver, a propósito, *Jornal do Brasil*, "Otávio Costa diz que ARP [sic] não pretende ser o antigo DIP e nem mudar opiniões", 24 abr. 1970, p. 3.
[212] *Jornal do Brasil*, "Aerp ganha sucursal em São Paulo", 19 set. 1970, p. 3.
[213] *O Estado de S. Paulo*, "INC terá membro da Aerp", 23 dez. 1971, p. 90. Vale lembrar que os filmes da Aerp eram inseridos, obrigatoriamente, em todos os

sido, certamente, em função de cuidados desse tipo que evitou, em 1974, ter seus filmes incluídos em portaria do ministro das Comunicações, Higino Caetano Corsetti, segundo a qual a propaganda comercial não deveria exceder 15 minutos em cada intervalo de uma hora.[214]

Com esta estrutura, Otávio Costa passou a criar seus "filmetes", estabelecendo um padrão que permaneceria durante todo o regime militar e que também influenciaria bastante a publicidade da época. Convidou o coronel Toledo Camargo e o diplomata Baena Soares para o auxiliarem como "coordenadores de projeto". Ao coronel cabiam as campanhas voltadas para o público interno, e ao diplomata as tarefas relacionadas à imagem externa. Os três, contudo, trabalhavam de forma bastante integrada, a ponto de Otávio Costa referir-se a seus auxiliares como "sócios".[215] Segundo Otávio Costa, Toledo Camargo tinha grande capacidade de planejamento e perfil sistematizante e Baena Soares — que posteriormente teria carreira de grande sucesso como presidente da Organização dos Estados Americanos (OEA) —, além das questões relacionadas à imagem externa, também era habilitado para encontrar a "música certa" para os comerciais da Aerp.

Otávio Costa deu-se conta, desde o início, de que deveria apostar no impacto visual que as imagens de TV possibilitavam: "A mensagem visual, ela é muito mais forte do que a mensagem verbal".[216] A estrutura básica de seus filmes contemplava um "gancho musical", que deveria fazer o telespectador retornar à frente da TV (já que se presumia o afastamento das pessoas durante os intervalos comerciais), cenas marcantes capazes de prender a atenção e,

---

noticiários cinematográficos, após o certificado de censura e antes dos créditos, conforme determinava o Decreto-lei nº 483, de 3 de março de 1969. A Aerp também indicava ao INC os filmes de curta-metragem que deviam ser classificados como de "utilidade pública", também de exibição obrigatória, de acordo com o mesmo decreto. Aliás, este acervo de obras coniventes bem mereceria um estudo à parte.

[214] *O Estado de S. Paulo*, "Governo não limita propaganda oficial", 26 jan. 1974, p. 11.
[215] Entrevista JMTC.
[216] Entrevista OPC.

ao final, uma frase curta, a mensagem verbal com poucas palavras, por vezes um simples *slogan*:

> [...] o momento da propaganda, o momento da publicidade, é o momento de *relax* do telespectador [...] uma música de alta categoria devia chamar de volta o telespectador [...] a mensagem vinha no fim porque era no fim que estaria voltando o telespectador [...] eu quero que ele se sinta atraído, que ele se sinta conectado para vir fazer alguma coisa.[217]

Esses filmes foram produzidos em grande quantidade e tornaram a Aerp, praticamente, uma das maiores produtoras brasileiras de cinema do período. Foi no início de 1970 que a sociedade brasileira deu-se conta da existência da nova propaganda. Os primeiros filmes da Aerp começaram a ser veiculados desde antes do carnaval. Mas foi com o comercial divulgado em março de 1970, que mostrava um gol de Tostão na Copa do Mundo, que eles realmente chamaram atenção. A propaganda dizia que o futebol e a vida se equivaliam: "O sucesso de todos depende da participação de cada um".[218] Isto era bastante diferente do tom *oficialesco* de algumas experiências anteriores, como os filmes de Jean Manzon. Os filmes da Aerp tratavam de questões comuns, acessíveis, e eram tecnicamente bem trabalhados. Conforme dizia o representante da Aerp no Rio de Janeiro, Carlos Alberto Rabaça, os filmes procuravam "retratar e cercar de significado especial, principalmente através de belos efeitos plásticos e de montagem, aspectos do cotidiano do homem brasileiro e que lhe são caros, como a vida em família, o trabalho, o carnaval, o futebol etc. Todos os valores éticos e morais que o brasileiro incorpora e exercita [...] recebem, nesses filmes, como que um reforço oficial, uma espécie de bênção, e a afirmação de que são corretos e desejáveis".[219]

---

[217] Entrevista OPC.
[218] *Veja*, "E quem comunica?", n. 81, p. 84, 25 mar. 1970.
[219] *Visão*, "A batalha da imagem", ano 37, n. 7, p. 20, 10 out. 1970.

A influência dos novos filmes da Aerp sobre a sociedade deve ter sido bem grande, pelo menos quando se considera que a iniciativa privada procurava copiar esse estilo: "Eu quero um filme como o da Aerp", solicitavam alguns empresários e produtores.[220] Para analistas da época, "os filmetes da Aerp tornaram-se primorosos: curtos, movimentados, com muita imagem e música e poucas palavras".[221] Por outro lado, com certeza interfeririam no cotidiano das pessoas. Certa propaganda que marcava o retorno às aulas mostrava uma criança se vestindo e arrumando seus pertences escolares. Pesquisa posterior da Aerp detectou mudança de comportamento entre escolares, que, segundo pais e professores, se mostravam "mais independentes e organizados". Outro comercial fazia paralelismo entre a feitura de uma pipa, por um garoto, e a construção de uma estrada. Em pouco tempo a Light, empresa de eletricidade, pedia à Aerp que tirasse o comercial do ar, pois aumentara consideravelmente o número de pipas, provocando acidentes na rede elétrica. Também a Central de Medicamentos (Ceme), do governo federal, foi "vítima" de um *spot* radiofônico, que, embora veiculado apenas na região Sul, abarrotou de pedidos o órgão que propagandeava remédios de graça.[222] Mesmo em regiões onde não havia TV, repercutiam os filmes da Aerp/ARP. Toledo Camargo, certa vez, surpreendeu-se ao ver meninos, às margens de um rio na Amazônia, brincando com papagaios verde-amarelos, tal como no comercial que estava no ar: "A resposta era intensa. Muito maior do que a gente imaginava".[223] "A força era brutal", sintetiza Otávio Costa.[224]

---

[220] Entrevista OPC. Sobre referências à sofisticação dos filmes e sua repercussão, ver também *Visão*, "A batalha da imagem", ano 37, n. 7, p. 19, 10 out. 1970.
[221] Versiani, Marçal, *O Estado de S. Paulo*, "Democracia, incoercitiva e moderna", 16 out. 1977. p. 10. A Aerp, portanto (antes de muitas outras experiências que seriam feitas, sobretudo na imprensa escrita), buscava a figura do "espectador médio", correlata à visão do "leitor médio", que atualmente orienta reformas na imprensa que privilegiam a imagem em detrimento do texto. Ver, a propósito, Sussekind (1993:28).
[222] Entrevista OPC.
[223] Entrevista JMTC.
[224] Entrevista OPC.

A Aerp não foi mantida no início do governo Geisel. Segundo se ventilava na imprensa, o novo presidente considerava a propaganda "um gasto supérfluo e uma característica dos governos totalitários".[225] Tempos depois, ainda seriam encontradas na imprensa especulações sobre desentendimentos na equipe da Aerp que demonstrariam a inadequação do órgão aos novos tempos da "abertura" de Geisel. Em 1975, por exemplo, dizia-se que o coronel Toledo Camargo teria se afastado da Aerp, antes do término do mandato do presidente Médici, porque entendia que "aquele" não era seu estilo.[226] A versão não se sustenta, entretanto: Otávio Costa e Toledo Camargo sempre atuaram de modo integrado. O que se deu é que Toledo Camargo recebera um convite para atuar na área efetivamente militar e, como faltava pouco tempo para o término do governo Médici, aceitara. Nas cerimônias de despedida do governo, ele esteve presente, como se ainda integrasse a equipe da Aerp. Seja como for, Otávio Costa, ao saber do fim da Aerp, manifestou-se publicamente de modo formal: "Cada administração tem o direito de agir segundo os critérios que lhe pareçam mais acertados",[227] disse. Recentemente, porém, admitiria que o alcance de sua propaganda criara ressentimentos em torno de sua pessoa. O "revanchismo" de alguns funcionários do governo Geisel, especialmente do Ministério da Fazenda, é que teria colaborado para a destruição da imagem positiva que teria conseguido para o governo Médici:[228]

> Na verdade, o preço que eu paguei foi um preço por ter emergido muito cedo [...] eu virei uma figura nacional, quer queiram quer não queiram [...] eu fiquei conhecido em todo o país, e o país pensava que eu era uma grande coisa e não era [...] que eu tinha uma grande força

---

[225] *O Estado de S. Paulo*, "Governo remaneja setor de imprensa e extingue Aerp", 1º jun. 1974, p. 4. Ver ainda *O Estado de S. Paulo*, "A Aerp vai acabar em março", 29 ago. 1973, p. 4.
[226] *O Estado de S. Paulo*, "Governo trocará assessoria para mudar imagem", 28 dez. 1975, p. 5.
[227] *Jornal da Tarde*, "A Aerp não comenta seu fim", 30 ago. 1973, p. 3.
[228] Entrevista OPC.

e não tinha [...] mas os outros pensavam que eu tinha [...] então, não perdoaram nunca.[229]

Só depois de passados alguns meses da posse de Ernesto Geisel seria criada alguma estrutura voltada para a propaganda. A princípio foi estabelecida a Assessoria de Imprensa e Relações Públicas (Airp), em janeiro de 1975, chefiada por Humberto Esmeraldo Barreto, com a incumbência de "coordenar e orientar a política de comunicação social do governo".[230] Mas este era um órgão inspirado na resistência de Geisel à propaganda. Precisamente um ano depois, contudo, seria restabelecida a estrutura consolidada por Otávio Costa, com a criação da Assessoria de Relações Públicas (ARP), chefiada pelo antigo auxiliar de Otávio Costa, José Maria de Toledo Camargo. Humberto Barreto cuidaria apenas da Assessoria de Imprensa, também criada então a partir do desmembramento da Airp.[231]

Não deve ter sido fácil para Toledo Camargo assumir a ARP nesse momento. Em primeiro lugar, ele participara ativamente da produção dos trabalhos da Aerp, que, embora indiretamente, Ernesto Geisel criticara ao rejeitar o mesmo tipo de propaganda no início de seu governo. Isto é, ele agora estava a serviço de um chefe que não via com bons olhos o trabalho que, afinal, deveria ser feito. "Tenho certeza de que ele não acreditava", afirmou Toledo Camargo, referindo-se à descrença de Geisel na capacidade de uma assessoria de relações públicas para melhorar a imagem de um governo.[232] Por outro lado, parecia evidente para todos que a ARP estava sendo criada devido aos insucessos da Arena.[233] Na época,

---

[229] Entrevista OPC.
[230] *O Estado de S. Paulo*, "Presidência cria novo gabinete e extingue Aerp", 15 jan. 1975, p. 5.
[231] *O Estado de S. Paulo*, "Decreto oficializa assessoria", 31 jan. 1976, p. 5.
[232] Entrevista JMTC.
[233] Nas eleições de 15 de novembro de 1974, o MDB conquistou 16 cadeiras no Senado e 160 na Câmara, contra seis e 204 da Arena. Haveria nova eleição em 15 de novembro de 1978. Sobre a convicção generalizada de apoio da ARP à Arena, ver Branco (1977:2).

Toledo Camargo negou isso muitas vezes, mas recentemente revelou que Geisel o convidara com a seguinte frase: "[...] quero que você me ajude a ganhar a eleição, a próxima eleição".[234] Mas ele também tinha que lidar com as críticas feitas à propaganda da Aerp, entendida por muitos como "ufanista". Foi preciso, portanto, que, a um só tempo, sem "renegar" o passado, o considerasse "superado": "De que adiantaria continuar com campanhas publicitárias otimistas [...] se o povo está sentindo no bolso e no estômago as consequências da inflação, do custo de vida? [...] Prosseguir com este tipo de campanha seria dar munição aos adversários do governo".[235]

Toledo Camargo, por isso, evitou traçar muitos paralelos entre os projetos da ARP e os da Aerp. Mas a situação era dúbia, já que, apesar de o governo procurar negar o "ufanismo" da Aerp, o que se pensava era na volta do órgão, e não na criação de um setor com nova filosofia.[236] Com isso, Camargo se viu obrigado a dar muitas explicações. Em primeiro lugar, informou que algumas campanhas, que haviam dado bom resultado, seriam aproveitadas. Referia-se, evidentemente, às "neutras" campanhas de utilidade pública, em especial às que criaram os marcantes personagens Sujismundo (campanha de limpeza urbana de setembro de 1972) e Dr. Prevenildo (campanha de saúde pública de maio de 1973).[237] Mas as campanhas de "mobilização simplesmente emotiva da população", de moldes "ufanistas", como a que afirmava o *slogan* "Ninguém segura este país", estas seriam abandonadas em favor da simples divulgação das realizações do governo[238] — fato que, evi-

---

[234] Entrevista JMTC.
[235] *O Estado de S. Paulo*, "Governo vai dar mais informação", 27 nov. 1974, p. 4.
[236] "Até alguns setores que criticavam o ufanismo da antiga Aerp admitem a necessidade dessa volta." *Jornal do Brasil*, "Governo desfaz fusão de assessorias e recria a de Relações Públicas", 15 jan. 1976, p. 7.
[237] *O Estado de S. Paulo*, "Governo remaneja setor de imprensa e extingue Aerp", 1º jun. 1974, p. 4.
[238] *O Estado de S. Paulo*, "Governo trocará assessoria para mudar imagem", 28 dez. 1975, p. 5. Ver também *Jornal do Brasil*, "ARP divulga Plano de Comunicação", 17 mar. 1976, p. 5.

dentemente, não se verificaria, embora tenha havido maior produção de filmes deste último tipo. Aliás, essas declarações magoaram o antigo chefe de Toledo Camargo.[239]

As justificativas básicas de Camargo eram de natureza econômica, por um lado, e referentes à conjuntura política, por outro. No passado, os altos índices de crescimento do PIB justificavam o otimismo, o que não mais acontecia em sua época. Do ponto de vista político, a Aerp teria pretendido acalmar os ânimos em uma fase de forte contestação ao regime militar pela luta armada, sequestros etc., buscando "a desradicalização, o apelo ao congraçamento"[240] — agora o clima seria outro:

> Eu participei [dizia Camargo] da elaboração daquelas campanhas e não as renego, em hipótese alguma. Até me orgulho delas. Só acho que elas foram feitas especialmente para a época em que vivíamos, quando tínhamos um crescimento anual de quase 11%. Seria um erro ignorar que as coisas mudaram. O que foi uma boa receita naquele governo poderia não ser para este governo.[241]

Mas a síntese de tudo, evidentemente, não poderia ser outra: a grande identidade entre a Aerp e a ARP era a pretensão de "projetar uma imagem de otimismo, de esperança". A mesma necessidade de difundir o otimismo seria o ponto em comum entre os dois momentos da propaganda do regime militar. Só que, na nova fase, seria preciso adjetivar esse otimismo. Não se buscaria mais o "ufanismo" da Aerp, agora a ARP trataria da "criação de um *otimismo responsável*".[242]

Os objetivos básicos da ARP, portanto, não se diferenciavam muito dos da antiga Aerp. O lugar-comum do "esforço nacional"

---

[239] Entrevista JMTC.
[240] *O Estado de S. Paulo*, "Governo considera isenta e realista sua propaganda", 4 jul. 1976, p. 5.
[241] *O Estado de S. Paulo*, "Governo lança em maio campanha publicitária", 17 mar. 1976, p. 5.
[242] *O Estado de S. Paulo*, "Governo considera isenta e realista sua propaganda", 4 jul. 1976, p. 5 (grifo meu).

agora se traduzia na criação de uma "mentalidade nacional, de união para o desenvolvimento, de esperança".[243] Fazendo um paralelismo com a legenda positivista da Bandeira Nacional — Ordem e Progresso —, a ideia geral, admitia a ARP, era sublinhar a necessidade do binômio "segurança e desenvolvimento",[244] modelo que seria "conveniente à 'índole' do povo brasileiro, em suas tradições e em seus sentimentos 'ocidentais' e 'cristãos'" (Ianni, 1978:221). Do mesmo modo, a ARP também atuaria em duas frentes de trabalho: a interna, visando à "utilidade pública", à criação de uma atmosfera de otimismo e ao "fortalecimento do caráter nacional"; e a externa, que pretendia "zelar para que a imagem do Brasil seja fiel à realidade" (Branco, 1977:2). Mas a palavra de ordem seria mesmo o "otimismo". Em 1976, quando divulgou o Plano de Comunicação Social do governo, Camargo estabeleceu como um de seus principais objetivos estimular na população brasileira "um clima de otimismo e de esperança". Isso seria consequência da preocupação do presidente Geisel de "não deixar o povo soçobrar em frustração". Mas, sublinhava Camargo — sempre procurando consolidar sua estratégia de superação do passado sem renegá-lo —, as campanhas não seriam "ufanistas". O plano teria por objetivo criar "um clima de esperança e razoável otimismo na população brasileira, ao mesmo tempo em que pretende reforçar os laços da coesão e do patriotismo".[245]

Toledo Camargo foi reconhecido como um bom "comunicador" (Stumpf e Pinto, 1977:9) e era também um competente planejador. Em dezembro de 1976 divulgava, por exemplo, os temas das campanhas do ano seguinte,[246] do mesmo modo que em dezembro de 1977 anunciava que o planejamento para 1978 já estava pron-

---

[243] *Jornal de Brasília*, "ARP deseja incentivar povo a manter esperança", 17 mar. 1976, p. 9.
[244] *O Estado de S. Paulo*, "Governo remaneja setor de imprensa e extingue Aerp", 1º jun. 1974, p. 4.
[245] *Jornal do Brasil*, "ARP divulga Plano de Comunicação", 17 mar. 1976, p. 5.
[246] *O Estado de S. Paulo*, "Recursos para publicações da União serão reduzidos", 12 dez. 1976, p. 5.

to.[247] Dizia ser "permanente a preocupação de adequar o produto e sua mensagem ao seu público".[248] Preocupava-se em organizar a estrutura nacional de propaganda, articulando as assessorias estaduais por meio de encontros onde eram discutidas diretrizes gerais e planejadas as campanhas mais importantes, como as da "Semana da Pátria"[249] — sistemática que também era comum no tempo da Aerp.

A ARP possuía representantes no Rio de Janeiro e em São Paulo,[250] mas, inspirando-se no modelo da Aerp, Toledo Camargo também procurava divulgar que a estrutura administrativa do órgão era enxuta. Seriam apenas 30 funcionários[251] e não haveria contratação de redatores, cinegrafistas ou repórteres.[252] Na equipe de Toledo Camargo, não havia um diplomata; as eventuais questões externas eram tratadas com o assessor de relações públicas do Itamaraty, Luiz Felipe Lampreia,[253] que chegaria a ocupar o posto de ministro das Relações Exteriores no governo Fernando Henrique Cardoso. A sistemática de produção da ARP era a mesma da Aerp e supunha, inicialmente, a exposição do tema a um grupo de concorrentes — empresas cadastradas — em três reuniões concomitantes no Rio de Janeiro, em São Paulo e em Brasília. Nessas reuniões eram indicados os órgãos do governo que poderiam subsidiar com informações os preparativos das campanhas. Todas as produtoras apresentavam posteriormente suas propostas, das quais apenas uma seria escolhida através desse processo de licitação.[254]

---

[247] *Folha de S.Paulo*, "Toledo Camargo anuncia próxima campanha da ARP", 22 dez. 1977, p. 8.
[248] *Jornal da Tarde*, "Conversa com o coronel Camargo, o homem da propaganda oficial", 11 out. 1976, p. 10, entrevista a Paulo Godoy.
[249] *O Estado de S. Paulo*, "Governo reunirá especialistas em comunicação", 10 maio 1977, p. 14.
[250] *Jornal do Brasil*, "ARP leva a Geisel quatro filmes e *slogan* da nova campanha publicitária", 21 abr. 1976, p. 2.
[251] *Jornal do Brasil*, "Governo não pensa em imitar DIP", 1º out. 1976, p. 12.
[252] *Jornal do Brasil*, "Publicitário em seminário fala da promoção do governo", 10 dez. 1976, p. 2.
[253] Entrevista JMTC.
[254] *Veja*, "A grande campanha", n. 402, p. 29, 19 maio 1976.

Note-se, portanto, que a produção dos filmes da propaganda oficial do regime militar era feita por empresas privadas, muito embora fique evidente que a concepção era oficial e, sobretudo, que havia um controle muito rigoroso dessa produção. Essa participação da iniciativa privada trazia várias vantagens para a Aerp/ARP — sobretudo pontualidade e criatividade, qualidades raras na esfera oficial. Para as empresas, além dos ganhos financeiros (relativamente modestos), a alta produtividade da Aerp/ARP significava um bom treinamento para o ingresso em um mercado cada vez mais competitivo.

A partir de fins de abril de 1976 iniciou-se o que seria a grande campanha da ARP, anunciando que: "Este é um país que vai pra frente". A campanha supunha uma série de subtemas, sendo produzidos mensalmente oito filmes para exibição na TV — num total de 10 minutos diários — e no cinema (três pequenos filmes por sessão). Os assuntos se renovavam a cada 15 dias. A veiculação desse material obviamente era gratuita, mas, se fosse cobrada, custaria algo em torno de Cr$ 20 milhões, que, à época, correspondiam ao dobro dos gastos com publicidade do maior anunciante brasileiro, a empresa Gessy Lever.[255] Somente na etapa inicial dessa campanha, 5 mil discos foram distribuídos para 800 estações de rádio e cerca de 3 mil serviços de alto-falantes.[256]

Assim, não faltaram analistas que sublinhassem que, depois da interrupção causada pela rejeição inicial de Geisel, a propaganda do regime militar voltava aos "bons tempos":

> Para a ARP, a intensa atividade de agora [1976] é uma volta ao período da Aerp. No início do governo Geisel o setor não tinha projeção. Com a chegada do ano das eleições veio a mudança e o cel. Toledo Camargo está diretamente ligado ao presidente da República. Segun-

---

[255] Ibid.
[256] *Jornal do Brasil*, "ARP leva a Geisel quatro filmes e *slogan* da nova campanha publicitária", p. 2.

do o representante da ARP em SP, foi preenchido o vazio que surgira entre povo e governo.[257]

Do mesmo modo, não faltaram críticas da oposição, então com maior capacidade de pressão por causa de sua *performance* eleitoral e do clima de "abertura" política. Em junho de 1974, o deputado Del Bosco Amaral exigia estudos para impetrar uma ação popular contra o governo federal em função dos "gastos vultosos" com propaganda.[258] O deputado Freitas Nobre (MDB-SP) dizia, em outubro de 1976, que "o montante de emissões da ARP somente em São Paulo, nos canais de TV, entre março e setembro deste ano, se fossem pagas, corresponderia a mais de Cr$ 71 milhões, para quase 12 mil mensagens. De 995 mensagens em março, foram feitas 2.600 em agosto e, na primeira quinzena de setembro, 1.110".[259]

Igualmente, o deputado Walter Silva (MDB-RJ) dizia, em novembro de 1977, que a dotação de Cr$ 226 milhões para divulgação, estabelecida no orçamento para o ano seguinte, era despropositada. Mas o coronel Toledo Camargo reafirmava sempre que a ARP agia "dentro da maior austeridade [...] as mensagens divulgadas são de interesse público, como as campanhas contra a inflação, pela economia de combustível, pela vacinação, pelo uso de água não contaminada, pelo fortalecimento do caráter nacional, pela esperança nacional. [...] Um filme [...] cujo preço corrente é de Cr$ 600 mil, para nós custa Cr$ 60 mil [...] O custo é uma ninharia".[260]

Para a Aerp/ARP, a principal fonte de gastos era a produção e a distribuição de cópias dos filmes para todo o Brasil. A copiagem era feita pelo Ministério da Educação e Cultura, que possuía recursos orçamentários para "filmes educativos" (Camargo, 1995:193). Segundo Otávio Costa, o principal laboratório de copiagem do

---

[257] A imagem do governo. [São Paulo], out. 1976 (artigo de imprensa recolhido pela Hemeroteca da Câmara dos Deputados].
[258] *O Estado de S. Paulo*, "Emedebista condena a propaganda oficial", 30 jun. 1974, p. 5.
[259] *Jornal do Brasil*, "Promoção do governo é questionada", 24 out. 1976, p. 4.
[260] *Jornal do Brasil*, "Camargo diz que ARP não copia DIP", 26 nov. 1977, p. 3.

país informou-o certa vez que a Aerp era, nesse setor, o maior cliente brasileiro.[261]

Uma característica que marcou a propaganda política do regime militar brasileiro foi sua coincidência com uma fase de franca modernização dos meios de comunicação de massa no Brasil. Era, portanto, uma propaganda que não se amparava fundamentalmente em manifestações públicas, em cartazes, jornais e revistas. A propaganda do regime militar, aliás, "desdenhou" esses veículos. Raramente publicava algum material na imprensa ou se utilizava de cartazes, preferia os "adesivos" com os *slogans* das campanhas, que eram afixados em carros, por exemplo.[262] Uma preocupação constante da Aerp/ARP foi acabar com os "suplementos especiais" do governo que comumente eram publicados na imprensa. Órgãos do governo federal e mesmo dos governos estaduais costumavam fazer isso: oferecer a uma revista ou jornal a publicação de material desse tipo (em geral com rico tratamento gráfico)[263] em troca da "simpatia política" do veículo. O resultado era uma matéria "explicitamente propagandística" e de tom oficialesco. Em 1973, a Aerp encaminhou ofício aos prefeitos paulistas — provavelmente pródigos com esses suplementos — posicionando-se "inteiramente contra iniciativas tipicamente de cavação e o consequente desperdício de recursos necessários a atividades mais fecundas".[264] Segundo Otávio Costa, houve casos de jornalistas que, com a participação em apenas uma matéria para um suplemento especial, teriam auferido muitas vantagens financeiras.[265] Também Toledo Camargo, em sua época, condenaria essas iniciativas: por ocasião de um seminário com mais de 100 assessores de relações públicas

---

[261] Entrevista OPC.
[262] Exposições sobre realizações do governo também eram consideradas ineficazes. Com *outdoors* também não eram conseguidos bons resultados (embora fossem usados nas "semanas da pátria") porque, não sendo clientes habituais, não conseguiam locais adequados (Camargo, 1995:152).
[263] *O Estado de S. Paulo*, "Recursos para publicações da União serão reduzidos", 12 dez. 1976, p. 5.
[264] *Jornal da Tarde*, "A Aerp condena esta publicidade", 23 nov. 1973, p. 5.
[265] Entrevista OPC.

ele afirmou que a determinação da Presidência da República era fazer cessar a participação de órgãos e empresas governamentais nos chamados "cadernos especiais".[266]

Isso, se por um lado passava uma imagem de austeridade, útil aos propósitos da Aerp e da ARP de situarem-se não como agências de propaganda política, mas como um "canal de comunicação povo/governo", por outro, e principalmente, demonstrava a percepção de seus especialistas da ineficácia de iniciativas claramente governamentais, de "chapa-branca", como dizia Otávio Costa.

A preocupação com a imagem fotográfica marcou os veículos de imprensa que mais obtiveram sucesso no Brasil desde os anos 1930. Tivemos, inicialmente, a revista *O Cruzeiro*, lançada em 1928, e que alcançaria tiragens de até 500 mil exemplares. A revista adotou, à época da Segunda Guerra Mundial, o formato da *Life*, isto é, converteu a fotografia em notícia. Com a *Manchete* isso se aprimorou. Baseada na fórmula francesa da *Paris-Match*, aperfeiçoou o tratamento técnico da imagem: "*Manchete* era o *medium* adequado para o otimismo das elites [...]; foi, na verdade, a precursora da televisão no Brasil" (Sodré, 1989:93).[267] Saltos tecnológicos foram dados, visando a uma cobertura fotográfica eficaz. Quando da posse de Juscelino Kubitschek, *Manchete* anunciava ter sido a única, além do fotógrafo oficial, a registrar a cena.[268] Anos depois, na posse de Jânio Quadros, o diretor da revista vangloriava-se em editorial: "[...] graças à perfeita coordenação de nossa equipe com as modernas oficinas gráficas de Parada de Lucas, podemos apresentar em tempo recorde [a cobertura do evento] [...] Ao todo, cerca de 600 pessoas, entre a redação e as oficinas, trabalharam dia e noite neste esforço jornalístico".[269]

---

[266] *Jornal do Brasil*, "Publicitário em seminário fala da promoção do governo", 10 dez. 1976, p. 2.

[267] A importância dessas revistas foi muito grande. Sinal disso foi a tentativa de ressurreição de *O Cruzeiro*, quando se cogitou da candidatura do general Medeiros à Presidência da República. Ver, a propósito, D'Araujo, Soares e Castro (1995:118).

[268] *Manchete*, n. 198, p. 70, 4 fev. 1956.

[269] *Manchete*, n. 460, p. 3, 11 fev. 1961.

Assim, à época da Aerp/ARP, já havia uma percepção clara do "poder das imagens", largamente testado por essas revistas. A imagem em movimento, propiciada pela TV, fatalmente obteria o mesmo sucesso. Aliás, o rádio, também utilizado pela propaganda do regime militar, não receberia a mesma atenção que a TV, resultando disso uma utilização não renovada, tecnicamente rotineira,[270] embora eficaz para atingir regiões longínquas.

A televisão foi inaugurada oficialmente no Brasil em 1950, com a Televisão Tupi-Difusora, de São Paulo, a PRF-3TV. Em 1951, viria a TV Tupi, do Rio de Janeiro, a Rádio Televisão Paulista e a TV Record. A futuramente grandiosa TV Globo seria inaugurada em 1965 e, em 1967, o grande salto tecnológico chegaria: tornou-se tecnicamente possível uma rede nacional.[271] Para se ter uma ideia da evolução do setor, apenas 20 anos depois, em 1987, existiriam 130 emissoras de TV, que alcançariam de 65% a 70% da população brasileira (Salles, 1987?:83). Portanto, precisamente durante os anos de auge da propaganda política dos militares, a sociedade brasileira passou a conviver com as questões suscitadas pelo mais típico dos meios de comunicação de massa: a estetização do cotidiano, a indução de hábitos e, segundo alguns analistas, a ocupação de um espaço deixado vazio pela destruição do sistema político-partidário dos anos 1950: durante a ditadura, "os simulacros de participação gerados pela televisão, pela indústria fonográfica, pelo psicologismo, pela profusão dos ritos de consumo — por tudo isso em que tem implicado a modernização — cobriram o vazio da velha política" (Sodré, 1989:52).

A importância da televisão para a atividade política sempre foi clara para todos.[272] Com o golpe de 1964 não foi diferente: "Logo

---

[270] Ver, sobre depoimentos cansativos veiculados pelo governo no rádio, *O Estado de S. Paulo*, "A propaganda sutil que cobre o país", 3 ago. 1973, p. 14. Ver também os três volumes da publicação oficial que reúne *spots* divulgados pelas rádios resumindo realizações dos diversos ministérios: Brasil/Presidência da República/ Assessoria Especial de Relações Públicas. *Você precisa saber que...* Estes volumes cobrem o período que vai de 31 de março de 1968 a 30 de setembro de 1969.
[271] Mais dados podem ser obtidos em Caparelli (1982:20-21).
[272] Ver, a propósito, Rodrigues (1963:21).

no início a direita percebeu a importância da TV para a soldagem do sistema ideológico que se reforçou com o golpe, que, grife-se, não foi apenas militar" (Mota, 1994:12). Importantes analistas da época da Aerp expressaram sua convicção quanto ao caráter dissimulador da propaganda do órgão na TV.[273] Isto é, a atenção de todos estaria sendo desviada da vida pública, da atividade política, "convocado que está [o povo] a exaltar-se com os êxitos do Brasil Grande":

> A comunicação do governo, insistimos, tem sido muito boa. O êxito está no que se vê e no que não se vê, no que ela promove e motiva e no que ela despromove e desmotiva. É possível que do ponto de vista geral esta seja, no momento, a melhor técnica. Com certeza, não é esta em termos duradouros a técnica mais adequada para condução dos negócios públicos [Branco, 1971:4].

Tecnicamente falando, isto é, do ponto de vista da produção e da veiculação na TV, a propaganda inaugurada pela Aerp era considerada de bom nível. Especialistas do setor consideravam os filmes de alta qualidade, justamente porque "não pareciam propaganda", mas "induzem ao trabalho, à cooperação, à paz, à solidariedade, ao civismo, ao orgulho pelo desenvolvimento, à valorização da cultura".[274] Por outro lado, logo se instituiu um "acordo de cavalheiros" entre o governo e as emissoras de TV visando à cessão gratuita de espaço para a veiculação do material produzido pelo regime militar. Pessoas ligadas às emissoras diziam que isso ocorreu porque haveria a ameaça de uma versão televisionada do programa radiofônico oficial *Hora do Brasil* em horário nobre. Na verdade, porém, o espaço gratuito foi conseguido na época de Hernani d'Aguiar, através de uma espécie de barganha, quando emissoras de TV em dificuldades financeiras (atingidas por atos

---

[273] Também a Loteria Esportiva, segundo seu criador, teria sido instituída para "desviar a atenção do povo" (Fraga e Felix, 1993:36). Ver também *Visão*, "Os ciclos da euforia", ano 38, n. 8, p. 19, 26 abr. 1971.
[274] *O Estado de S. Paulo*, "A propaganda sutil que cobre o país", 3 ago. 1973, p. 14.

terroristas) foram buscar auxílio junto ao governo.[275] Nem mesmo após o término da ditadura esse acordo — que se materializava em aproximadamente 10 minutos diários de veiculação gratuita — foi suspenso; assim como persistiria a velha *Hora do Brasil*, popularmente conhecida como "o fala sozinho", criada durante o Estado Novo (Mota, 1979:88).

As agências de publicidade também interagiram com a propaganda governamental. Evidentemente, não se pode confundir a propaganda política instaurada na esfera governamental com a publicidade comercial. Mas, do mesmo modo que a modernização dos meios de comunicação foi essencial para a produção da Aerp/ARP, também as estruturas profissionais de publicidade brasileiras passaram por modificações essenciais que teriam consequências para a propaganda. Segundo o coronel Toledo Camargo, "no começo, as agências estavam sem gente de criação, as produtoras não estavam aparelhadas e os prazos eram apertados demais. Por isso, tivemos muitas peças ruins [...]; hoje estamos com uma produção de alta qualidade [...] [o governo é] cliente de qualquer agência [...] desde que vença a licitação".[276]

Mas as coisas não eram tão tranquilas assim. As agências, evidentemente, sempre tentaram levar o governo a fazer propaganda através do sistema de contas. Durante a administração de Costa e Silva, o Conselho Nacional de Propaganda (CNP) veiculou uma campanha com o objetivo de "levantar o moral da população, mostrando o esforço desenvolvimentista que estava sendo feito", segundo o publicitário Roberto Duailibi (apud Machado, 1979:64). Não parece abusivo afirmar que essa iniciativa possuía propósitos muito bem definidos: mostrar ao governo os benefícios da divulgação e, com isso, estimulá-lo a abrir contas de publicidade nas diversas agências. É preciso, por certo, distinguir entre a propaganda política veiculada pela Aerp/ARP, que traduzia os interesses por assim dizer genéricos dos governos, e as contas específicas de

---

[275] Entrevista JMTC. Ver também Camargo (1995:150).
[276] *Jornal da Tarde*, "Conversa com o coronel Camargo, o homem da propaganda oficial", 11 out. 1976, p. 10. Entrevista a Paulo Godoy.

empresas estatais, que tinham interesses de publicidade comercial. Nesse universo, entretanto, sempre houve meios de interação das duas esferas.

Seja como for, a campanha do CNP estimulou a criação de um Consórcio Brasileiro de Agências de Propaganda, reunindo as empresas Alcântara Machado Periscinoto Comunicações Ltda., Denison Propaganda S/A, MPM Propaganda S.A., Norton Publicidade S.A. e Salles Interamericana S.A. (apud Machado, 1979:64), justamente para atender às contas governamentais. Sempre que preciso, essas agências se apresentavam consorciadas, pois, segundo justificavam, nesse setor "em que a especialidade, a dimensão, a experiência e os resultados obtidos caracterizam uma notória especialização, a concorrência pública não é obrigatória".[277] Desde 1968 fizeram ou auxiliaram várias campanhas: sobre o consumo do café, sobre o Sesquicentenário da Independência, sobre as feiras Brasil Export de 1972 e 1973, entre outras. Para o então senador Paulo Brossard, o consórcio seria a ressurreição do próprio DIP.[278] Mas as críticas ao consórcio e à sua monopolização das contas governamentais de publicidade das empresas estatais também provinham de profissionais do próprio setor. Renato Castelo Branco, ex-assessor de comunicações do governo federal, fundador e presidente por dois mandatos do conselho da União Brasileira de Agências de Propaganda, dizia que "os dirigentes de tais entidades, como Associação Brasileira das Agências de Propaganda, Sindicato das Agências de Propaganda do Estado de São Paulo ou Conselho Nacional de Propaganda, costumam estar ligados às maiores agências do país, justamente as que atendem às contas governamentais".[279]

Assim, em 1979, segundo o presidente da Associação Paulista de Propaganda, "a diferença entre dirigir uma agência plenamente viável ou dirigi-la com dificuldades está em ter ou não ter contas do governo".[280]

---

[277] *Folha de S.Paulo*, "CBAP explica objetivos e atuação", 31 out. 1979, p. 19.
[278] *Folha de S.Paulo*, "Brossard diz que consórcio é o DIP", 31 out. 1979, p. 19.
[279] *O Estado de S. Paulo*, "Critérios oficiais ferem os objetivos", 16 dez. 1979, p. 64.
[280] Ibid.

Referindo-se explicitamente à propaganda oficial, alguns publicitários falavam da necessidade de auxiliar politicamente o governo, de usar suas habilidades técnicas para a consecução dos vagos objetivos de "despertar nas consciências brasileiras a necessidade de participar".[281] Segundo Mauro Salles, a propaganda política deveria "despertar a opinião pública para as tarefas comuns da coletividade, capazes de motivar o indivíduo a uma ação politicamente relevante [...] O esforço de propaganda, em termos políticos, deve visar a uma mobilização social, a uma mobilização econômica, a uma mobilização cívico-patriótica e, finalmente, a uma mobilização eleitoral [...] o publicitário brasileiro tem que ter uma consciência política em todo o trabalho que realize".[282]

Muitos representantes do setor reconheceram que foi durante o período de auge da Aerp, no governo Médici, que as contas governamentais de publicidade tomaram vulto: "Enquanto a Aerp passava a utilizar exaustivamente os dez minutos diários de propaganda gratuita em todas as emissoras de rádio e televisão" (Machado, 1979:64),[283] as contas de publicidade de empresas estatais também aumentavam. Assim, segundo diz Otávio Costa, teria sido preciso, constantemente, recusar as ofertas do pessoal da área de *marketing*: "Eu resisti, o tempo todo, a todas as agências de publicidade".[284] Mas, é preciso destacar, o governo — inclusive a Aerp — atuava "como coordenador e motivador das entidades governamentais" que, por disporem de recursos específicos para propaganda, contratavam as agências.[285] Afinal, a interferência das agências era óbvia. Em 1977, Toledo Camargo ainda precisava sublinhar que

---

[281] *Jornal do Brasil*, "Mauro Sales fala do papel político da propaganda no desenvolvimento do país", 8 out. 1971, p. 10.
[282] Ibid.
[283] Ver também os comentários do publicitário da MPM, Luiz Macedo, em *Jornal do Brasil*, "O governo na *media*", 1º dez. 1973, Caderno B, p. 4.
[284] Entrevista OPC.
[285] *Jornal do Brasil*, "Otávio Costa diz que ARP [sic] não pretende ser o antigo DIP e nem mudar opiniões", 24 abr. 1970, p. 3.

"a iniciativa da produção publicitária deve estar na Assessoria de Governo e não no universo publicitário".[286] Não estaria, então?

O que havia, portanto, é algo difícil de "capturar" em termos metodológicos, mas indispensável à compreensão do período: as agências de *publicidade* e seus profissionais (para angariar contas governamentais) mostravam "boa vontade" para com a *propaganda* oficial. Adequavam-se às diretrizes governamentais, participavam de seminários de "relações públicas", buscando assim influenciar a esfera governamental — sobretudo sugerindo o caráter indispensável da divulgação dos feitos do governo.

Otávio Costa tentou reverter o fluxo habitual dessa influência: se as agências de publicidade, de algum modo, diziam-se presentes na esfera governamental, tudo tentando fazer para obter novas contas, o principal mentor da propaganda governamental levou a atividade comercial a refletir os anseios e a realizar os objetivos da própria Aerp. "Os homens de comunicação", dizia Otávio Costa, "devem dar a sua parcela para o fortalecimento do caráter nacional."[287] Buscando concretizar sua perspectiva, segundo a qual a propaganda do governo devia perder seu tom oficialesco, de "chapa-branca", Otávio Costa enfatizava a necessidade de utilizar "as chapas coloridas do estímulo à iniciativa privada".[288] Para ele, a publicidade comercial era "a parte mais importante para o fortalecimento do caráter nacional".[289]

Segundo o chefe da Aerp, a propaganda comercial da época estava repleta de alusões à violência, à desunião. Por isso, fez um persistente trabalho de convencimento, junto aos produtores da propaganda comercial, para reverter essa tendência e enquadrar tal propaganda no espírito de "desradicalização" que animava a Aerp:

---

[286] *Jornal do Brasil*, "Camargo pede fidelidade a jornalistas e promete dar em troca mais informações", 18 jun. 1977, p. 13.
[287] *O Estado de S. Paulo*, "O comunicador exige amor", 16 out. 1970, p. 7.
[288] *Folha de S.Paulo*, "Otávio Costa condena a criação de um novo DIP", 29 jul. 1970, p. 3.
[289] *O Estado de S. Paulo*, "O comunicador exige amor", 16 out. 1970, p. 7.

Ao iniciarmos o trabalho [...] constatamos que a propaganda comercial estava inteiramente contrária aos esforços do governo: vendia mensagens de violência, ódio, rebeldia e até mesmo subversão. Realizamos um imenso esforço junto a todas essas organizações no sentido de sublimarmos essa propaganda comercial para somar forças com o Brasil num clima de amor e participação.[290]

Era o que ele chamava de "esforço silencioso para a criação de um clima".[291] A publicidade com as mensagens a que Otávio Costa se referia fazia jogos de palavras com a própria conjuntura política do Brasil. Falava em "luta armada contra a carestia", "liberte-se da tirania do coador", "seja cruel se lhe venderem outro tergal", "mate o seu vizinho de inveja", "abaixo a ditadura dos preços", enfim, frases de algum modo inócuas, mas que o chefe da Aerp usou inteligentemente para levar as agências de publicidade a se harmonizar com a atmosfera desejada pela propaganda oficial. Com isso, a publicidade acabaria por colaborar, vendendo, "ao lado de sabonetes e geladeiras, a confiança, a esperança, o amor e o respeito".[292] Quem, afinal, num universo de empresas tão dependentes das contas governamentais, não aceitaria a sugestão de um homem tido como o todo-poderoso elaborador da propaganda política do regime militar? "Isso estava ao alcance da minha mão", diz Otávio Costa.[293]

Um regime autoritário de supressão das liberdades, meios de comunicação de massa modernos e com larga cobertura nacional, agências de publicidade profissionalizadas e sequiosas pelas contas governamentais: que se poderia esperar de uma tal combinação de fatores? Precisamente a criação de um dos maiores sistemas de propaganda política de um governo autoritário da época contemporâ-

---

[290] *Jornal do Brasil*, "Otávio Costa diz que a Aerp obteve entendimento entre o povo e o governo", 7 jul. 1971, p. 4.
[291] Ibid.
[292] *Jornal do Brasil*, "Coronel Otávio Costa diz que a propaganda é bom instrumento para a comunicação social", 15 abr. 1971, p. 3.
[293] Entrevista OPC.

nea.[294] Utilizaram-se esses fatores e certas estratégias específicas e contou-se com a presença de alguns indivíduos em posições-chave.

Como se viu pouco antes, uma das estratégias comuns à Aerp/ARP foi a antecipação às críticas, isto é, a capacidade dos dirigentes dessas assessorias de "tomar a dianteira" daqueles que, presumivelmente, julgariam negativamente o trabalho de propaganda. Assim, a produção da Aerp/ARP seria "não ufanista", "não política", negaria a "lavagem cerebral" etc. Mas outra antecipação também foi buscada e, esta, diretamente relacionada à evolução dos meios de comunicação, em especial da TV. Refiro-me à necessidade que a imprensa tem de sublinhar como "importantes", como "históricos", fenômenos que, afinal, compõem a rotina do dia a dia. Isso é flagrante nos noticiários televisivos e corriqueiro na imprensa escrita. Preencher uma pauta diária com notícias que despertem o interesse do leitor/telespectador é difícil e comumente artificial. Por isso, muitas vezes são alçados à categoria de "fundamental" eventos que em pouco tempo podem ser esquecidos por sua desimportância ou efemeridade. Essa "técnica" poderia ser chamada de "antecipação do histórico", isto é, a imprensa, em alguns momentos — com a autoridade que a palavra impressa e a imagem publicamente veiculada têm —, afirma que dado fenômeno (do presente) possui características tais que o situam indubitavelmente no rol daquilo que o senso comum chama de "fatos históricos". Trata-se, portanto, por assim dizer, de uma antecipação do trabalho do historiador.

A Aerp/ARP lançou mão dessa técnica. Afirmar a inevitabilidade do futuro grandioso do país, reiterar a autenticidade de certos "valores nacionais", sugerir que "finalmente" o Brasil havia encontrado seu "rumo certo" — tudo isso correspondia a uma lógica simbólica que buscava afirmar como perene, como "histórica", uma configuração civilizacional que, afinal, era apenas desejada pelos militares, ou seja, a "antecipação" de certa história: "Esse Estado precisava alimentar-se da falsa ideia da estabilidade social e

---

[294] A campanha de propaganda política do regime militar a partir de 1967 foi a mais "organizada, sistematizada, ampla e total jamais vista no Brasil", conforme Caparelli (1982:155).

política, da perenidade do presente. Esse Estado pressupõe a cristalização do *statu quo*" (Ianni, 1978:218). Vale dizer: a construção, igualmente, de um dado entendimento sobre aquele presente — leitura que, é claro, situava o regime militar como o próprio meio de acesso, como o garantidor de tal configuração civilizacional prenunciada no passado e construída no presente. Construção esta, assim, anunciada desde então como "fato relevante", como "fato histórico".

É nesse contexto que se entende melhor a opção pela propaganda diferenciada, que não utilizava sinais típicos do poder e da política, nem queria parecer oficial ou doutrinária. Mais ainda, é também em função dessa busca de um discurso construtor da história que se compreende a utilização do "material histórico" a que se aludiu nos capítulos anteriores: para sublinhar o caráter pretensamente fundamentador e notável da época em que se vivia era necessário lançar mão de imagens, palavras e gestos que estivessem enraizados na própria "memória nacional". Foi o que se fez.

O tema geral da Aerp/ARP era o delineamento do Brasil como uma "sociedade dinâmica original" (Skidmore, 1991:223). Para tanto, uma ampla ação pedagógica deveria ser levada a cabo. A leitura prevalecente entre os militares era que o país deveria ser reconstruído em novas bases, uma utopia autoritária "fundada na ideia de que os militares eram, naquele momento, superiores aos civis em questões como patriotismo, conhecimento da realidade brasileira e retidão moral" (D'Araujo, Soares e Castro, 1994b:9). Por isso, a grande preocupação dos propagandistas era traçar um perfil desse brasileiro que deveria ser educado. Afinal, a população ainda era mera "espectadora" dos novos acontecimentos da cena brasileira; estava ainda "indiferente".[295] Era preciso "tocar a alma brasileira" e, por isso, cabia conhecê-la previamente.[296]

Foi especialmente Otávio Costa quem tratou de estabelecer esse perfil. Inspirando-se em Gilberto Freire (1969?:19), chamou atenção

---

[295] *Jornal do Brasil*, "Otávio Costa diz que a Aerp obteve entendimento entre o povo e o governo", 7 jul. 1971, p. 4.
[296] *O Estado de S. Paulo*, "O comunicador exige amor", 16 out. 1970, p. 7.

para o fato de que quaisquer tentativas oficialescas de propaganda acabariam, fatalmente, ridicularizadas: "O brasileiro tem a genialidade de tornar falsas a pompa e a grandeza [...] tem a capacidade de desnudar, de ver as falsidades, os artifícios, de renegar o formal como desprezível".[297] Esta população, "com grande senso de ridículo",[298] não aceitaria, portanto, uma propaganda política típica, que se estabelecesse a partir do enaltecimento de personalidades específicas ou de sinais ostentatórios do poder: "É um público independente, com muita sensibilidade, mais afeito ao emocional do que ao racional. Este tipo de público não aceita a verdade entregue pronta e acabada, daí a nossa linha de mensagem sutil".[299]

Além de possuir uma "tendência para a mofa",[300] o brasileiro também é "crédulo, tem espírito crítico superdesenvolvido, tem o senso de liberdade, alternativas de euforia e desânimo, tendência ao endeusamento carismático, antiviolência, religiosidade, gosto pelo musical e esportivo, infenso a sacrifícios desnecessários, prevalência do artístico pelo científico, espontaneidade e simplicidade".[301]

Um tipo complexo, portanto, e que demandaria um trato cuidadoso. As campanhas da Aerp/ARP sempre tiveram em mente esse conjunto de características, o que inspirava uma espécie de cuidado constante em evitar que o trabalho fosse anulado pela "tendência para a mofa". Afinal, este público seria "capaz de pegar a ideia mais brilhante e reduzi-la a pó".[302]

Por isso Otávio Costa tanto se preocupava em evitar os lugares-comuns, "os velhos clichês, repetições vulgares que não sensibilizam mais ninguém". Evitava, especialmente, instigar a juventude,

---

[297] *Jornal do Brasil*, "Otávio Costa diz no Sul que brasileiro torna falsas pompa e grandeza", 5 set. 1970, p. 12.
[298] *Jornal do Brasil*, "Otávio Costa diz que a Aerp obteve entendimento entre o povo e o governo", 7 jul. 1971, p. 4.
[299] Ibid.
[300] *O Estado de S. Paulo*, "O comunicador exige amor", 16 out. 1970, p. 7.
[301] *Jornal do Brasil*, "Otávio Costa diz que ARP [sic] não pretende ser o antigo DIP e nem mudar opiniões", 24 abr. 1970, p. 3.
[302] *Jornal do Brasil*, "Otávio Costa diz que a Aerp obteve entendimento entre o povo e o governo", 7 jul. 1971, p. 4.

capaz de uma ação ridicularizadora ainda mais intensa.[303] Realmente, não se pode deixar de reconhecer que as campanhas patrocinadas sob a inspiração de Otávio Costa (e que assim se manteriam durante a existência da ARP) surpreendiam. Ele mesmo, ao definir tais campanhas, causava surpresa, pelo inusitado das definições — com isso se constituindo, a própria figura do chefe da Aerp, em "peça de propaganda". A tônica dos seus filmes, segundo sua própria definição, aparentemente ingênua e lírica, pretendia levar aos brasileiros uma mensagem de "confiança e otimismo". A missão da Aerp seria constituir-se, em plena ditadura, em instrumento do "entendimento e do amor entre os homens". E o futuro promissor do Brasil seria alcançado também por meio da criação de uma atmosfera positiva:

> A filosofia da comunicação governamental [...] está baseada na edificação da vontade coletiva, que é o grande degrau da democracia por que aspiramos todos nós. Mas não ficamos só aí: tentaremos dar recursos humanos e não apenas materiais, porque a marcha para o desenvolvimento é, antes de tudo, um estado de espírito.[304]

---

[303] *Jornal do Brasil*, "Otávio acha que mensagem deve produzir motivação", 25 maio 1971, p. 3.
[304] *Jornal do Brasil*, "Otávio Costa prega o entendimento", 16 out. 1970, p. 3.

5

A propaganda da ditadura

> "31, 31, 31 de março
> é o dia, é o dia da libertação,
> quando as Forças Armadas deste meu país
> acabaram, acabaram com a corrupção.
> Salve este dia,
> salve este dia,
> vamos cantar com alegria."
>
> [cantada com a melodia de *Jingle Bells*, sempre às sextas-feiras, pelos alunos de escola em Jundiaí (SP), durante cerimônia de hasteamento da Bandeira Nacional, no ano de 1972]

Se analisarmos algumas das principais campanhas da Aerp/ARP, verificaremos a recorrência de certas temáticas, de certas ideias-força, especialmente as noções de "construção" e "transformação" do Brasil. Assim foi com "Em tempo de construir" (1971), "Você constrói o Brasil" (1972), "País que se transforma e se constrói" (1973), "Este é um país que vai pra frente" (1976), "O Brasil é feito por nós" (1977) e "O Brasil que os brasileiros estão construindo" (1978). As ideias de "construção" e "transformação", nesse contexto, estavam associadas à de ruína: segundo os militares, ante a situação de completa decadência moral e material que o país experimentara, caberia precisamente a eles inaugurar um novo tempo, reconstruindo, em bases transformadas, o Brasil. Essa intenção expressou-se em várias frentes. No campo da educação, foi flagrante: uma publicação da Aerp garantia:

> Que a família brasileira esteja tranquila: o governo brasileiro e bom que temos saberá encontrar, precisamente na sua brasilidade e bondade, a energia, agora indispensável, para defender a formação das nossas moças e dos nossos moços e para garantir, com vistas voltadas para os superiores interesses da pátria, a crescente eficiência da formação cultural e tecnológica do que temos de mais caro e mais precioso para o futuro do país — a mocidade [Brasil/Presidência da República/Aerp, 1969?:82].

Ou seja, essa nova era estava garantida porque o governo militar, "brasileiro e bom", investiria na juventude com especial vigor naquele momento, vigor indispensável para reverter os caminhos que essa juventude vinha sendo "obrigada" a trilhar — provavelmente uma referência difusa ao tumultuoso imaginário militar sobre os perigos que acometiam os princípios "ocidentais e cristãos". E, note-se, tal "educação para os novos tempos" estava também garantida porque se daria a partir de instrutores que interpretavam corretamente a "brasilidade": os militares, que, além de se imaginarem os brasileiros mais autênticos, também supunham que os eflúvios dessa "alma nacional" garantiriam o correto encaminhamento do futuro. Pois, como se viu em capítulos anteriores, "o brasileiro", por si só, seria alguém especial: ele habita um país "singular". Basta interpretar corretamente essa essência e isso nos assegurará o rumo certo.[305]

O anúncio dessa "nova era", portanto, na medida em que superava o caos, sempre tinha de ser feito através de uma "pedagogia esclarecedora" sobre os "velhos tempos" e suas mazelas, que arruinaram o Brasil:

> Volvamos o pensamento ao caótico passado, extinto àquela data [dizia Geisel referindo-se a 31 de março de 1964], para medir a longa e difícil caminhada ascensional que, mediante duros sacrifícios pa-

---

[305] Segundo Lucia Klein, os militares baseavam "a comprovação de sua eficácia não só em sua atuação presente, mas também em realizações cujos efeitos se projetam para o futuro" (Klein e Figueiredo, 1978:61).

trioticamente consentidos e uma crença inabalável em melhores dias, desse passado nos trouxe à esplanada de estabilidade e de ordem, de atividade criadora e de realizações fecundas [...] É dever das gerações mais velhas recordar, aos que não viveram tão aziagos tempos, o que foi o pesadelo, a angústia que amortalhava os corações bem formados, na vigília prolongada ante a agonia da nação que parecia já ferida de morte [Geisel, 1975:61].

Algo que também faz referência às velhas tradições mencionadas anteriormente neste trabalho: a correção de rotas, a presunção de que, "agora sim", estaríamos no rumo certo. Como, entretanto, traduzir tal convicção em 30 segundos, num filme para TV, ousando uma propaganda política "despolitizada"? Um dos recursos foi o da analogia entre o novo tempo inaugurado pelos militares e a comemoração de datas que sugeriam fim ou início de ciclos temporais. Como o Natal. Tal data permitia reunir, num único contexto, temas caros à propaganda política dos militares, como o "amor", a "união" e a "solidariedade" e, paralelamente, fazer alusão aos "novos tempos".

Um filme desse tipo mostra uma criança, uma singela menininha, colhendo flores no jardim de sua casa, quintal onde corre um riacho de águas cristalinas. Seu irmão, também uma criança gentil e amorosa, leva o cachorro para junto de todos, pois, do lado de fora da boa casa de classe média, seus pais estão preparando um churrasco. O fundo musical, excessivamente sentimentalizado, envolve a cena, onde ninguém fala, mas na qual todos estão felizes, e a letra da música diz:

A raiz da felicidade está no coração
e o gesto da amizade é que faz nascer a flor.
A força da união é que faz mudar o mundo.
O amor [inaudível] liga o nosso coração.
Vem, vem, vem,
vem comigo, a luz do futuro acaba de nascer,
nosso peito irradia um sorriso de esperança,
nova era se inicia sorrindo feito criança.

A locução final afirma: "Natal: união, fraternidade e paz". O curioso é que o filme não contém qualquer referência explícita ao Natal. E isso não era uma opção para banir as referências tipicamente europeias da comemoração da data (outros comerciais continham símbolos desse tipo).

Realmente, se apresentado em outra época e com outro *slogan* final, o filme serviria, como tantos outros, aos propósitos de anunciação de um novo tempo patrocinado pelos militares. Tempo novo em que certos valores e certas conquistas materiais estavam para ser obtidos: a convivência pacífica e feliz do núcleo familiar, a fartura material dos que podem fazer um churrasco no quintal, dos que possuem a casa própria e, de lambujem, um cachorro e um riacho. Portanto, não se pode ignorar o conteúdo político por trás dessa fachada aparentemente ingênua, idílica, "despolitizada": a nova fase, inaugurada pelos militares, fazia promessas sutis. Não as afirmava em hinos marciais, com estandartes, ou a partir do programa de um partido ou da fala de um ditador, personalizado na figura deste ou daquele chefe. Tudo isso já havia sido ridicularizado em outros momentos, no Brasil e no exterior — aqui, especialmente, pelo conhecimento do que fora o DIP. A afirmação das promessas políticas da propaganda do regime militar (promessas de um novo tempo, de fartura e de felicidade) dava-se através de recursos alegóricos, figurados, como a pacífica comemoração da família do filme em pauta — que, afinal, poderia ser qualquer família brasileira, bastando ser convencida de que "a luz do futuro acaba de nascer" (seja Cristo ou a "Revolução") e de que as mudanças virão, desde que todos estejam unidos em torno de certos ideais, ou dos ideais certos.

Temas decorosos, portanto. Como já disse, um dos recursos da Aerp/ARP, na sua tentativa de fazer propaganda política sem transparecer explicitamente tal coisa, foi reiterar a importância de certos sentimentos "superiores", "dignos", "nobres". O amor, por exemplo, talvez até porque este era o elemento que faltava, tendo em vista a divisa nacional da Ordem e Progresso, na famosa frase positivista: "Amor por princípio, ordem por base e progresso por fim". Essa, inclusive, era uma forma de descaracterizar a propaganda oficial, fazê-la parecer originada da sociedade, não do governo. Otávio Costa criou, em função disso, um tipo de propaganda que não era assinada, que não continha menções ao governo. Assim, tratar de "sentimentos nobres" era uma estratégia adequada a essa mudança de foco: "Eu quero uma coisa que pareça que vem da sociedade. Eu quero amor, eu quero esperança, eu quero união, eu quero coesão",[306] disse Otávio Costa.

Este era um elemento tão forte da personalidade do chefe da Aerp que ele chegou mesmo a escrever a apresentação de uma peça que situava o amor no tempo e no espaço e cujo título era *Gente nova/nova gente falando de amor*, trabalho de Luís Arthur e Gilberto Kuhn.[307] Para Otávio Costa, a convivência humana seria muito difícil, devido às explosões demográfica, tecnológica e "dos instintos". Assim, a comunicação social deveria preocupar-se especialmente "com o restabelecimento do amor entre os homens, a não violência e o não radicalismo".[308] Isso, evidentemente, também se explicava pela tarefa de criar um clima mais ameno no Brasil, abalado pela luta de guerrilhas e pelos sequestros. Mas, cabe destacar, servia perfeitamente ao propósito de fazer "propaganda política despolitizada". Por isso, "a nossa comunicação [dizia Otávio Costa] é a comunicação que desperte o amor, que possa deter o momento, se momento houve, em que proliferaram as vinhas da ira. Que o tempo não é mais de ira, que o tempo é de amor e de união, pois sem amor e união nada se constrói de permanente, de definitivo".[309]

Os militares não só teriam inaugurado um *novo* tempo, mas um tempo caracterizado pelo amor entre os homens, pela solidariedade, sentimentos garantidores da perenidade da nova sociedade que iriam moldando. Uma semelhante quimera — pois haverá incongruência maior entre tais sentimentos e a cir-

---

[306] Entrevista OPC.
[307] *O Globo*, "O coronel e a peça", 15 ago. 1970.
[308] *O Estado de S. Paulo*, "O comunicador exige amor", 16 out. 1970, p. 7.
[309] *Última Hora*, [Sem título], 3 ago. 1970.

cunstância política ditatorial do país? — tornava-se ainda mais ameaçadora quando seus autores tratavam de identificar, sempre difusamente, os inimigos de propósitos tão nobres. Pois, sim, havia "obstáculos e inimigos que tentam impedir a toda força o restabelecimento das relações de convivência humana, na base da verdade e do amor, a serviço de todos os interesses malsãos que tentem impedir o melhor relacionamento entre o governo e o povo do Brasil a serviço de todos os descaminhos, cheios de todos os piores despropósitos".[310]

Ou seja, a "comunicação social" do governo tentava "levar uma palavra de concórdia", de amor; os críticos do governo estavam a serviço da discórdia e do desamor — espalhavam tristeza. Esse enfoque perdurou até a época da ARP, mesmo arrefecida a questão da "desradicalização", que animava a Aerp em função dos sequestros e da luta armada.

Um dos filmes mais curiosos produzidos no âmbito dessa temática trata precisamente da tristeza. Durante um piquenique familiar, uma menina triste olha outras crianças brincando num parque. O pai, atento, a observa: logo ele a recolhe e a acalenta, consolando-a. Contudo, começa a chover, e o pai, com a filha no colo, protege-se com um pequeno guarda-chuva e beija a filhinha sem se importar com o infortúnio.

Ao fundo, diz a letra da música:

> Quem é que sabe por que às vezes a gente se sente
> tão sem jeito, sem nenhum motivo na vida da gente.
> Eu queria poder reunir todo o amor que existe
> e poder repartir este amor com quem estivesse triste.
> Seguindo no mesmo caminho, sentindo paz no coração,
> todos juntos, mãos dadas, cantando a mesma canção.
> Quero passar pela vida, vivendo do jeito que eu sou
> construindo [inaudível] um mundo melhor.

---

[310] *Jornal do Brasil*, "Encontro da Aerp foi encerrado", 1º ago. 1970, p. 3.

Foto do filme sobre tristeza (ver, em "Fontes e bibliografia", a subseção "Filmes").

Que, afinal, quer dizer este filme? Devemos cuidar com atenção de crianças tristes? Ou essa tristeza seria uma espécie de deslocamento, de inadaptação? Lida desse modo, essa propaganda poderia estar falando da necessidade de integrar, em um contexto correto, "amoroso", aqueles que ainda não haviam se dado conta das promessas do novo tempo. Não perceber os benefícios de se reunir aos que já divisaram o "caminho certo", o "mesmo caminho", "cantando a mesma canção", resultaria em tristeza, em inadaptação — tal como eram não adaptados os que insistiam em se opor ao regime militar. Uma tal leitura, convenhamos, pode parecer forçada, mas, na verdade, a obsessiva busca de um "congraçamento povo-governo",[311] a ênfase nos tópicos da união, da solidariedade e, sobretudo, a identificação do "inimigo" não como alguém que tinha outros planos para seu país, mas como um "desajustado", incapaz de per-

---

[311] *O Estado de S. Paulo*, "Propaganda buscará união povo-governo", 19 abr. 1974, p. 4.

ceber os benefícios da nova era — tudo isso, enfim, justifica esse tipo de interpretação.

O tema do "amor" inspiraria uma grande campanha da Aerp: O Brasil Merece o Nosso Amor. Ela, de algum modo, buscou vincular-se a uma frase de Médici (possivelmente escrita por Otávio Costa) que dizia: "O amor à pátria é o silencioso ofício de todo homem de bem". Iniciou-se em agosto de 1973 e contou com os suportes que a Aerp/ARP comumente utilizava: filmes para a TV, *jingles*, adesivos (com o *slogan* e a bandeira do Brasil) e um cartaz que mostrava muitas pessoas de mãos dadas tendo ao fundo o mapa do país. Foram feitos quatro filmes para a TV: um enaltecendo o homem, outro pregando a união de todos, um terceiro falando da continuidade do amor aos pais de geração a geração e o último abordando a conciliação entre o "sentimento pátrio" e nossa relação com os demais países.[312]

Essa busca do amor, da união, era a outra face de uma percepção que certamente os propagandistas possuíam: o país estava politicamente cindido. Anunciar esses propósitos de harmonização correspondia, portanto, a uma oferta vaga e impossível de conciliação. Trata-se indubitavelmente da estratégia retórica da afirmação de valores que, afinal, eram negados pela simples existência da ditadura. Mas, sublinhe-se, era igualmente a forma de aparição, na propaganda política dos militares, de uma das fortes tradições sobre o otimismo no Brasil: o brasileiro como ser amoroso, "doce", de fácil convivência.[313]

"Características nobres da cultura nacional", como dizia Geisel (1975:130), serviriam à "construção nacional". Por isso, apareciam também na propaganda. A solidariedade, por exemplo, era considerada uma das mais importantes dessas características: foi o sentimento inspirador da campanha da Aerp de 1971 — Ontem, Hoje, Sempre: Brasil. Naquele ano, as comemorações da Semana da Pátria deveriam difundir a solidariedade "entre classes, entre reli-

---

[312] *Jornal do Brasil*, "Governo lança campanha no rádio e TV preparando povo aos atos de 7 de Setembro", 7 ago. 1973, p. 3.
[313] Ver nota 141, no capítulo 3.

giões, entre pessoas, e compreensão para com os menos favorecidos". O símbolo da campanha era um arco-íris amarelo: "Esse símbolo [dizia a Aerp], pelas suas conotações de paz, bonança, tranquilidade e aliança, deve ter a maior divulgação possível: é o arco-íris da solidariedade, o arco-íris do patriotismo".[314]

Símbolo do arco-íris. Acervo particular de J. M. de Toledo Camargo.

É interessante observar como esse símbolo, concebido em 1971, possui muitas das características de outros, mais contemporâneos, que seriam utilizados, por exemplo, na Campanha das Diretas ou durante a Nova República: traços simples, sintéticos, rápidos, poucas pinceladas das cores nacionais assinalando uma mensagem forte — no caso, a de uma estranha "aliança".[315] O *marketing* político inaugurado por Otávio Costa, como já disse, persistiria por muito tempo.

---

[314] *Jornal do Brasil*, "Semana da Pátria tem orientação", 29 jul. 1971, p. 4.
[315] Compare-se o arco-íris com a "assinatura" da Nova República comentada no capítulo 2 (p. 83).

A Aerp/ARP, portanto, antecipou o tratamento que algumas questões receberiam no futuro. Não se pode incorrer em anacronismo, mas é curioso notar que o tema da solidariedade gerou alguns filmes que, vistos hoje, pareceriam modelos de *political correctness*. Refiro-me ao mito brasileiro do congraçamento racial, da solidariedade entre as raças conformadoras do país. Um dos filmes que integraram a grande campanha Este é um País que Vai pra Frente serve para destacar esses aspectos.

Foto do filme com crianças de várias raças (ver, em "Fontes e bibliografia", a subseção "Filmes").

Tecnicamente moderno — pois tratava-se de uma animação de desenhos —, o filme objetivava fixar a macerante letra da música-tema. O símbolo da campanha era uma gaivota estilizada e, nesse comercial, os personagens a empinavam, como se fosse uma pipa. Conforme a letra ia sendo apresentada, a gaivota saltava de palavra em palavra, nos moldes de velhos filmes que, assim, ensinavam uma canção. Mas o curioso eram os personagens, na verdade crianças. Havia um indígena, um louro, um negro, um caipira, um oriental e uma menina. Várias raças, tipos e gêneros representados. A mascote da criança indígena era um macaco. As crianças brincavam, "pulavam carniça", portavam fitas verde-amarelas, passeavam em frente a uma pequena cidade, com coreto e pracinha, enfeitada para uma parada e, ao final, eram envolvidas pelo mapa do Brasil. Enfim, no país do congraçamento racial, as crianças, símbolos do futuro, irmanavam-se solidárias em torno da comemoração da pátria. Não é preciso registrar, mais uma vez, de que material histórico, de longa duração, surgia essa leitura fabulosa sobre a inexistência de conflitos raciais no Brasil.

Muitos outros comerciais abordariam essa questão dos sentimentos nobres, como o amor e a solidariedade. Mitos e estereótipos sobre o congraçamento racial e social também eram corriqueiros. Este mesmo grupo interétnico de crianças estaria presente em outro desenho animado que visava a estimular as comemorações da Semana da Pátria. Nesse filme as personagens brincam com um aviãozinho de papel (lembrando a gaivota-símbolo), embarcam nele e voam. Sobrevoam várias capitais brasileiras (quando o filme introduz, com técnica apurada, desenho animado sobre fotos) até aterrissarem numa pista em que o povo comemora a Independência. Congraçamento racial e integração nacional (através da aparição das diversas capitais) — temas caros à propaganda do regime militar, tópicos do imaginário otimista sobre a brasilidade.

A ideia do brasileiro solidário, irmanado em torno de objetivos comuns, foi mesmo levada ao paroxismo. O congraçamento social deveria unir o povo e os militares ou, na impossibilidade de falar assim tão explicitamente, pelo menos deveria suscitar a compreensão para com o policial militar como "um de nós". Um curioso comercial mostra isso: tendo como fundo musical um popular chorinho, um cordato policial militar prepara-se, em casa, para ir trabalhar. Sai, chega ao quartel, forma-se junto com a tropa, pega sua arma e vai para a ronda. Ao final, a locução em *off*: "Um dia na vida de um policial militar. Homem comum, pai de família, trabalhador", isto é, um igual. Precisamente um dos símbolos máximos da repressão era representado, através da ideia de congraçamento social, como um cidadão comum.

A grande preocupação da Aerp/ARP era a de transparecer um clima de paz, de concórdia, especialmente na fase da Aerp, em função da atmosfera política, como já foi dito. Mas essa questão esteve presente também durante o período da ARP de Toledo Camargo. Isso porque, para os militares, a dissensão, a discordância, o debate público eram sintomas de fragilidade, de tensão. Eleições, especialmente, sempre foram entendidas por eles como momentos de ânimos acirrados, que interrompiam o "fluxo natural" de nossa tradição de consenso, congraçamento e solidariedade. Por isso, em outubro de 1976, a ARP anunciava que "depois das eleições de novembro virá uma campanha de paz e concórdia, com o objetivo de acabar com possíveis focos de tensão que venham a surgir no debate político-eleitoral".[316] Assim, no Dia Nacional de Ação de Graças, que mais poderia desejar a ARP, através de um filme, senão "um clima de paz, tranquilidade e ordem"?

Foto do filme sobre o policial como homem comum (ver, em "Fontes e bibliografia", a subseção "Filmes").

A temática do congraçamento social, da união de todos, também esteve presente em outros comerciais. A visão que, em geral, a propaganda tentava vender era a da união de todas as classes em prol de um objetivo comum. Em certo filme, buscou-se a analogia entre o próprio país e a formação de uma pequena orquestra do interior. Os músicos amadores se reuniam e formavam o conjunto musical. Mas, cuidadosamente, o filme mostrava quem eram essas

---

[316] *Jornal do Brasil*, "Governo não pensa em imitar DIP", 1º out. 1976, p. 12.

pessoas antes de serem músicos eventuais e esforçados: um lavrador, um carpinteiro, um marceneiro, um estudante e... um militar. A locução final dizia: "Independência se faz com amor, trabalho e união". Juntos (inclusive com os militares) tudo conseguiríamos. O tema do trabalho, aliás, sempre era focalizado segundo a ótica da união, da solidariedade, do esforço comum. Em 1974, por exemplo, planejava-se uma campanha que pretendia mostrar que "do trabalho de todos depende o bem-estar da coletividade". O filme apresentaria diversos profissionais em atividade e, curiosamente, além da figura do motorista, da enfermeira, do soldado, o comercial também mostraria o parlamentar e o próprio presidente da República.[317] Ao que parece, essa participação foi vetada.

Tais mensagens — cabe perguntar —, assim tão singelas, quase simplórias, convenceriam alguém? O esforço de propaganda seria recompensado com o convencimento das pessoas acerca dessas questões analisadas? Colocada assim, a pergunta é pouco frutífera. Na verdade, o público desses comerciais era muito diferenciado. A análise histórica, intelectualizada, que hoje se possa fazer revela muito pouco das múltiplas recepções desses comerciais. Muitos debochavam desses filmes, mas muitas crianças (adultos que hoje podem confirmá-lo) esperavam pelo "próximo filme", falavam sobre eles. Além disso, vale mais uma vez lembrar: não me parece que o fundamental seja descobrir esta ou aquela intenção ideológica por trás das campanhas, e sim perceber a articulação entre elas e as tradições de longa duração que vêm sendo mencionadas ao longo deste trabalho. São estas últimas que explicam o forte impacto que filmes aparentemente ingênuos causavam nas pessoas. E muitos, afinal, eram bastante complexos.

Um desses filmes mostra inicialmente uma paisagem rural, talvez no Sul do país, pela visível presença de araucárias. Um casal e uma criança, que vêm numa carroça, deparam-se com uma ponte quebrada e não têm como prosseguir. Aparecem, contudo, dois homens a cavalo, que, dando-se conta da situação, resolvem

---

[317] *O Estado de S. Paulo*, "Governo vai dar mais informação", 27 nov. 1974, p. 4.

auxiliar a família da carroça. Assim, um é mandado de volta, para buscar ajuda, que logo chega, numerosa. O que se precisa fazer é consertar a ponte: uma frenética ação tem início, com o corte de madeira, serrotes e martelos em movimento. A mulher, que outra coisa talvez não pudesse fazer, oferece café, num velho bule, aos trabalhadores — primeiramente a um negro. Por fim, a ponte é restaurada, a família prossegue e todos se despedem felizes. A locução final repete a frase-tema da campanha: "Este é um país que vai pra frente", mas, nesse filme, o locutor é especialmente terno e emocionado no tom grave que empresta ao *slogan*.

Além da óbvia referência à solidariedade, à união (também simbolizada pela ponte), há outros elementos que dialogam com certos "valores nacionais". É o caso do "cafezinho", que a mulher oferece, feito num desses bules que integram a cultura material do espaço que também foi habitualmente valorizado pela propaganda política de então — o interior, o espaço rural, o "grande Brasil de dentro" (Costa, 197-a:92). Os objetos (bules, carroças) também fazem parte do imaginário que um país constrói como "seu", "próprio". O mesmo pode ser dito da idealização do espaço rural, o que no filme é reforçado por certos gestos, como o cumprimento que um passante dirige ao grupo da carroça antes do episódio da ponte quebrada. Essa é a figura benevolente do homem do interior, do "brasileiro cordial". Objetos, gestos e também atos, como a corda puxada por todos, para aproveitar uma tora que seria indispensável ao conserto da ponte; ato que simboliza o esforço comum, mas que também lembra a puxada da rede, modalidade de pesca tão "brasileira". A locução final é especialmente terna, emocionada? Sim, porque diante de expressão de *solidariedade* tão *brasileira*, o "autor" da obra como que se emocionou com sua criação, sintética, perfeitamente adequada à leitura corrente sobre os "valores nacionais".

Que mal haveria nisso? Que poderia haver de negativo na divulgação de sentimentos tão "nobres"? A pergunta — que talvez possa ocorrer ao leitor que espera da história a revelação de intrigas, de interferências ardilosamente arquitetadas — não leva em conta outra pretensão analítica: o regime militar brasileiro criou uma propaganda política singular, que, para alcançar grau ótimo de propagação, se travestia de "despolitizada", calcando-se em valores fundados num imaginário forjado por vasto material histórico. O que se quer é revelar o que tais valores possuem de dissimulador de nossa realidade tão conflitiva e, nesse sentido, pouco solidária. Outros analistas já perceberam a dimensão técnica dessa despolitização. Tal tecnicidade estaria presente, por exemplo, nas campanhas de esclarecimento sobre os perigos do trânsito ou sobre os benefícios da vacinação. Assim, os governos de Castelo Branco e Costa e Silva "teriam em comum o fato de se utilizarem, em suas comunicações, de dados de caráter essencialmente técnico, indicando, à primeira vista, a persistência da estratégia orientada para a despolitização do conteúdo das informações de origem governamental" (Klein e Figueiredo, 1978:61).[318] Isso é verdade, mas não é tudo: vale notar que não houve apenas uma *tecnicização* da política, mas também uma espiritualização da propaganda, por assim dizer: a abordagem dos temas aparentemente inócuos dos "sentimentos nobres" e dos "valores brasileiros" era a forma possível de propaganda política naquele momento.

Mas quem são, afinal, esses "brasileiros" que a Aerp/ARP pensava retratar e estimular? Isso nunca era definido cabalmente. Falava-se que o objetivo em termos de comunicação do governo federal era, entre outros, "promover e estimular a *vontade coletiva* para o esforço nacional de desenvolvimento".[319] Mas que "vontade coletiva" era essa? "Promover e estimular" pressupõe, antes de mais nada, a inexistência ou apatia de alguma coisa. Portanto, não é abusivo afirmar que a propaganda política dos militares supunha um povo sem nenhuma, ou com pouca, "vontade coletiva". Tratava-se, ao que parece, de mobilizar a população para participar de alguma coisa — o "esforço nacional pelo desenvolvimento". Assim, através da propaganda política, oferecia-se à população a chance

---

[318] Ver também Lamounier (1968:63).
[319] *O Estado de S. Paulo*, "Governo limita divulgação", 15 jun. 1977. p. 6 (grifo meu). Ver também *O Estado de S. Paulo*, "Governo deseja o esforço geral", 24 abr. 1970, p. 5, e *Jornal do Brasil*, "Otávio Costa fala sobre ação da Aerp", 1º jul. 1970, p. 14.

de participar do projeto desenvolvimentista dos militares. Curiosamente, entretanto, essa oferta não se materializava em nada de propriamente viável ou palpável. Participar como? Em que frentes? De que modo? Interferindo de que maneira nos processos de decisão? Optando entre quais alternativas? Obviamente, esse chamamento à participação não considerava nenhuma forma democrática de atuação da sociedade na gerência dos negócios públicos.[320] O que se queria era a "criação de um clima", de uma atmosfera de aprovação, de contentamento com os rumos que se iam traçando — que os *militares* iam traçando. Para a propaganda militar, a "massa", a população, era acima de tudo carente, despreparada para votar, formalmente deseducada, influenciada por políticos venais e demagógicos (Skidmore, 1991:217). Um quadro que, em consequência, gerava a necessidade de "educar" essa população através do desenvolvimento, "integrando nele a massa carente".[321] Por outro lado, cabe lembrar que essa "vontade coletiva" articulava-se centralmente com a noção de "caráter nacional", isto é, o rol de valores brasileiros que deveriam ser constantemente fortalecidos de modo a se consubstanciar uma identidade nacional. E isso — conforme pontificava um dos ideólogos do regime — por uma razão muito simples: "O caráter nacional é a base moral sobre a qual se assenta qualquer organização militar e, por isso, sua manutenção é constante preocupação dos chefes militares".[322] Não importava, assim, que a "vontade coletiva" estivesse sendo mobilizada em torno de coisa nenhuma; desde que isso ocorresse numa atmosfera de exaltação de presumidos valores brasileiros, estar-se-ia investindo na legitimação das próprias instituições militares. Portanto, os "brasileiros" a que se referia a Aerp/ARP constituíam

---

[320] Otávio Costa e Toledo Camargo, naturalmente, tinham consciência do caráter contraditório desse chamamento à participação, embora supusessem que havia "outras áreas que não a política para merecer a participação do povo" (Camargo, 1995:149).

[321] *Jornal do Brasil*, "Assessor do Planalto fala da atividade de relações públicas", 21 maio 1977, p. 14.

[322] Mattos, Carlos de Meira. *Ensaio sobre a doutrina política da revolução* (apud Lopes, 1974:20-21).

um grupo específico. Não eram quaisquer brasileiros, mas aqueles que se integravam à "nossa turma", como dizia um comercial sobre a prática de esportes pelos jovens. A campanha "O Brasil é feito por nós", de 1977, serve para avaliar essa questão. Seu símbolo era um cata-vento de papel e, sobre ele, assim se expressava Toledo Camargo: "Olhem o cata-vento e reparem como é um objeto simples. Para ele se movimentar basta apenas a minha vontade. Assim também o Brasil, para progredir, não precisa de vento de outra direção qualquer. Vejam que é um simbolismo muito especial".[323]

Este "nós" a que se refere a campanha era aquela parcela do povo brasileiro capaz de compreender o alcance da intervenção dos militares: a inauguração de um novo tempo, tempo de extraordinárias realizações, para as quais só era preciso contar com a "vontade coletiva" que, estimulada pelo clima otimista da Aerp/ARP, tudo conseguiria. Os demais, inclusive aqueles que ainda vagavam ao sabor de ventos "de outra direção qualquer", estes precisariam ser integrados ao projeto.

A sociedade pensada pela Aerp/ARP evidentemente não se dividia entre ricos e pobres, dominantes e dominados ou algo do tipo. Além das repartições étnicas e de gênero, os brasileiros também eram classificados por idade (crianças, jovens e velhos) e, como não poderia deixar de ser, como integrantes de um núcleo familiar que cabia valorizar e compreender na dinâmica das gerações que se sucedem e que, assim, preservam valores essenciais. "Gerações que se sucedem", aliás, é o título de uma crônica de juventude de Otávio Costa, quando aluno do Colégio Pedro II, em cujo centenário o texto do futuro chefe da Aerp obteve notoriedade. Este tema da mocidade talvez tenha inspirado um filme que vale descrever.

Uma grande roda-d'água gira. Um carro de boi estacionado permite que os animais, ainda atrelados a ele, pastem. Um homem abre uma cova no solo, sua mulher traz a muda enquanto o filho observa. Plantam. Sorriem. O filho ajuda com a pá de terra. Gira mais uma vez a grande roda-d'água, pois o tempo passa. A laranjeira já deu frutos e o filho, já feito rapaz, ara a terra. Passa o tempo,

---

[323] *O Estado de S. Paulo*, "Camargo explica campanha", 16 ago. 1977, p. 15.

novamente gira a roda-d'água e o rapaz, já agora homem feito, trabalha na plantação. Seu filho traz os frutos, a mãe, por ali, também cuida de seus afazeres. Ao final, todos se olham felizes enquanto o locutor diz: "Estenda a mão para a geração que realizará o futuro". Valorização, portanto, das permanências, da continuidade e da rotina dos afazeres morigerantes e que se constituem em uma poupança de pecúnia e hábitos. Dessa forma, as gerações seguintes continuarão os trabalhos ora iniciados.

Outro filme também aborda a questão familiar. O grupo se prepara para ser fotografado. Lá estão o avô, dois casais (uma das esposas está grávida) e uma criança. O fotógrafo arruma a gravata do homem mais velho, todos se posicionam. A avó, que possivelmente estava se preparando, chega e se emociona com a cena familiar. Chora e, através do recurso do *flashback* (num comercial de poucos segundos), relembra outros momentos familiares — como casamentos e batizados. O filme se encerra com a foto *congelada* do grupo e a locução: "A paz se faz com quem ama o mesmo chão". Também nesse filme é visível a valorização de aspectos como a indissolubilidade do núcleo familiar e a memória própria a esse tipo de grupo.

Foto do filme sobre família comum (ver, em "Fontes e bibliografia", a subseção "Filmes").

A paralisação final da imagem da família não é apenas um recurso técnico da propaganda; tal coisa parece-nos sugerir uma visão não dinâmica, estática, de certo tipo de família que deve ser a ideal. Não poderia ser de outra forma: pais e mães eram entendidos, acima de tudo, como "educadores dos lares", que deveriam buscar, em relação aos filhos, o "fortalecimento do caráter nacional",[324] isto é, a esfera familiar era concebida como campo privilegiado para o exercício do que os militares chamavam de educação cívica — "o estímulo à obediência e ao respeito, a verdade e a lealdade, honestidade e sentimento do dever, e a iniciativa do amor, perdão e renúncia".[325] Como sempre, tudo se direcionava para o otimismo, pois, segundo Médici, uma das tarefas da educação é fazer com que o povo "saiba confiar".[326] Aliás, a "educação moral e cívica" — "mania" da época, no dizer de Toledo Camargo (1995:142) —, disciplina cujo ensino obrigatório foi estabelecido em 1969,[327] é um dos raros campos em que é possível perceber algum tipo de recepção da propaganda dos militares. Muitos autores produziram material didático que reproduzia os clichês e *slogans* da Aerp/ARP. Entretanto, será sempre difícil decidir se essa reprodução expressava influência da propaganda, adesismo político, interesses materiais (livros didáticos críticos obviamente não seriam vendidos) ou se era simples manifestação de indigência intelectual.[328] O próprio Otávio Costa várias vezes estimulou esse tipo de abordagem valorizadora da "educação moral e cívica", ao fazer palestras sobre o tema privilegiando a memorização de hinos e heróis.[329]

---

[324] *Jornal do Brasil*, "Otávio Costa exalta papel da mulher como centro da educação cívica familiar", 15 ago. 1970, p. 12.
[325] *Folha de S.Paulo*, "Educação moral e cívica: papel da TV", 28 ago. 1970, p. 7.
[326] *O Globo*, "Médici ao povo: revolução fez o Brasil nascer de novo", 1º abr. 1970, p. 3.
[327] Decreto-lei nº 869, de 12 set. 1969.
[328] Consultar, por exemplo, Estrella e Nogueira (19--) e Neiva e Valle (1972). Há estudo sobre o tema: Cerqueira Filho e Neder (1978:189-227).
[329] Ver, por exemplo, *Folha de S.Paulo*, "Educação Moral e Cívica: papel da TV", 28 ago. 1970, p. 7. A matéria noticia o conteúdo da palestra de Otávio Costa sobre "comunicação social" num curso para a TV Educativa. Ver também *Jornal do Brasil*, "Formação cívica é tema de Otávio Costa em curso de liderança sindical", 20 nov. 1968, p. 7.

Aparentemente, a concepção da propaganda militar sobre crianças e velhos também reproduzia o entendimento que os militares tinham da sociedade em geral: seres carentes que necessitavam de amparo. Pelo menos era o que transparecia no comercial que mostrava uma criança perdida no meio da multidão. O texto final dizia: "Ele pode estar assim em sua casa. Seu filho precisa sempre de você". No caso dos velhos, isso também se revelava no comercial em que um senhor idoso de bengala caminha com dificuldade e observa jovens correndo — ele que já não pode mais correr. Ao chegar em casa recebe a atenção de seu filho (que antes o observara, sem ser visto, com alguma preocupação). A voz em *off* ameaça: "Ame seus velhos. Você vai precisar deste amor".

Portanto, a sociedade referida pela Aerp/ARP era ainda despreparada, devia aprender certos hábitos, certos comportamentos adequados. Cuidar dos velhos, das crianças, da família, das gerações vindouras. Esta é uma temática que permite vislumbrar claramente a concepção de propaganda oficial também como a apresentação à sociedade de um rol de comportamentos adequados. Se observados os valores enfatizados nos comerciais, haveria famílias prósperas, velhos mais felizes, crianças bem encaminhadas.

Essa questão dos comportamentos adequados é muito importante para deslindar um aspecto central da propaganda política do regime militar. Refiro-me, precisamente, ao fato de ela parecer "não política". Para alguém menos atento, nada haveria de "político" em certos comerciais da Aerp/ARP: campanhas de esclarecimento público no âmbito da saúde, do trânsito e coisas do gênero. Conforme disse no início deste trabalho, os militares supunham ter inaugurado um novo tempo; viveríamos um patamar de desenvolvimento econômico ao qual deveria corresponder um grau equivalente de desenvolvimento civilizacional, por assim dizer. Ora, os "governos da Revolução" estavam fazendo sua parte, promoviam o desenvolvimento econômico, mas, *constrangidos*, supunham que o povo ainda era rude, despreparado. Que fazer senão educá-lo? Esta é uma clara atitude política: a visão do povo como alvo de um projeto pedagógico indispensável à boa gerência dos negócios públicos que, de outro modo, não encontrariam boa utilização. De que adianta, por exemplo, viver numa grande cidade, com os benefícios que o desenvolvimento econômico proporciona em termos de infraestrutura urbana, se a população não sabe se comportar adequadamente nesse espaço, que, afinal, requer certas regras de civilidade? Por isso, um filme ensinava como as pessoas deveriam portar-se na cidade. Um casal, cheio de embrulhos, tem dificuldade de embarcar num táxi. Outro, pressuroso, auxilia o primeiro. Aí está: boas regras de conduta, "boas maneiras" compatíveis com os novos tempos.

Nesse sentido, muitos filmes foram feitos para ensinar a todos a necessidade de vacinar as crianças; de evitar o desperdício de combustível, de papel, de água potável e energia elétrica;[330] e mesmo de utilizar com eficácia o alimento disponível.[331] Foram marcantes e verdadeiramente eficazes as campanhas sobre segurança no trânsito. Filmes mostravam cenas chocantes, de pessoas feridas em acidentes, sempre lançando mão de recursos técnicos de impacto, como efeitos sonoros de derrapagens e batidas de carros. *Slogans* logo se tornaram conhecidos, como o "não faça de seu carro uma arma: a vítima pode ser você". Bem verdade que alguns comerciais idealizavam um pouco as coisas, como no filme em que um motorista muito nervoso se acalma depois de ver o sorriso de uma criança.[332] Mas, em geral, essas campanhas eram altamente profissionais. No caso do trânsito, a campanha de 1973 exibiu filmes sobre diversos aspectos da segurança dos veículos (uso do cinto, motoristas alcoolizados, excesso de velocidade etc.) e chegou mesmo a optar pelo uso do desenho animado para não serem identificadas as marcas comerciais dos veículos.

Pois bem, tal como já foi perguntado quanto à propagação dos "sentimentos nobres", vale questionar: que "mal" haveria em tais

---

[330] *Jornal do Brasil*, "Governo faz filme contra desperdício", 3 out. 1974, p. 20.
[331] *Jornal do Brasil*, "Aerp em setembro ensina em campanha melhor uso de alimento disponível", 13 jul. 1973, p. 15.
[332] *Correio da Manhã*, "Aerp lança em todo país campanha sobre trânsito", 1º dez. 1973.

campanhas educacionais? Elas não teriam surtido bons efeitos? Mais uma vez, cabe enfatizar: não é este o problema em pauta. A pretensão educativa da propaganda militar possibilita compreender melhor a visão que os militares possuíam do povo e do país e, ao mesmo tempo, situa os governantes num patamar de "autoridade moral" que era indispensável à manutenção do *status quo*. Além disso, esses temas não explicitamente políticos revelam uma leitura eminentemente política das "incapacidades" da sociedade civil. Também poder-se-ia lembrar um julgamento de valor, embora ele não norteie centralmente a análise: é legítima a postura educacional provinda de uma fonte de tamanho cerceamento e arbitrariedades?

Nesse campo dos "comportamentos adequados" apresentados à sociedade, uma das campanhas de maior sucesso foi a de limpeza urbana protagonizada pelo personagem Sujismundo. Antes, em 1970, já havia sido feita uma campanha sobre limpeza pública — tema sempre associado à urbanidade indispensável ao ingresso da sociedade em um novo patamar civilizacional. Um filme mostrava um garoto recolhendo um papel que havia jogado no chão e, diante da presença muda de um gari, colocando-o num cesto de lixo. Mas nada que se comparasse ao sucesso de Sujismundo.

Sujismundo era representado nos desenhos animados por um cidadão simpático, mas relaxado no que diz respeito à limpeza pessoal e, sobretudo, pública. Jogava papel no chão, poluía os ambientes — era um transtorno. Não agia de má-fé, mas por desorientação. Ao que parece, a criação do personagem inspirou-se no equivalente norte-americano Litterbug, também utilizado em campanhas de limpeza urbana naquele país.[333] No Brasil os filmes iniciaram-se em setembro de 1972 e foram divididos em quatro partes: limpeza nas ruas, no trabalho, nos locais de diversão e no lar. O responsável pela elaboração do personagem foi Rui Perotti Barbosa, diretor de criação artística da LinxFilm. A ideia básica era a de que "ninguém suja a rua por ser mau-caráter, mas sim por relaxamento. E, identificadas com um personagem que as faz rir, as

---

[333] *Veja*, "*Litterbug* nativo" n. 215, p. 62, 18 out. 1972.

pessoas aceitam a carapuça sem grandes resistências".[334] Além dos filmes de Sujismundo e dos *jingles*, a campanha também utilizou adesivos de plástico com o *slogan* "povo desenvolvido é povo limpo". Escolas eram mobilizadas, conferências e debates sobre o tema eram patrocinados.[335]

Reprodução de um adesivo de Sujismundo. Acervo particular de Otávio Pereira da Costa.

Essa foi uma das campanhas de maior repercussão da Aerp: motivou derivações — como a variação do *slogan* proposta pelos produtores de leite: "Povo desenvolvido é povo bem alimentado" — e estimulava principalmente as crianças. Por isso, em outubro de 1973, a Aerp lançou um compacto simples com a gravação de músicas sobre limpeza pública. Nesse mesmo mês, dois filmes já veiculados voltariam aos cinemas e às televisões — em virtude do sucesso obtido — e outro, novo, apresentaria o Sujismundinho, "um garoto que herdou as más qualidades do pai, mas, na escola

---

[334] Ibid.
[335] *O Estado de S. Paulo*, "Boneco vai ajudar a manter cidade limpa", 16 set. 1972, p. 60.

[...], se regenera".[336] O objetivo da Aerp era precisamente atingir esse público, já que supunha ser "muito difícil modificar os hábitos dos adultos".[337] De fato, esse público foi atingido. No Ceará, por exemplo, Sujismundo derrotou Zorro, Batman e Tio Patinhas na votação em que crianças de um colégio escolheram o patrono de sua turma.[338] O sucesso de Sujismundo, aliás, serve para explicar a forma diferenciada de recepção da propaganda da Aerp/ARP. Tal como em outras campanhas, também a de Sujismundo foi ridicularizada por setores da sociedade, especialmente aqueles mais intelectualizados. Em outubro de 1972, *O Pasquim* publicava uma charge intitulada "Nossa contribuição à campanha do povo limpo". O que se via no desenho era um enorme cesto de lixo contendo menções à "má-fé", à "politicagem", à "televisão", ao "engodo", à censura, ao jornal colaboracionista *O Globo*, às comemorações patrióticas e ao próprio Sujismundo, também lançado ao lixo.[339] Essas críticas, porém, tinham alcance muito menor do que a evidente simpatia que o personagem causava em outros setores da sociedade.

Dado o sucesso de Sujismundo, outros personagens assemelhados foram criados, mas nenhum deles com o mesmo efeito. Dr. Prevenildo, também um boneco, era um médico e atuava "no sentido de que na sociedade brasileira, ao atingir níveis de desenvolvimento, a população deve acompanhar o progresso e se adaptar a padrões mais elevados de civilização".[340]

Que pretendia, então, a Aerp/ARP com esse tipo de propaganda? Para um jornal afinado com a posição política dos militares, "pretende o governo, com estas salutares campanhas, preparar o povo para o desfrute do progresso e do desenvolvimento que o país vai conquistando, queimando etapas a golpes de audácia".[341] "Preparar o

---

[336] *Jornal do Brasil*, "Sujismundo traz recado às crianças", 2 out. 1973, p. 5.
[337] Ibid.
[338] *Jornal do Brasil*, "Ceará forma a turma 'Sujismundo'", 1º dez. 1972, p. 19.
[339] *O Pasquim*, ano 4, n. 173, p. 28, 24-30 out. 1972.
[340] *Jornal do Brasil*, "'Prevenildo', o irmão de 'Sujismundo', vai liderar campanha contra acidente", 21 nov. 1972, p. 14.
[341] *Correio Braziliense*, "Prevenildo e Sujismundo", 22 nov. 1972, p. 4, Editorial.

povo" é a *chave* que permite o entendimento da questão. Uma população despreparada em todos os sentidos — o que pode soar inócuo quando se pensa na questão da limpeza pública, mas que se revela integralmente como concepção perigosa quando se lembra que as eleições diretas foram proibidas precisamente pelas mesmas razões. Afinal, como dizia o major Adauto Barreiros, os níveis de compreensão popular eram baixos: para ele, era mais difícil fazer com que o povo entendesse os problemas do que resolvê-los.[342]

Como vem sendo dito ao longo deste trabalho, o clima de otimismo patrocinado pela Aerp/ARP fundava-se em longas tradições e era matéria trabalhada por vários ideólogos. Dinah Silveira de Queiroz foi uma dessas pessoas que, com sua capacidade de reflexão, emprestou às agências de propaganda política da ditadura sínteses intelectualizadas, razoavelmente elaboradas, sobre o material histórico do otimismo. Numa publicação da própria Aerp, ela dizia: "[...] nunca [...] deixei de crer nas razões do Brasil, na força telúrica deste povo, na articulação de um progresso que se desdobra de ano para ano, fazendo com que os mais pessimistas venham a ser forçados a abrir os olhos para a realidade" (Queiroz, 1969?:63).

Seria, assim, uma simples questão de tempo: o povo que habita o solo pátrio — por esta simples circunstância — está fadado a conduzir o Brasil ao seu futuro promissor; os "pessimistas" eram aqueles que ainda não tinham se dado conta de que essa realidade, com os militares, estava mais próxima e, por isso, criticar era uma provocação inútil, uma afronta, que, segundo Médici, devia ser respondida "com uma nova esperança".[343]

A tentativa de criar um clima de otimismo em certo momento foi bastante longe. Quando o Brasil vivia o "milagre econômico" e conquistou a Copa do Mundo de futebol, esse otimismo transformou-se em ufanismo. Na ocasião, por certo, esse clima foi aproveitado pela propaganda política, mas, posteriormente, a Aerp/ARP precisaria

---

[342] *Jornal do Brasil*, "Assessor do Planalto fala da atividade de relações públicas", 21 maio 1977, p. 14.
[343] *O Globo*, "Médici ao povo: revolução fez o Brasil nascer de novo", 1º abr. 1970, p. 3.

negar que tinha fomentado uma tal atmosfera irracional.[344] Otávio Costa afirmou que a Aerp, propriamente, jamais patrocinou o aproveitamento direto da conquista futebolística: "O que eu consegui fazer foi com que a publicidade em si usasse isso",[345] isto é, ele teria levado a publicidade comercial a utilizar a conquista da Copa como um indicador do sucesso brasileiro. Mas, basicamente, o clima de triunfalismo teria surgido naturalmente. Segundo ele,

> a Aerp se beneficiou da vitória — temas de exaltação às qualidades brasileiras, à nossa união, ao nosso talento, à nossa força, à nossa capacidade de fazer, tudo isso é fato, era a onda, era o mote, nós fomos na onda. Bom, uma frase que o Médici disse, que os jornais publicaram, "Ninguém segura o Brasil"... o Médici disse... era o Brasil time de futebol e que virou o "Brasil Potência", o "Brasil Potência Emergente", virou por força das circunstâncias. A exaltação musical do Miguel Gustavo e outras coisas que apareceram, os plásticos [...] aquele triunfalismo foi uma coisa absolutamente espontânea e também resultante da ação publicitária [comercial].[346]

Esses episódios — o "milagre" econômico e a conquista da Copa — forneceram a "confirmação" do destino de grandeza do país de que necessitava a propaganda política militar. E, na verdade, a Aerp fez filmes que efetivamente aproveitavam a vitória esportiva, como aquele em que um gol de Jairzinho foi dividido em nove partes, intercaladas com cenas brasileiras tipicamente otimistas, e que assegurava, ao final: "Ninguém segura o Brasil". Sem tais ocorrências no campo esportivo e econômico, provavelmente a nova forma de fazer propaganda criada pela Aerp não teria obtido o sucesso que granjeou.[347] E, curiosamente, para a Aerp havia uma diferença entre o clima de triunfalismo criado pela Copa e a ideia de "Brasil grande" suscitada por outros setores. Otávio Costa,

---

[344] Ver, a propósito, Oliven (1979:35).
[345] Entrevista OPC.
[346] Entrevista OPC.
[347] *O Estado de S. Paulo*, "A propaganda sutil que cobre o país", 3 ago. 1973, p. 14.

por exemplo, diz que lutava "feito um leão" contra os programas de exaltação das belezas e peculiaridades nacionais que o jornalista Amaral Neto apresentava pela TV.[348] Do mesmo modo, ele associa o vetor ufanista da propaganda política da Aerp não à sua fase, mas à anterior: "Aquele negócio do Brasil grande, que eu pago o preço, foi do d'Aguiar";[349] "Os espectadores [...] se sentiam um tanto acuados em face do governo, que tudo realizava".[350]

Seja como for, o otimismo era a "ideia-força" de todas as campanhas da Aerp/ARP. Elas sempre visavam a "reforçar os laços da coesão e do patriotismo" por meio desse sentimento. O Plano de Comunicação de 1976, por exemplo, foi apresentado como a necessidade de aliviar a frustração da sociedade.[351] As campanhas deveriam "incutir na população um sentimento de esperança e otimismo nos destinos do país".[352] Toledo Camargo dizia ser necessário reforçar o otimismo brasileiro porque sentia "que ele estava em maré baixa"[353] e, para o assessor-adjunto da ARP, o objetivo da propaganda era "fazer com que a população não perca a esperança no país".[354] Enfim, a propaganda política dos militares lidava desembaraçadamente com essa forte tradição do otimismo no Brasil. Tal sentimento era utilizado pragmaticamente, apresentado como resposta para problemas concretos. Se esses problemas deixavam o otimismo "em maré baixa", cabia reforçá-lo com novas campanhas — em vez de discutir e resolver as dificuldades efetivas.

Porém, se as ondas de pessimismo não suscitavam uma abordagem realista dos problemas brasileiros, todo e qualquer expediente

---

[348] Entrevista OPC. Toledo Camargo (1995:182) afirma ter feito o mesmo.
[349] Entrevista OPC. Esta é também a opinião de Toledo Camargo. Entrevista JMTC.
[350] *Jornal do Brasil*, "Otávio Costa diz que a Aerp obteve entendimento entre o povo e o governo", 7 jul. 1971, p. 4.
[351] *Jornal do Brasil*, "ARP divulga Plano de Comunicação", 17 mar. 1976, p. 5.
[352] *O Estado de S. Paulo*, "Governo lança em maio campanha publicitária", 17 mar. 1976, p. 5.
[353] *Jornal da Tarde*, "Conversa com o coronel Camargo, o homem da propaganda oficial", 11 out. 1976, p. 10, entrevista a Paulo Godoy.
[354] *Jornal do Brasil*, "Assessor do Planalto fala da atividade de relações públicas", 21 maio 1977, p. 14.

que demonstrasse a "grandeza nacional" era utilizado para fomentar o otimismo. Quando da apresentação da campanha O Brasil que os Brasileiros Estão Construindo, Toledo Camargo lembrou que não havia outro país no mundo que estivesse implantando dois metrôs ao mesmo tempo: "Os brasileiros precisam ser informados sobre coisas desse tipo". A campanha duraria dois meses, foi uma espécie de continuação de "O Brasil é feito por nós", produziu 11 peças para TV, cinema e rádio e também divulgou, através de fascículos, obras como as de Itaipu, Tucuruí, Angra dos Reis e a hidrelétrica de Tocantins.[355]

Assim como os "brasileiros" referidos pela Aerp/ARP eram específicos, também o "Brasil" da propaganda era peculiar. Afora os tópicos da "grandeza brasileira", sintetizados na divulgação das grandes obras, certa visão estereotipada da "cultura brasileira" definia como era entendido o país pelos propagandistas. A já mencionada valorização do espaço rural foi um dos traços mais marcantes desse entendimento. Muitos filmes abordaram esse aspecto. Cenas em que se viam pequenas cidades do interior brasileiro — cercadas por montanhas, riachos, cascatas e pastos — sua configuração espacial e os hábitos "simples" da população. A cordial roda de velhos conhecidos que conversam na rua; o pequeno comerciante e sua lojinha; a prática do cumprimento gentil; a igreja, o padre de batina e o sino; a praça; o coreto; a carroça, os cavalos e os bois; as casas acolhedoras, as moças nas janelas. Tudo sempre tendo ao fundo músicas singelas, delicadas, sons de flautas e pássaros — atmosfera em que o telespectador quase podia sentir o cheiro de alguma comida sendo preparada num fogão a lenha.

Um desses filmes mostra um velho ônibus percorrendo uma paisagem rural e recolhendo passageiros pelo caminho. Há uma freira, crianças, velhos, um soldado — gente comum. Dentro do ônibus todos parecem se conhecer, há um clima de alegria e congraçamento: o soldado conversa com uma mocinha, acende o cigarro de um velho senhor; a freira brinca com um papagaio, levado

---

[355] *Folha de S. Paulo*, "Toledo Camargo anuncia próxima campanha da ARP", 22 dez. 1977, p. 8.

por outro passageiro; o motorista é um rapaz jovem e sorridente. Como se vê, aí estão alguns tópicos caros à idealização do espaço rural como um lugar de convivência amena, que se contrapõe à impessoalidade e à violência dos centros urbanos. A locução final do comercial diz: "A paz se faz com quem ama o próprio chão"; isto é, o "Brasil" que a propaganda política dos militares mostrava estava fundado em uma autenticidade que, páginas atrás, vimos referir-se a certa visão folclórica da "alma nacional". As coisas simples do interior são aquelas que emprestam autenticidade ao "caráter nacional". Por isso a valorização do espaço rural e da cidade do interior.

Foto do filme sobre cidade do interior (ver, em "Fontes e bibliografia", a subseção "Filmes").

Assim, o desenvolvimento que os militares patrocinavam não deveria pôr a perder esses valores do interior. Em outro filme sobre o tema, podem-se ver os mesmos elementos já mencionados, mas, a eles, juntavam-se aspectos modernizantes (embora não descaracterizadores) da "vida que se leva tranquilamente" nas cidadezinhas interioranas. Tal filme mostra o acesso às informações (uma banca de jornais e a agência dos correios), a organização do trânsito por um guarda, o trabalho de operários, tudo indicando uma vida dinamizada, não estagnada, da cidade que, mesmo assim, continuava uma pacata cidade do interior.

A ideia, portanto, era valorizar as coisas "essencialmente brasileiras",[356] o que envolvia, além da idealização do espaço rural, também uma visão de cultura que contemplava o enaltecimento do que ela possui de mais estático, conservador e preservacionista, tal como mostravam os filmes sobre museus, cidades históricas, artesanato, folclore e bandas — que se caracterizavam pelos *slogans* "música é cultura", "folclore é cultura", "cidade histórica é cultura" etc. Esses filmes passavam uma imagem congelada da arte e da história, guardadas para serem preservadas, nada havendo de dinâmico ou criador no que a propaganda política militar entendia por cultura.

Os "temas decorosos", os "sentimentos nobres" ou a exaltação da "brasilidade" eram aspectos fáceis de abordar pela propaganda do período: possuíam positividade, não seriam contestados por ninguém. Outros aspectos, porém, sempre foram problemáticos para a Aerp/ARP. Por vezes, era necessário pedir sacrifícios à população, como nas épocas de inflação alta. Essa não costuma ser uma boa estratégia de "sedução" do público, exceto quando há forte carga de empatia com a questão em pauta. Por exemplo, costumam ser bem-sucedidas as campanhas em prol de, digamos, crianças desamparadas, que suscitam comiseração. Mas causam desconforto pedidos de aumento de impostos por parte de governos — de cuja habilidade ou retidão na aplicação de recursos públicos sempre se costuma duvidar. Que dizer, então, de um governo ilegítimo, não consagrado pelo voto popular? As campanhas da Aerp/ARP que solicitavam sacrifício da população sempre enfrentaram esse problema. Na verdade, em alguns casos elas foram feitas a contragosto, por decisão ou inspiração de outros setores do governo, já que os profissionais de propaganda da ditadura estavam conscientes dessas dificuldades.

---

[356] *O Globo*, "ARP explica política de comunicação governamental", 12 ago. 1977, p. 15.

Este foi o caso da campanha que visava ao combate da inflação, lançada em abril de 1973. A ideia parece ter nascido de um encontro entre o então ministro Delfim Neto e alguns empresários de publicidade.[357] Basicamente, ela solicitava à população uma postura fiscalizadora: "Diga não à inflação". Todos podiam ajudar no combate à inflação, desde que, comprando, vendendo ou fabricando, o preço fosse considerado corretamente. Enfim, o problema da inflação aparecia basicamente como "culpa" da sociedade, que praticava preços inadequados. O pedido de controle, portanto, era um sacrifício para o qual poucos se sentiriam motivados — na medida em que o principal gerenciador dos negócios públicos se ausentava da situação. Por tudo isso, houve um bom número de críticas a essa campanha.[358]

Esses problemas possivelmente foram considerados quando do lançamento, anos depois, de outra campanha contra a inflação, aquela que ficaria conhecida como Campanha da Pechincha e que suscitaria muitas críticas. A campanha começou em outubro de 1977 e pretendia "corrigir hábitos do consumidor, ensinando-o a pechinchar e a comprar sucedâneos baratos de produtos caros".[359] Como se vê, aí estão articulados dois conhecidos tópicos do pensamento militar: o pedido de sacrifício e a visão do povo como despreparado. Contudo, cabe destacar: a campanha não foi uma iniciativa de Toledo Camargo, mas do ministro Mario Henrique Simonsen, que a encomendou à agência Artplan/Premium, dos irmãos Roberto e Rubem Medina (este último deputado federal da oposição do Rio de Janeiro). A campanha pretendia que o próprio consumidor fosse o fiscal dos preços (estratégia que seria retomada anos depois no governo Sarney), mas, ao mesmo tempo, assegurava que ele estaria protegido pela Superintendência Nacional de Abastecimento (Sunab), órgão oficial de fiscalização de preços e,

---

[357] *Veja*, "Anúncio de graça", n. 243, p. 62-63, 2 maio 1973.
[358] A campanha foi bastante ridicularizada pelo jornal *O Pasquim* (ano 5, n. 202, 15-21 maio 1973, última capa, e n. 203, p. 14-6, 22-28 maio 1973).
[359] *Jornal do Brasil*, "Governo quer consumidor na luta contra inflação", 31 ago. 1977, p. 25.

na ocasião, simbolizado por um herói típico de histórias em quadrinhos, o Superesse: "A campanha visa a conscientizar o cidadão para a necessidade de colaborar, de algum modo, no esforço do governo para combater a inflação, seja através de uma maior vigilância sobre os preços, seja procurando produtos congêneres mais baratos e menos sujeitos às oscilações".[360]

Dirigida à classe média, a campanha foi planejada para durar dois meses e pensada segundo um padrão clássico: uma primeira fase criaria a expectativa sobre o tema em pauta, uma segunda visaria a motivar e a causar impacto e uma terceira, afinal, trataria de incutir novos hábitos — a fase educativa.[361] Os filmes diziam que "você não é o culpado da inflação, mas pode ajudar no seu combate". Mostravam consumidores recusando mercadorias estragadas, donas de casa procurando produtos mais baratos nas feiras livres; falavam de leis esquecidas, como a que obriga padarias a vender pão de qualquer espécie ao preço do pão comum na falta deste; enfim, "ensinavam" a população a comportar-se adequadamente. Um dos mais famosos desses filmes mostra uma dona de casa preparando uma salada mais barata, pois, na carestia do chuchu, pepino e brócolis, ela optou por legumes de menor preço. A dona de casa conclui dizendo: "E aprendi uma coisa: a gente tem que mudar de costume às vezes". Em alguns lugares do país (como no Rio Grande do Sul), causou estranheza a referência a legumes desconhecidos na região. A campanha, na verdade, era originariamente bem diferente, com alguns comerciais bastante grotescos (como o que associava um difícil parto à vitória sobre a inflação). Toledo Camargo teve de corrigir o material da Artplan/Premium. Tempos depois, amargou uma acusação de seu ex-assessor adjunto, major Adauto Barreiros, de corrupção (envolvendo tal campanha) — denúncia que não se comprovaria e que parecia estar fundada no desejo de inviabilizar a indicação de João Figueiredo para sucessor de Ernesto Geisel (Camargo, 1995:209-210).

---

[360] *O Estado de S. Paulo*. "Consumidor não está só", 28 set. 1977, p. 23.
[361] *Jornal do Brasil*, "ARP lança em 9 capitais Campanha da Pechincha", 4 out. 1977, p. 20.

Foi grande a repercussão da campanha, mas basicamente negativa. Embora o termo "pechincha" só aparecesse em um dos 11 filmes para televisão (foram feitos também 12 *spots* para rádio), foi ele que marcou toda a campanha.[362] A população sentiu-se instada a comportar-se como regateadora, qualidade sempre associada à pobreza, à falta de meios para sobreviver com decoro. Não sendo bem-sucedida, tempos depois o major Adauto Barreiros admitia que a campanha tinha sido feita a contragosto da ARP.[363] O fato é que, como em outras campanhas, a população era chamada a comportar-se de maneira adequada, realista, e, para tanto, era "conscientizada" de que deveria fazer sacrifícios. Foi o que também se verificou quando da crise do petróleo, ocasião em que a propaganda oficial também veiculou campanhas que perguntavam "como dividir os sacrifícios necessários" e que ensinavam o consumidor a fazer economia de combustível, pois havia chegado "a hora de o brasileiro botar os pés no chão".

As campanhas cívicas da Aerp/ARP foram, por assim dizer, as manifestações mais típicas de propaganda do período. Tratavam da fixação de heróis — como Caxias, Santos Dumont, Tiradentes e Rui Barbosa — e buscavam, através dos filmes, enaltecer "fatos históricos" nacionais — como o Descobrimento e a Independência, velhos marcos balizadores da cronologia oficial criada pelo IHGB no século XIX. A difusão dos símbolos nacionais e a popularização das comemorações do Dia da Independência foram as grandes metas desse tipo de propaganda. Ainda em 1969, por sugestão do presidente Costa e Silva, planejou-se a campanha Uma Bandeira para Cada Sala de Aula, para que ela fosse o "emblema insubstituível da brasilidade".[364] Os "fundamentos filosóficos" da campanha foram fixados por intelectuais como Austregésilo de Ataíde, Pedro Calmon, Alceu Amoroso Lima, Cândido Mota Filho, padre Laér-

---

[362] *Jornal do Brasil*, "ARP explica que resposta a Frota se houvesse não seria atribuição sua", 15 out. 1977, p. 2.
[363] *Jornal do Brasil*, "Publicitário assegura que Campanha da Pechincha não foi iniciativa de ministro", 13 out. 1978, p. 4.
[364] *Jornal do Commercio*, "Uma bandeira para cada sala de aula", 14 set. 1969, p. 1.

cio Moura, Raimundo Moniz de Aragão e Lia Roquete Pinto. Um documento sobre a campanha (que seria uma forma de homenagem a Costa e Silva, já enfermo) conclamava para que se fizesse "do pavilhão nacional, essa força eficaz e íntima, que, incutindo a identificação do homem com a terra natal, constitui nos países moralmente indissolúveis — que são os países civicamente desenvolvidos — a fonte poética do patriotismo. Não do que se esgota com as cerimônias, porém do que se realiza com as atitudes. O patriotismo feito abnegação".[365]

Essa ideia de fazer os brasileiros comemorarem suas datas cívicas com a mesma festividade com que os norte-americanos, por exemplo, comemoram sua independência sempre esteve presente — aspecto integrante da tradição de preocupação com a imagem externa. Tentou-se, por exemplo, divulgar a data através de um filme que mostrava populares cantando o Hino da Independência em ritmo de samba-enredo. Esse enfoque também norteou os preparativos do 7 de Setembro de 1976. Nos dois meses anteriores à data, "o brasileiro será preparado psicologicamente e motivado para a importância de sua participação [...] A união entre civis e militares, mostrando-se que fazer de uma parada militar o centro das manifestações cívicas de um país constitui um equívoco, deverá ser um tema focalizado pela ARP".[366]

No Dia da Independência, na hora presumida como a do "Grito do Ipiranga", os sinos deveriam repicar, as buzinas deveriam tocar. Fábricas, navios e locomotivas também fariam barulho. As emissoras de rádio e os serviços de alto-falantes tocariam o Hino Nacional. A televisão transmitiria uma gravação da Orquestra Sinfônica Nacional executando o hino brasileiro. Foram distribuídas 47 toneladas de material: 600 mil cartazes, 200 mil *displays*, 100 mil selos adesivos e 55 mil discos com a gravação do Hino Nacional e

---

[365] *Correio da Manhã*, "Campanha vai dar bandeira nacional às salas de aula", 9 set. 1969, p. 9.
[366] *O Estado de S. Paulo*, "Governo considera isenta e realista sua propaganda", 4 jul. 1976, p. 5.

do Hino à Bandeira.[367] Com isso, Camargo pretendia lançar a semente para que, no futuro, a data "se transforme realmente numa verdadeira festa nacional, como ocorre em outros países". Afinal, "o brasileiro […] não é menos patriota que os outros povos. O que precisa é de um pouco de estímulo". E, como não poderia deixar de ser, os objetivos de toda essa mobilização eram "fortalecer a coesão nacional e infundir esperança no povo brasileiro. A esperança e a confiança nos destinos da pátria são ingredientes fundamentais para o desenvolvimento nacional".[368] Em uma palavra: otimismo.

---

[367] *O Estado de S. Paulo*, "ARP promove o 7 de Setembro", 26 ago. 1976, p. 23.
[368] Ibid.

Conclusões

Passados 60 anos desde o golpe de 1964, não se pode ser condescendente. Alguns tentaram ver "o lado positivo" do regime militar. Em relação à propaganda da Aerp/ARP, falou-se, que, "para o bem e para o mal, foi a última vez que o Brasil gostou do Brasil" (Carvalho, M. C., 1994:12). No plano estritamente "material", esse tipo de avaliação tentou destacar avanços econômicos que compensariam o arbítrio e as atrocidades diversas cometidas pela ditadura. Pois bem, uma das principais tentativas desta pesquisa foi chamar atenção para a importância dos "bens simbólicos" e para como foram manipulados pelo regime militar. Enquanto os militares causavam temor e transpareciam uma imagem soturna (sendo emblemática a declaração da atriz Dina Sfat, entrevistando um general, sobre ter medo de militares), sua propaganda, paradoxalmente, falava de "amor" e "participação". Também espero ter deixado claro que a propaganda política brasileira dos anos 1960 e 70 não foi inócua, "meramente técnica". A *aparente* despolitização dos conteúdos da propaganda do período encobria na verdade uma visão verdadeiramente política que os militares tinham da sociedade brasileira, que viam como rude, despreparada e, portanto, composta por pessoas que deveriam ser "educadas". Mais que isso, é também essa concepção presunçosa que explica a sem-cerimônia com que coronéis e generais intervieram na vida de todos, como senhores do bem e do mal. Desdém que se configura hoje ainda mais desprezível quando, indubitavelmente, graças ao olhar retrospectivo, percebe-se o quanto havia de grotesco e parvo nas "acusações pueris", no "patriotismo balofo", nas "banalidades do nível do escotismo", nos "dessorados chavões" — como bem chamou atenção Francisco Iglésias (1994:11). Por isso, não é possível condescender. Assim como o "desenvolvimento material" deu-se em bases excludentes, também a propaganda política militar operou com uma visão estereotipada dos "valores brasileiros", visão que malversou as esperanças sociais e procurou transferir para o poder (ilegítimo e ditatorial) as energias utópicas que muitos costumamos ter em relação ao nosso país.

Os "temas decorosos", a defesa dos "sentimentos nobres" e as campanhas de cunho educativo ou cívico não expressavam, portanto, uma inocência ou desimportância. Esta era a única forma de fazer propaganda política naquele momento. Por isso não seria possível analisá-la segundo os modelos clássicos de interpretação histórica do tema. A propaganda da Aerp/ARP não foi doutrinária. Amparou-se num material histórico preexistente — com o que se assemelhou a outras tantas (Domenach, 1963:68) —, fundou-se em mitos e estereótipos clássicos da "brasilidade", mas, diferindo dos tipos clássicos, não referiu tal material a um partido ou a um ditador: pretendeu dirigir-se diretamente à "alma nacional", sem recorrer a esses "intermediários", transparecendo assim um caráter não oficial. Pelas mesmas razões, procurou imiscuir-se na publicidade, derramando-se, alastrando-se como algo dado, corriqueiro, natural — o que, infelizmente, em muitos momentos parece ter conseguido, pelo menos quando percebemos comentários benevolentes como o citado há pouco ou quando tal propaganda é descartada por estudiosos como inócua ou apenas técnica.

O fato é que essa propaganda nada teve de casual. Também espero ter demonstrado que a Aerp/ARP não foi uma simples reação aos movimentos contestatórios da sociedade, ocorridos especialmente a partir de 1968. Havia um ponto de vista, este sim doutrinário, que, desde os primeiros momentos do golpe, tentou se impor. O projeto de criação de um Serviço Nacional de Relações Públicas, acoplado ao Serviço Nacional de Informações, pretendia estabelecer um órgão de "mão dupla" — coleta de informações e difusão de propaganda — que provavelmente acabaria por reproduzir o que de pior houve em outros regimes ditatoriais da história contemporânea. Nossa história recente é tão lamentável que, bem pesadas as coisas, ainda temos de nos felicitar por uma tal monstruosidade não ter sido criada. Contudo, mesmo tendo surgido apenas como uma assessoria, a Aerp/ARP não foi uma resposta mecânica da ditadura aos oposicionistas. Tais assessorias materializaram uma ideia, segundo a qual a propaganda política era indispensável a fim de que se pudesse difundir uma imagem positiva dos governos militares e, assim, desviar a atenção de boa parte da população dos desmandos que eles próprios praticavam.

Evidentemente, nem tudo foi planejado, como numa conspiração ardilosa. Elementos supervenientes ora facilitaram, ora prejudicaram os projetos da Aerp/ARP. O chamado "milagre econômico" e a conquista da Copa do Mundo de futebol são do primeiro tipo; a inflação e a crise do petróleo, do segundo. Porém, se esses episódios — afinal casuais — foram importantes para a trajetória da propaganda militar, nem por isso cabe superestimar o acaso. Como disse, havia um projeto que, muito mais do que esses episódios, orientava a ação da Aerp/ARP.

Os tópicos do otimismo — a exuberância natural, a democracia racial, o congraçamento social, a harmônica integração nacional, o passado incruento, a alegria, a cordialidade e a festividade do brasileiro, entre outros — foram *ressignificados* pela propaganda militar tendo em vista a nova configuração socioeconômica que se pretendia inaugurar. Um discurso ético-moral, portanto, mas que também reforçou, por assim dizer, a tradição de pensar a identidade brasileira através do que Décio Pignatari recentemente chamou de "nacionalês".[369] Ora, ninguém está fadado a isso. Não é preciso pagar o preço do provincianismo dos "costumes e tradições" para conseguir alguma identidade. Uma sociedade também pode reconhecer-se por sua capacidade de experimentar o novo, de dialogar

---

[369] Ver Pignatari (1995:5; entrevista concedida a Luiz Augusto Michelazzo).

com o que lhe seja estranho, de revolucionar-se. E não importa que a razão para transformar-se seja uma visão pessimista — ou realista — de seu passado.

Fontes e bibliografia

FONTES

Periódicos de grande circulação

Correio Braziliense. Brasília, 1º jan. 1968 a 31 dez. 1979.
Correio da Manhã. Rio de Janeiro, 3 jan. 1968 a 30 jun. 1974.
O Cruzeiro. Rio de Janeiro, ano 26, n. 47, 4 set. 1954, a ano 1, n. 5, 30 out. 1979 (a publicação adotou nova numeração).
O Estado de S. Paulo. São Paulo, 1º jan. 1967 a 31 dez. 1979.
Folha de S.Paulo. São Paulo, 1º jan. 1967 a 31 dez. 1979.
O Globo. Rio de Janeiro, 1º jan. 1967 a 31 dez. 1979.
Isto É. São Paulo, n. 1, maio 1976, a n. 158, 2 jan. 1980.
Jornal da Tarde. São Paulo, 3 jan. 1976 a 29 abr. 1978.
Jornal de Brasília. Brasília, 1º jan. 1973 a 31 dez. 1979.
Jornal do Brasil. Rio de Janeiro, 1º jan. 1967 a 31 dez. 1979.
Manchete. Rio de Janeiro, n. 198, 4 fev. 1956, a n. 1.497, 27 dez. 1980 (revista semanal).
Veja. São Paulo, n. 1, 11 set. 1968, a n. 590, dez. 1979 (revista semanal de informação).

Publicações oficiais

BRASIL. *I Plano Nacional de Desenvolvimento (1972-1974)*. s.d.1.
____. *II Plano Nacional de Desenvolvimento (1975-1979)*. s.d.2.
____. Agência Nacional. DNP. *O Brasil é bom*. 1938.
____. Arquivo Nacional. Agência Nacional. Lata 16. Generalidades. Relatórios. Ministério da Justiça e Negócios Interiores. *Relatório das atividades prestadas pelo Serviço de Cinema, no período correspondente ao ano de 1946*, por Lúcio Fiuza, em 21 jan. 1947.
____. Comissão Executiva Central do Sesquicentenário da Independência. *Símbolos nacionais e bandeiras históricas do Brasil*. Brasília, [1972?].

____. Comissão Executiva Central do Sesquicentenário da Independência. *Sesquicentenário da Independência do Brasil. 1972/1822. Programa.* [197-].
____. Departamento de Imprensa e Propaganda. *Da Independência ao Estado Novo.* 1940.
____. Departamento de Imprensa e Propaganda. *Quem foi que disse? Quem foi que fez?* s.d.
____. Ministério da Educação e Cultura. *Símbolos nacionais.* Departamento Nacional de Educação. Divisão de Educação Extraescolar, 1958.
____. Ministério da Educação e Cultura. UFPE. *Estudo de problemas brasileiros:* aulas de 1974. Recife: Editora Universitária, 1975.
____. Ministério da Educação e Cultura. *A educação nas mensagens presidenciais* (1890-1986). Brasília: Instituto Nacional de Estudos e Pesquisas Educacionais, 1987. 2 v.
____. Ministério da Marinha. Serviço de Relações Públicas da Marinha. *Relações públicas — documentação.* Brasília, 1970.
____. Ministério do Exército. Escola de Instrução Especializada. *Relações públicas no Exército* (estágio realizado na Escola de Instrução Especializada). 1957.
____. Presidência da República. *Normas do cerimonial público da República Federativa do Brasil e ordem geral de precedência.* Decreto nº 70.274, de 9 de março de 1972. Brasília, 1972.
____. Presidência da República. ARP (Assessoria de Relações Públicas). *Viagem do presidente Geisel ao Japão:* registro histórico, repercussões. Brasília, 1976.
____. Presidência da República. ARP. *Catálogo de peças 1976.* Il.
____. Presidência da República. ARP. *Catálogo de peças 1977.* Il.
____. Presidência da República. ARP. *O Brasil que os brasileiros estão fazendo.* Brasília, 1978a.
____. Presidência da República. ARP. *Viagem do presidente Geisel à Alemanha:* registro histórico, repercussões. Brasília, 1978b.
____. Presidência da República. ARP. *Viagem do presidente Geisel ao México:* registro histórico, repercussões. Brasília, 1978c.
____. Presidência da República. ARP. *Viagem do presidente Geisel ao Uruguai:* registro histórico, repercussões. Brasília, 1978d.
____. Presidência da República. Aerp (Assessoria Especial de Relações Públicas). *Instruções para o funcionamento da Assessoria Especial de Relações Públicas da Presidência da República.* Rio de Janeiro, 1968a.
____. Presidência da República. Aerp. *Você precisa saber que...,* v. 1, 31 mar. 1968 a 30 set. 1968b.

FONTES E BIBLIOGRAFIA

____. Presidência da República. Aerp. *Programa*. Seminário de Relações Públicas do Executivo, 1., Guanabara, 30 set. a 5 out. 1968c.
____. Presidência da República. Aerp. *Recomendações das comissões*. Seminário de Relações Públicas do Executivo, 1., Guanabara, 30 set. a 5 out. 1968d.
____. Presidência da República. Aerp. *Regimento interno*. Seminário de Relações Públicas do Executivo, 1., Guanabara, 30 set. a 5 out. 1968e.
____. Presidência da República. Aerp. *Você precisa saber que...*, v. 2, 1º out. 1968 a 30 mar. 1969a.
____. Presidência da República. Aerp. *Você precisa saber que...*, v. 3, 31 mar. 1969 a 30 set. 1969b.
____. Presidência da República. Aerp. *O processo revolucionário brasileiro*. [1969?]
____. Presidência da República. Aerp. *Catálogo de peças produzidas*. Out. 1969/mar. 1974. Il.
____. Presidência da República. Aerp. [*Documentos fundamentais e planejamento desenvolvido — 1970, 1971, 1972, 1973, 1º trim. 1974 e 1974 (sugestões)*]. Brasília, [197?a].
____. Presidência da República. Aerp. *Manual de serviço*. Brasília, [197?b].
____. Presidência da República. Aerp. *Revolução evolução*: 6. aniversário da revolução. 1970a.
____. Presidência da República. Aerp. *Síntese biográfica do presidente Emílio G. Médici*. 1970b.
____. Presidência da República. Aerp. *Encontro de Brasília*. 27 a 31 jul. 1970c.
____. Presidência da República. Gabinete Civil. Secretaria de Imprensa. *A comunicação social na Presidência da República*. 2. ed. Brasília: Secretaria de Imprensa e Divulgação/Coordenadoria de Divulgação, 1984.
____. Presidência da República. Secretaria Especial de Comunicação Social da Administração Federal. *A informação oficial*: conferências e debates sobre comunicação social na Nova República. [1987?].
____. Presidência da República. Secretaria de Imprensa e Divulgação. *Legislação brasileira de comunicação social*. Brasília, 1982.
____. Presidência da República. Serviço de Documentação. *Antecedentes históricos*: 1549-1896. Rio de Janeiro: Imprensa Nacional, [196-a]. Col. Brasília, 1.
____. Presidência da República. Serviço de Documentação. *Antecedentes históricos*: 1897-1945. Rio de Janeiro: Imprensa Nacional, [196-b]. Col. Brasília, 2.

FREIRE, Gilberto. Em torno de uma sociologia de processos revolucionários de transformação social: exemplos brasileiros. In: BRASIL. Presidência da República. Assessoria Especial de Relações Públicas. *O processo revolucionário brasileiro*. [1969?]. p. 17-24.

GEISEL, Ernesto. *Discursos*: v. I, 1974. Brasília: Assessoria de Imprensa e Relações Públicas da Presidência da República, 1975.

____. *Discursos*: v. II, 1975. Brasília: Assessoria de Imprensa e Relações Públicas da Presidência da República, 1976.

____. *Discursos*: v. V, 1978. Brasília: Assessoria de Imprensa da Presidência da República, 1978.

LOPES, Moacir Araujo. *Política nacional para a defesa dos valores espirituais, morais e culturais brasileiros, face à luta ideológica*. Eceme, 1974.

MATTOS, Carlos de Meira. Ensaio sobre a doutrina política da revolução. In: BRASIL. Presidência da República. Assessoria Especial de Relações Públicas. *O processo revolucionário brasileiro*. [1969?].

____. Doutrina política de potência. In: BRASIL. Presidência da República. Aerp. *Revolução evolução*: 6. aniversário da revolução. 1970.

MÉDICI, Emílio Garrastazu. *O jogo da verdade*. Departamento de Imprensa Nacional, jun. 1970.

____. *Nova consciência de Brasil*. Departamento de Imprensa Nacional, set. 1970.

____. *A verdadeira paz*. Departamento de Imprensa Nacional, mar. 1971.

____. *Tarefa de todos nós*. Departamento de Imprensa Nacional, set. 1971.

____. *O povo não está só*. Departamento de Imprensa Nacional, fev. 1972.

____. *Nosso caminho*. Departamento de Imprensa Nacional, out. 1972.

____. *O sinal do amanhã*. Departamento de Imprensa Nacional, jan. 1973.

____. *Os vínculos da fraternidade*. Departamento de Imprensa Nacional, ago. 1973.

____. *Os anônimos construtores*. Departamento de Imprensa Nacional, nov. 1973.

QUEIROZ, Dinah Silveira de. Quem quer ver a revolução? In: BRASIL. Presidência da República. Assessoria Especial de Relações Públicas. *O processo revolucionário brasileiro*. [1969?]. p. 57-63.

SALLES, Mauro. A proposta de comunicação de Tancredo Neves e seu governo. In: BRASIL. Presidência da República. Secretaria Especial de Comunicação Social da Administração Federal. *A informação oficial*: conferências e debates sobre comunicação social na Nova República. [1987?]

VILLA-LOBOS, Heitor. *A música nacionalista no governo Getúlio Vargas*. Departamento de Imprensa e Propaganda.

Trabalhos de Otávio Pereira da Costa

COSTA, Otávio Pereira da. *Entre Péricles e Sócrates*. s.d.
____. *Exército*: fator de integração nacional. Conferência pronunciada, em 3 nov. 1966, pelo Coronel Octávio Costa, do Exército Brasileiro, na VII Conferência dos Exércitos Americanos, em Buenos Aires. Comissão Diretora de Relações Públicas do Exército. Rio de Janeiro: Ministério da Guerra/Imprensa do Exército, 1967.
____. *Palavras aos soldados*. Rio de Janeiro: Centro de Estudos de Pessoal/Forte Duque de Caxias, 1968.
____. Comunicar é dizer a verdade. *Revista do Gás*, p. 16-17, maio 1971.
____. *Pequena memória de um grande homem*. Como vi Castelo ao longo de minha vida. 1978a.
____. *"Compromisso dos recrutas" de 1978*. Palavras do general Octávio Pereira da Costa, comandante da VI Região Militar. Salvador, 25 ago. 1978b.
____. *Mundo sem hemisférios*. Rio de Janeiro: Record, [197-a].
____. Televisão e educação. *Painel televisão e educação*. Escola Superior de Guerra. Departamento de Estudos, [197-b]. p. 5-38.
____. *As recentes transformações na estrutura social brasileira*. Palestra proferida na Escola Superior de Guerra em 19 jul. 1984.
____. *Relações públicas na área governamental*. Síntese histórica e testemunho em um tempo de conflito. Palavras de Octávio Costa no VI Congresso Nacional Universitário de Relações Públicas, Porto Alegre, 28 out. 1985.
____. O engenheiro e o soldado. *A Defesa Nacional*: revista de assuntos militares e estudo de problemas brasileiros. Rio de Janeiro, n. 743, p. 80-98, maio/jun. 1989.
____. O capitão na FEB. *Revista do Exército Brasileiro*, Rio de Janeiro, v. 130, n. 2, p. 5-17, abr./maio/jun. 1993.

FONTES IMPRESSAS EM GERAL

AGUIAR, Hernani d'. *A revolução por dentro*. Rio de Janeiro: Artenova, 1976.
AMARAL, Prudencio do; MELLO, José Rodrigues de. *Poesias de João Gualberto Ferreira Santos Reis*. Salvador: Typografia Imperial e Nacional, 1830. t. 3.
ANDRADE, Antonio Carlos Ribeiro de. *Considerações candidas e imparciaes sobre a natureza do commercio do assucar*; e importancia comparativa das ilhas britannicas, e francezas das Indias Occidentais, nas

quaes se estabelece o valor, e consequencias das ilhas de Santa Luzia, e Granada, trasladadas do inglez debaixo dos auspicios, e de ordem de S. Alteza Real, o Principe Regente Nosso Senhor, por... Lisboa: Offic. da Casa Litteraria do Arco do Cego, 1800.

ANDRADE, Martim Francisco Ribeiro de. *Tratado sobre o Canamo*. Composto em francez por Mr. Marcandir, Conselheiro na Eleição de Burges. Traduzido de ordem de Sua Alteza Real o Principe do Brazil, Nosso Senhor em beneficio d'Agricultura, e Marinha do Reino e Dominios Ultramarinos, por... Lisboa: Of. de Simão Thaddeo Ferreira, 1799.

ARAÚJO, Paulo Silva de. *Guia de civismo*: ensino médio. Brasília: DAE, 1971.

CAMARA, Manoel Arruda da. *Discurso sobre a utilidade da instituição de jardins nas principaes provincias do Brazil*, offerecido ao Principe Regente Nosso Senhor, por... Rio de Janeiro: Impressão Régia, 1810a.

_____. *Dissertação sobre as plantas do Brazil, que podem dar linhos proprios para muitos usos da sociedade, e suprir a falta do canhamo*, indagadas de ordem do Principe Regente Nosso Senhor por... Rio de Janeiro: Impressão Régia, 1810b.

CAMARGO, José Maria de Toledo. *A espada virgem*: os passos de um soldado. São Paulo: Ícone, 1995.

CELSO, Afonso. *Porque me ufano do meu paiz*: right or wrong, my country. 2. ed. rev. Rio de Janeiro: Laemmert, 1901.

CREPALDI, Adilson. *Comemorações na escola primária*: datas comemorativas, jornais, textos, dramatizações, hinos. São Paulo: Batista Martins, 1973?.

DESCRIPÇÃO sobre a cultura do canamo, ou canave, sua colheita, maceração n'*água, até se por no estado para ser gramado, ripado, e assedado*. Trad. e impressa por ordem de Sua Majestade. Lisboa: Offic. de João Procopio Correa da Silva, 1798.

DIÁLOGOS das grandezas do Brasil. [1618] 2. ed. integ., segundo o apógrafo de Leiden, aumentado por José Antonio Gonsalves de Mello. Recife: Imprensa Universitária, 1966. p. 216. Atribuídos a Ambrósio Fernandes Brandão.

ELYSIO, Americo [José Bonifácio de Andrada e Silva]. *Poesias de Americo Elysio*. Rio de Janeiro: Eduardo & Henrique Laemmert, 1861.

ESTRELLA, Inayá; NOGUEIRA, Júlia Pinto. *Naná e Zunga, dois brasileirinhos*: educação moral e cívica. Curso primário. Rio de Janeiro: [s.n.], 19--. Série Cadernos Didáticos.

GAMA, Manoel Jacinto Nogueira da. *Memória sobre o Loureiro Cinnamomo vulgo Caneleira do Ceylão* por ordem de sua Alteza Real o Principe Nosso Senhor composta por... formado em a Faculdade de Coimbra, &c.

&c. &c. para acompanhar a remessa das plantas que pelas reaes ordens vão ser transportadas ao Brasil. Lisboa: Officina Patriarcal, 1797.

LISBOA, Balthazar da Silva. *Discurso historico, politico, e economico dos progressos, e estado actual da Filozofia Natural Portugueza, acompanhado de algumas reflexoens sobre o estado do Brazil.* Offerecido a Sua Alteza Real o Serenissimo Principe Nosso Senhor pelo seu muito humilde vassalo... Lisboa: Officina de Antonio Gomes, 1786.

LISBOA, Joaquim José. *Descripção curiosa das principais producções, rios, e animaes do Brazil, principalmente da Capitania de Minas Geraes*, por... Lisboa: Impressão Régia, 1806.

MORICONI, Ubaldo A. *Nel paese dei macacchi.* Turim: Roux Frassati, 1897.

NAVARRO, José Gregório de Moraes. *Discurso sobre o melhoramento da economia rustica do Brasil, pela introducção do arado, refórma das fornalhas, e conservação de suas mattas, &c.* Offerecido a Sua Alteza Real o Principe do Brazil Nosso Senhor por... Lisboa, 1799.

NEIVA, Alvaro; VALLE, Helia Ferreira do. *Pra frente Brasil!* Educação moral e cívica. 1. série. I – Livro do aluno. Rio de Janeiro: Bloch/INL, 1972.

PALERMO, Alfredo. *Estudo de problemas brasileiros*: educação moral e cívica (nível superior e organização política e social). 2. ed. rev. e ampl. São Paulo: Lisa, 1973.

PAUPÉRIO, Arthur Machado. *Fundamentos, diretrizes e imperativos da educação moral e cívica*: síntese doutrinária para uso didático em todos os graus de ensino e para o estudo, geral e axiológico, de problemas brasileiros. Rio de Janeiro: Rio, 1973.

POYARES, Walter Ramos. *Relações públicas*: instrumental do diálogo. Rio de Janeiro: Ed. PUC-Rio, 1967. Discurso que proferiu o autor na solenidade de entrega dos certificados aos concludentes do Curso de Opinião Pública e Relações Públicas da PUC-Rio em 13 dez. 1962, como paraninfo da turma.

QUEIROZ, Rachel de; BETHLEM, Nilda. *Meu livro de Brasil, 3.* 2. ed. Rio de Janeiro: J. Olympio/INL, 1973. Col. Didática Dinâmica, série Educação Moral e Cívica.

SÃO CARLOS, Francisco de. *A Assumpção*: poema composto em honra da Santa Virgem por... Rio de Janeiro: Impressão Régia, 1819.

SILVA, José Ferreira da. *Manual pratico do lavrador, com hum tratado sobre as abelhas*, por Chabouillé. Traduzido do francez por ordem de S. Alteza Real, o Principe Regente Nosso Senhor, por... Lisboa: Typographia Chalcographica e Litteraria do Arco do Cego, 1801.

_____. *Arte de louceiro ou tratado sobre o modo de fazer as louças de barro mais grossas.* Traduzido do francez por ordem de Sua Alteza Real, o Principe Regente, Nosso Senhor, por... Lisboa; Impressão Regia, 1804.

____. *Arte da porcelana, ou tractado sobre o modo de fazer a porcelana*. Por M., o conde de Milly. Traduzido do francez por ordem de Sua Alteza Real o Principe Regente N. S. por... Lisboa: Impressão Regia, 1806.

VELLOSO, José Mariano da Conceição. *Memoria sobre a cultura, e preparação do girofeiro aromatico vulgo cravo da India nas Ilhas de Bourbon, e Cayerna*. Extrahida dos Annaes da Chymica (e outras). Trasladada de Ordem de Sua Alteza Real o Principe do Brasil Nosso Senhor por... Lisboa: Offic. de João Procopio Correa da Silva, 1798a.

____. *Memorias, e extractos sobre a pipereira negra (Piper Nigrum L.) que produz o fructo de pimenta da India nos quaes se trata da sua cultura, commercio usos &c. &c. &c*. Publicadas debaixo dos auspícios e ordem de Sua Alteza Real o Principe do Brazil Nosso Senhor por... Lisboa: Offic. de João Procopio Correa da Silva, 1798b.

____. *O fazendeiro do Brasil melhorado na economia rural dos generos já cultivados, e de outros, que se podem introduzir; e nas fabricas, que lhe são proprias, segundo o melhor, que se tem escrito a este respeito*. Debaixo dos auspicios e de ordem de Sua Alteza Real o Principe do Brazil Nosso Senhor. Colligido de Memorias Estrangeiras por... Lisboa: Regia Officina Typografica, 1798c. t. I, parte I: Da cultura das cannas, e factura do assucar.

ZWEIG, Stefan. *Brasil, país do futuro*. Trad. Odilon Gallotti. Rio de Janeiro: Guanabara, 1941.

FONTES EM SUPORTE NÃO CONVENCIONAL

Fotografias

As fotografias examinadas encontram-se publicadas nos periódicos mencionados no primeiro tópico da relação de fontes e estão devidamente referenciadas ao longo do texto.

Filmes

Foram examinados cerca de 300 filmes produzidos pela Aerp e pela ARP. A coleção utilizada encontra-se sob a guarda do Centro de Produção Cultural e Educativa do Decanato de Extensão da Universidade de Brasília. As cópias em 16mm encontravam-se acondicionadas em caixas de papelão. Os filmes selecionados para análise mais detida foram reunidos em um único rolo e telecinados.

Depoimentos orais

CAMARGO, José Maria de Toledo. Entrevista concedida ao autor em 2 dez. 1995. Entrevista JMTC.

COSTA, Otávio Pereira da. Entrevista concedida ao autor em 18 jul. 1994a. Entrevista OPC.

____. Depoimento. In: D'ARAUJO, Maria Celina; SOARES, Gláucio Ary Dillon; CASTRO, Celso (Org.). *Visões do golpe*: a memória militar sobre 1964. Rio de Janeiro: Relume-Dumará, 1994b. p. 73-97.

____. Depoimento. In: D'ARAUJO, Maria Celina; SOARES, Gláucio Ary Dillon; CASTRO, Celso (Org.). *Os anos de chumbo*: a memória militar sobre a repressão. Rio de Janeiro: Relume-Dumará, 1994c. p. 259-281.

____. Depoimento. In: D'ARAUJO, Maria Celina; SOARES, Gláucio Ary Dillon; CASTRO, Celso (Org.). *A volta aos quartéis*: a memória militar sobre a abertura. Rio de Janeiro: Relume-Dumará, 1995. p. 105-141.

BIBLIOGRAFIA

ALCIDES, Jota. Expulsos do paraíso. *Correio Braziliense*, p. 6, 26 mar. 1992.

ANSART, Pierre. *Ideologias, conflitos e poder*. Trad. Aurea Weissenberg. Rio de Janeiro: Zahar, 1978. Biblioteca de Ciências Sociais.

ARNS, D. Paulo Evaristo. *Brasil nunca mais*. 4. ed. Petrópolis: Vozes, 1985.

ARRABAL, José; LIMA, Mariângela Alves de; PACHECO, Tânia. *Anos 70*: teatro. Rio de Janeiro: Europa, 19--.

ASCARELLI, Tullio. *Apresentação do Brasil*. 2. ed. Trad. Olinto de Castro. São Paulo: SAL, 1952.

ATAÍDE, Austregésilo de. Sangue generoso do Brasil. *O Cruzeiro*, v. 26, n. 47, 4 set. 1954.

BACZKO, Bronislaw. *Les Imaginaires sociaux*: mémoires et espoirs collectifs. Paris: Payot, 1984. Critique de la Politique.

____. Imaginação social. Trad. Manuel Villaverde Cabral. In: ROMANO, Ruggiero (Dir.). *Enciclopédia Einaudi*. Lisboa: Imprensa Nacional/ Casa da Moeda, 1985. v. 5: Anthropos – Homem, p. 296-332.

BAHIANA, Ana Maria; WISNIK, José Miguel; AUTRAN, Margarida. *Anos 70*: música popular. Rio de Janeiro: Europa, 19--.

BANDEIRA, Manuel. *Antologia dos poetas brasileiros da fase romântica*. Rio de Janeiro: Imprensa Nacional, 1937.

____. *Antologia dos poetas brasileiros da fase parnasiana*. 3. ed. Revisão crítica, em consulta com o autor, de Aurélio Buarque de Hollanda. Rio de Janeiro: Departamento de Imprensa Nacional, 1951. Biblioteca Popular Brasileira, 28.

BARROS, Alexandre S. C. Afinal, quando seremos um grande país? *Jornal da Tarde*, 19 nov. 1977.

BASTOS, Elide Rugai. Gilberto Freire e a questão nacional. In: MORAES, Reginaldo; ANTUNES, Ricardo; FERRANTE, Vera B. (Org.). *Inteligência brasileira*. São Paulo: Brasiliense, 1986.

BAUDRILLARD, Jean. Significação da publicidade. Trad. Luiz Costa Lima. In: LIMA, Luiz Costa (intr., com. e sel.). *Teoria da cultura de massa*. 4. ed. Rio de Janeiro: Paz e Terra, 1990. p. 273-80.

BELOCH, Israel; ABREU, Alzira Alves de (Coord.). *Dicionário histórico-biográfico brasileiro*: 1930-1983. Rio de Janeiro: FGV Ed., 1984. 4 v.

BENEVIDES, Maria Victoria de Mesquita. *O governo Jânio Quadros*. 4. ed. São Paulo: Brasiliense, 19--. Col. Tudo é História, 30.

____. O governo Kubitschek. In: GOMES, Angela de Castro (Org.). *O Brasil de JK*. Rio de Janeiro: FGV Ed., 1991.

BERNARDET, Jean-Claude; AVELLAR, José Carlos; MONTEIRO, Ronald F. *Anos 70*: cinema. Rio de Janeiro: Europa, 19--.

BOAVENTURA, Jorge. A denúncia oculta. *Folha de S.Paulo*, p. 3, 6 jul. 1992.

BOBBIO, Norberto; MATTEUCCI, Nicola (Dir.). *Diccionario de política*. 6. ed. Trad. Raúl Crisafio et al. México, DF: Siglo Veintiuno, 1986. 3 v.

BORGES, Humberto. Em busca do brasileiro feliz. *Jornal do Brasil*, p. 1, 5 set. 1977. Caderno B.

BOXER, Charles R. *O império colonial português*. Lisboa: Ed. 70, 1977. Textos de Cultura Portuguesa, 3.

BRAGA, José Luiz. *O Pasquim e os anos 70*: mais pra epa que pra oba... Brasília: Ed. UnB, 1991.

BRANCO, Carlos Castelo. A comunicação do governo. *Jornal do Brasil*, p. 4, 26 maio 1971.

____. A verdade e a imagem. *Jornal do Brasil*, p. 2, 17 jun. 1977.

BRAUDEL, Fernand. A longa duração. In: ____. *História e ciências sociais*. 4. ed. Trad. Rui Nazaré. Lisboa: Presença, 1982. p. 7-39.

BRODKEY, Harold. Morte: um rascunho. Trad. Paulo Henriques Britto. *Folha de S.Paulo*, p. 5, 13 nov. 1994. Caderno Mais!.

CAETANO, Maria do Rosário. O neocivismo explode nas praças. *Correio Braziliense*, p. 3, 28 abr. 1985.

CALLADO, Antônio. Consciência destrói beleza da beira-mar. *Folha de S.Paulo*, p. 8, 12 jun. 1993. Ilustrada.

CALVINO, Italo. *Por que ler os clássicos*. Trad. Nilson Moulin. São Paulo: Companhia das Letras, 1993.

CAMPOS, Roberto de Oliveira. A década das grandes transformações. *O Estado de S. Paulo*, 30 mar. 1975.

CÂNDIDO, Antônio. Radicalismos. *Estudos Avançados*, São Paulo, v. 4, n. 8, p. 4-18, jan./abr. 1990.

CAPARELLI, Sérgio. *Televisão e capitalismo no Brasil* (com dados da pesquisa da Abepec). Porto Alegre: L&PM, 1982.

CAPELATO, Maria Helena Rolim. *Imprensa e história do Brasil*. São Paulo: Contexto/Edusp, 1988. Repensando a História.

CARDOSO, Ciro Flamarion Santana. *Introducción al trabajo de la investigación histórica*: conocimiento, método e historia. Barcelona: Grijalbo/Crítica, 19--.

CARVALHO, Alfredo de. *Bibliotheca exotico-brasileira*. Dir. Eduardo Tavares. Rio de Janeiro: Paulo Pongetti, 1930. 3 v.

CARVALHO, Elisabeth; KEHL, Maria Rita; RIBEIRO, Santuza Naves. *Anos 70*: televisão. Rio de Janeiro: Europa, 19--.

CARVALHO, José Murilo de. *A formação das almas*: o imaginário da República no Brasil. São Paulo: Companhia das Letras, 1990.

CARVALHO, Mario Cesar. Aquele era um país que ia "pra frente". *Folha de S.Paulo*, 27 mar. 1994. Caderno Especial: 30 anos depois.

CASSIRER, Ernst. *O mito do Estado*. Trad. Álvaro Cabral. Rio de Janeiro: Zahar, 1976. Biblioteca de Ciências Sociais.

CERQUEIRA FILHO, Gisálio; NEDER, Gizlene. Conciliação e violência na história do Brasil. *Encontros com a Civilização Brasileira*, Rio de Janeiro, n. 2, p. 189-227, ago. 1978.

CHACON, Vamireh. Tentações do bovarismo nacional. *Revista de História*, São Paulo, v. 26, n. 52, p. 875-881, out./dez. 1975.

____. A inauguração da República (imaginário e realidade). *Tempo Brasileiro*, Rio de Janeiro, n. 99, p. 25-30, out./dez. 1989.

CHARTIER, Roger. *El mundo como representación*. Trad. Claudia Ferrari. Barcelona: Gedisa, 1992. Col. Hombre y Sociedad.

CLARK, Walter. TV: veículo de integração nacional. *Mercado Global*, São Paulo, v. 2, n. 17-18, p. 37-40, set./out. 1975.

COELHO, Marcelo. Os brasileiros detestam a si mesmos. *Folha de S.Paulo*, p. 8, 1º abr. 1992a. Ilustrada.

____. Rebeldia de 22 precisa ser reavaliada. *Folha de S.Paulo*, p. 6, 19 fev. 1992b. Ilustrada.

COSTA, Jurandir Freire. Narcisismo em tempos sombrios. In: BIRMAN, Joel. *Percursos na história da psicanálise*. Rio de Janeiro: Taurus, 1988. p. 151-174.

COUTINHO, Tesla; TOSTA, Wilson. Entrevista: Luciano Zajdsznajder, professor de estratégia: "Só classe média fará revolução ética". *O Globo*, p. 10, 3 nov. 1991.

DAMATTA, Roberto. *Sete ensaios de antropologia brasileira*. Rio de Janeiro: Rocco, 1993.

D'ARAUJO, Maria Celina; SOARES, Gláucio Ary Dillon; CASTRO, Celso (Org.). *Os anos de chumbo*: a memória militar sobre a repressão. Rio de Janeiro: Relume-Dumará, 1994a.

____: ____; ____. *Visões do golpe*: a memória militar sobre 1964. Rio de Janeiro: Relume-Dumará, 1994b.

____; ____; ____. *A volta aos quartéis*: a memória militar sobre a abertura. Rio de Janeiro: Relume-Dumará, 1995.

DELUMEAU, Jean. *História do medo no Ocidente*: 1300-1800 – uma cidade sitiada. Trad. Maria Lucia Machado e Heloísa Jahn. São Paulo: Companhia das Letras, 1989. Reimp.

DIAS, Maria Odila da Silva. Aspectos da ilustração no Brasil. Separata da *Revista do Instituto Histórico e Geográfico Brasileiro*, n. 278, p. 105-170, jan./mar. 1968.

DOMENACH, Jean-Marie. *A propaganda política*. 2. ed. Trad. Ciro T. de Pádua. São Paulo: Difusão Europeia do Livro, 1963. Col. Saber Atual, 22.

DOOB, Leonard W. Goebbels y sus principios propagandísticos. In: MORAGAS, M. de (Ed.). *Sociología de la comunicación de masas*. Trad. Esteve Riambau i Saurí. Barcelona: Gustavo Gili, 1985. v. III: Propaganda política y opinión pública, p. 122-153.

DRIENCOURT, Jacques. *La propagande*: nouvelle force politique. Paris: Armand Colin, 1950. Col. Sciences Politiques, 3.

ELIAS, Norbert. *O processo civilizador*: uma história dos costumes. Trad. Ruy Jungmann. Rio de Janeiro: Zahar, 1994. v. 1.

ESCOBAR, Pepe. Um abacaxi que Deus ainda não quis abençoar. *Folha de S.Paulo*, 27 jul. 1985. Ilustrada.

FARHAT, Saïd. *O fator opinião pública*: como se lida com ele. São Paulo: T. A. Queiroz, 1992.

FERNANDES, Millôr. *Millôr definitivo*: a bíblia do caos. Porto Alegre: L&PM, 1994.

FERRAZ, José Carlos de Figueiredo. A realidade brasileira e as metas nacionais. *Folha de S.Paulo*, p. 3-4, 28 dez. 1976.

FRAGA, Domingos; FELIX, Jorgemar. Onde está Deus? *Isto É*, n. 1260, p. 36, 24 nov. 1993.

FRANCIS, Paulo. A imagem do Brasil no exterior: trivial, sensacionalista, confusa. *Folha de S.Paulo*, p. 4, 18 abr. 1976.

FRANCO, Afonso Arinos de Mello. *Introdução à realidade brasileira*. [S.l.]: Schmidt, 1933. Col. Azul, 3.

FRANCO, Maria Sylvia Carvalho. O tempo das ilusões. In: CHAUI, Marilena; FRANCO, M. S. C. *Ideologia e mobilização popular*. Rio de Janeiro: Paz e Terra, 1978. p. 151-209.

FREIRE, Gilberto. *Interpretação do Brasil*: aspectos da formação social brasileira como processo de amalgamento de raças e culturas. Rio de Janeiro: J. Olympio, 1947. Col. Documentos Brasileiros, n. 56.

FREITAS FILHO, Armando; HOLLANDA, Heloísa Buarque de; GONÇALVES, Marcos Augusto. *Anos 70*: literatura. Rio de Janeiro: Europa, 19--.

FURTADO, Celso. *Cultura e desenvolvimento em época de crise*. Rio de Janeiro: Paz e Terra, 1984. Col. Estudos Brasileiros, n. 80.

GALLETTI, Maria Luiza Mendonça. *Propaganda e legitimação do poder*: Brasil: 1970/1978. Brasília, 19--. Dissertação (mestrado) – Departamento de Comunicação, UnB, DF, 19--.

GARCIA, Nélson Jahr. *Sadismo, sedução e silêncio*: propaganda e controle ideológico no Brasil: 1964-1980. São Paulo: Loyola, 1990.

GENOÍNO, José. Herança autoritária torna precária atual democracia. *O Estado de S. Paulo*, p. 8, 31 mar. 1994. Caderno Extra: 30 anos depois.

GHIVELDER, Zevi. Conversa com o leitor. *Manchete*, n. 916, p. 3, 8 nov. 1969.

GIANNOTTI, José Arthur. Os campeões da identidade e a barbárie moderna. *Folha de S.Paulo*, p. 3, 30 dez. 1976.

GINZBURG, Carlo. *A micro-história e outros ensaios*. Trad. António Narino. Lisboa: Difel, 1991.

GOMES, Angela de Castro (Org.). *A invenção do trabalhismo*. São Paulo: Vértice, 1988.

____. *O Brasil de JK*. Rio de Janeiro: FGV Ed., 1991.

GONÇALVES, Williams da Silva; MIYAMOTO, Shiguenoli. Os militares na política externa brasileira: 1964-1984. *Estudos Históricos*, Rio de Janeiro, v. 6, n. 12, p. 211-246, 1993.

GORENDER, Jacob. *Combate nas trevas*: a esquerda brasileira: das ilusões perdidas à luta armada. 2. ed. São Paulo: Ática, 1987.

HABERT, Nadine. *A década de 70*: apogeu e crise da ditadura militar brasileira. São Paulo: Ática, 1992. Série Princípios, 222.

HANSEN, João Adolfo. Os lugares das palavras. *Registro*, Mariana, v. 2, n. 4, set. 1995/fev. 1996. Caderno Especial: entrevista a Joaci Pereira Furtado.

HOBSBAWM, Eric. Eric Hobsbawm: um espelho do mundo em mutação. *Estudos Avançados*, São Paulo, v. 3, n. 5, p. 86-93, jan./abr. 1989. Entrevista concedida ao jornal *O Estado de S. Paulo*, 12 jun. 1988, e transcrita por Paulo Sérgio Pinheiro.

_____; RANGER, Terence (Org.). *A invenção das tradições*. Trad. Celina Cardim Cavalcante. Rio de Janeiro: Paz e Terra, 1984. Pensamento Crítico, 55.

HOLANDA, Sérgio Buarque de. *Raízes do Brasil*. 5. ed. rev. Rio de Janeiro: J. Olympio, 1969. Documentos Brasileiros, 1.

_____. *Antologia dos poetas brasileiros da fase colonial*. São Paulo: Perspectiva, 1979. Col. Textos, 2.

_____. *Capítulos de literatura colonial*. Org. e introd. Antônio Cândido. São Paulo: Brasiliense, 1991.

_____. *Visão do paraíso*: os motivos edênicos no descobrimento e colonização do Brasil. 5. ed. São Paulo: Brasiliense, 1992.

HOVLAND, Carl I.; LUMSDAINE, Arthur A.; SHEFFIELD, Fred D. Short time and long time effects of an orientation film. In: SCHRAMM, W. (Ed.). *The process and effects of mass communication*. Urbana: University of Illinois Press, 1954.

IANNI, Octavio. O Estado e a organização da cultura. *Encontros com a Civilização Brasileira*, Rio de Janeiro, n. 1, p. 216-241, jul. 1978.

IGLÉSIAS, Francisco. República, 1889-1989. *Tempo Brasileiro*, Rio de Janeiro, n. 99, p. 31-42, out./dez. 1989.

_____. Melancólica trajetória nacional. *Jornal do Brasil*, p. 11, 23 mar. 1994.

JABOR, Arnaldo. Levaremos cultura da desilusão para 94. *Folha de S.Paulo*, p. 8, 28 dez. 1993. Ilustrada.

JACOB, Alberto. Furnas: a enchente do progresso. *Manchete*, n. 562, p. 10-15, 26 jan. 1963.

KLEIN, Lucia; FIGUEIREDO, Marcus F. *Legitimidade e coação no Brasil pós-64*. Rio de Janeiro: Forense-Universitária, 1978. Brasil – Análise & Crítica.

KOTSCHO, Ricardo. *Explode um novo Brasil*: diário da Campanha das Diretas. São Paulo: Brasiliense, 1984.

LAMOUNIER, Bolívar. Explorações sobre a teoria da liderança e elites tecnocráticas. *Dados*, Rio de Janeiro, n. 4, p. 40-67, 1968.

_____ (Org.). *Ouvindo o Brasil*: uma análise da opinião pública brasileira hoje. São Paulo: Sumaré, 1992.

LAZARSFELD, Paul Felix. La campaña electoral ha terminado. In: MORAGAS, M. de (Ed.). *Sociología de la comunicación de masas*. Trad. Esteve Riambau i Saurí. Barcelona: Gustavo Gili, 1985. p. 20-39. III. Propaganda política y opinión pública.

_____; BERELSON, Bernard B.; MCPHEE, William N. Procesos políticos: la misión de los "mass-media" (la campaña electoral de 1948. Elmira, Nueva York). In: MORAGAS, M. de (Ed.). *Sociología de la comunicación de masas*. Trad. Esteve Riambau i Saurí. Barcelona: Gustavo Gili, 1985. p. 40-65. III. Propaganda política y opinión pública.

_____; MERTON, Robert K. Comunicação de massa, gosto popular e a organização da ação social. Trad. Carmen Dora Guimarães. In: LIMA, Luiz Costa (introd., com. e sel.). *Teoria da cultura de massa*. 4. ed. Rio de Janeiro: Paz e Terra, 1990. p. 105-127.

LEFORT, Claude. O fenômeno da crença política. Trad. Carlos Eduardo Baesse de Souza. In: ANDRÉS, Aparecida (Org.). *Utopias*: sentidos, Minas, margens. Belo Horizonte: Ed. UFMG, 1993. p. 32-49.

LEITÃO, Sérgio Sá. A crise ética brasileira. *Jornal do Brasil*, p. 8, 23 abr. 1989. Caderno B especial.

LEITE, Dante Moreira. *O caráter nacional brasileiro*: história de uma ideologia. 4. ed. São Paulo: Pioneira, 1983.

MACEDO, Jorge Borges de. Estrangeirados: um conceito a rever. Comunicação apresentada no congresso "A Arte em Portugal no século XVIII", Braga, 6 a 11 abr. 1973. *Bracara Augusta*, revista cultural da Câmara Municipal de Braga, v. 28, n. 65-66, p. 179-202, 1974.

MACHADO, Cristina Pinheiro. O governo descobre a propaganda. *O Estado de S. Paulo*, 16 dez. 1979.

MANENTE, Carlos. E o Brasil se tornou verde-amarelo. *O Estado de S. Paulo*, 26 maio 1985.

MARTINS, Wilson. Terapia do riso. *Jornal do Brasil*, p. 4, 31 dez. 1993. Ideias/Livros.

MCCOMBS, Maxwell E. La comunicación de masas en las campañas políticas: información, gratificación y persuasión. In: MORAGAS, M. de (Ed.). *Sociología de la comunicación de masas*. Trad. Esteve Riambau i Saurí. Barcelona: Gustavo Gili, 1985. p. 95-121. III. Propaganda política y opinión pública.

MEDINA, Cremilda (Org.). *O jornalismo na Nova República*. São Paulo: Summus, 1987. Novas Buscas em Comunicação, 23.

MEIER, Cristian. Sobre o conceito de identidade nacional. *História: Questões & Debates*, Curitiba, v. 10, n. 18-19, p. 329-47, jun./dez. 1989.

MELO FILHO, Murilo. JK: candidato do otimismo. *Manchete*, n. 624, 4 abr. 1964.

_____. O Brasil para o presidente Médici ver. *Manchete*, n. 916, p. 92-105, 8 nov. 1969a.

_____. O novo horizonte do presidente Médici. *Manchete*, n. 917, p. 4-5, nov. 1969b.

_____. A continuidade de mãos dadas. *Manchete*, n. 1.144, p. 17, 23 mar. 1974a.

_____. Começa agora o Brasil de Geisel: mais rico, mais sólido, mais confiante. *Manchete*, n. 1.144, p. 66-84, 23 mar. 1974b.

_____; NEVES, Jáder. Jango entre os sem-terra. *Manchete*, n. 538, p. 8-9, 11 ago. 1962. Foto em preto e branco, página dupla.

MENDONÇA, Sonia Regina de; FONTES, Virginia Maria. *História do Brasil recente*: 1964-1980. 2. ed. São Paulo: Ática, 1991. Série Princípios, 152.

MERCADANTE, Luiz Fernando. Brasília: segunda primeira missa. *Manchete*, n. 264, p. 8-10, 11 maio 1957. Fotos Gervásio Batista e Fúlvio Roiter.

MEYER, Marlise. *Caminhos do imaginário no Brasil*. São Paulo: Edusp, 1993.

_____; MONTES, Maria Lucia. *Redescobrindo o Brasil*: a festa na política. São Paulo: T. A. Queiroz, 1985.

MICELI, Sérgio. O papel político dos meios de comunicação de massa. In: SOSNOWSKI, Saúl; SCHWARTZ, Jorge (Org.). *Brasil*: o trânsito da memória. São Paulo: Edusp, 1994. p. 41-67.

MORAES, Reginaldo; ANTUNES, Ricardo; FERRANTE, Vera B. (Org.). *Inteligência brasileira*. São Paulo: Brasiliense, 1986.

MORAES, Rubens Borba de. *Bibliografia brasileira do período colonial*: catálogo comentado das obras dos autores nascidos no Brasil e publicadas antes de 1808. São Paulo: Ed. IEB/USP, 1969. Publicações do Instituto de Estudos Brasileiros, 9.

MOTA, Carlos Guilherme. Os anos 50: linhas de produção cultural. *Revista de História*, São Paulo, ano 28, v. 56, n. 111, p. 155-175, jul./set. 1977.

_____. Cultura e política no Estado Novo (1937-1945). *Encontros com a Civilização Brasileira*, Rio de Janeiro, n. 7, p. 87-94, jan. 1979.

_____. A perigosa exaustão. *Jornal do Brasil*, p. 6, 10 jul. 1988. Caderno B especial.

_____. Cultura brasileira ou cultura republicana. *Estudos Avançados*, São Paulo, v. 4, n. 8, p. 19-38, jan./abr. 1990a.

_____. *Ideologia da cultura brasileira (1933-1974)*: pontos de partida para uma revisão histórica. 6. ed. São Paulo: Ática, 1990b. Ensaios, 30.

_____. A chance perdida de iniciar uma nova era. *O Estado de S. Paulo*, p. 12, 31 mar. 1994. Caderno Extra: 30 anos depois.

MURICY, Andrade. *Panorama do movimento simbolista brasileiro*. 2. ed. Brasília: INL, 1973. 2 v. Col. de Literatura Brasileira, 12.

NASCIMENTO, Jorge Carvalho do. Positivismo, ciência e religião no Brasil do século XIX: (re)lendo o "Brazil Mental". *Cadernos do Centro de Memória Regional*, Bragança Paulista, v. 2, n. 5, fev./jun./dez. 1994.

NEVES, Jáder. Depois da crise um voo tranquilo. *Manchete*, n. 536, p. 8-9, 1962.

NISKIER, Arnaldo. A vaia ao Hino Nacional. *Correio Braziliense*, 11 maio 1989.

NORA, Pierre. Entre memória e história: a problemática dos lugares. Trad. Yara Aun Khoury. *Projeto História*, São Paulo, n. 10, p. 7-28, dez. 1993.

OLIVEIRA, Antônio Mariz de. Brasil decente e o outro. *O Estado de S. Paulo*, 3 mar. 1992.

OLIVEIRA, Eliézer Rizzo de. *As Forças Armadas*: política e ideologia no Brasil (1964-1969). Petrópolis: Vozes, 1976. Sociologia Brasileira, 6.

OLIVEN, Ruben George. Cultura, classe social e participação em cidades brasileiras. *Encontros com a Civilização Brasileira*, Rio de Janeiro, n. 8, p. 29-41, fev. 1979.

ORLANDI, Eni Puccinelli (Org.). *Discurso fundador*: a formação do país e a construção da identidade nacional. Campinas: Pontes, 1993. Linguagem/Crítica.

OSTROVSKY, Ingo. O bicho-preguiça e o milagre. *Jornal do Brasil*, p. 4, 17 abr. 1976.

PACKENHAM, Robert A. Tendências na dependência nacional brasileira a partir de 1964 – I. *Folha de S.Paulo*, p. 3, 5 jan. 1977.

PASSARINHO, Jarbas. O milagre brasileiro. *Folha de S.Paulo*, p. 2, 21 dez. 1975.

PAULO, Heloísa Helena de Jesus. O DIP e a juventude: ideologia e propaganda estatal (1939-1945). *Revista Brasileira de História*, São Paulo, v. 7, n. 14, p. 99-113, mar./ago. 1987.

PEREIRA, Cilene. Brasileiro quer deixar de ser Macunaíma. *O Estado de S. Paulo*, 4 nov. 1991.

PIGNATARI, Décio. Contra o sotaque "nacionalês". *O Globo*, p. 5, 22 out. 1995. Segundo Caderno.

PINTO, Álvaro Vieira. *Consciência e realidade nacional*. Rio de Janeiro: Ed. MEC/Iseb, 1960. 2 v. Textos Brasileiros de Filosofia.

PITA, Sebastião da Rocha. *História da América portuguesa*. Belo Horizonte: Itatiaia; São Paulo: Edusp, 1976. Reconquista do Brasil, 32.

POLLAK, Michael. Memória e identidade social. *Estudos Históricos*, Rio de Janeiro, v. 5, n. 10, p. 200-215, 1992.

PRADO, Paulo. *Retrato do Brasil*: ensaio sobre a tristeza brasileira. 2. ed. São Paulo, 1929.

PRAXEDES, Antônio. Aqui começa a sexta república. *Manchete*, n. 916, p. 4-5, 8 nov. 1969.

QUEIROZ, Maria Isaura Pereira de. Identidade cultural, identidade nacional no Brasil. *Tempo Social: Revista de Sociologia da USP*. São Paulo, v. 1, n. 1, 1º sem. 1989.

RAMPAZZO, Gilnei. A imagem oficial, retocada para o consumo. *O Estado de S. Paulo*, 16 out. 1977.

RIBEIRO, Renato Janine. Mais 10 mandamentos. *Folha de S.Paulo*, p. 3, 14 fev. 1993. Caderno Mais!.

_____. A nova direita. O necessário diálogo que não acontece. *O Estado de S. Paulo*, p. 4, 10 abr. 1994. Caderno Especial: Domingo.

RODRIGUES, José Honório. *Aspirações nacionais*: interpretação histórico-política. São Paulo: Fulgor, 1963.

_____. *História da história do Brasil*. 2. ed. São Paulo: Nacional, 1979. 1ª parte: Historiografia colonial. Brasiliana, 21.

ROSANVALLON, Pierre. Por uma história conceitual do político. Trad. Paulo Martinez. *Revista Brasileira de História*, São Paulo, v. 15, n. 30, p. 9-22, 1995.

ROSSI, Clóvis. Pátria (mal) amada. *Folha de S.Paulo*, p. 2, 17 jul. 1991.

SANTIAGO, Silviano. *Nas malhas da letra*: ensaios. São Paulo: Companhia das Letras, 1990.

SAPERSTEIN, Alvin M. Chaos: a model for the outbreak of war. *Nature*, n. 309, p. 303-305, 24 maio 1984.

SCHILD, Susana. O astral em alta. *Jornal do Brasil*, p. 1, 14 mar. 1986. Caderno B.

SCHWARCZ, Lilia K. Moritz. *"Os guardiões da nossa história oficial"*: os institutos históricos e geográficos brasileiros. São Paulo: Idesp, 1989. Textos. Série História das Ciências Sociais, 9.

SILVA, Benedicto (Coord.). *Dicionário de ciências sociais*. Rio de Janeiro: FGV Ed., 1986.

SILVA, Carlos Eduardo Lins da. Estado, sociedade civil e meios de comunicação. In: SOSNOWSKI, Saúl; SCHWARTZ, Jorge (Org.). *Brasil*: o trânsito da memória. São Paulo: Edusp, 1994. p. 197-224.

SILVA, Hélio; CARNEIRO, Maria Cecília Ribas. *Os governos militares*: 1969-1974. São Paulo: Ed. Três, 1975.

SKIDMORE, Thomas E. *Brasil*: de Castelo a Tancredo, 1964-1985. 4. ed. Trad. Mário Salviano Silva. Rio de Janeiro: Paz e Terra, 1991.

_____. *O Brasil visto de fora*. Trad. Ricardo Arnaldo Malheiros Fiuza et al. São Paulo: Paz e Terra, 1994.

SODRÉ, Muniz. *O monopólio da fala* (função e linguagem da televisão no Brasil). 5. ed. Petrópolis: Vozes, 1989. Col. Vozes do Mundo Moderno, 16.

_____. *O Brasil simulado e o real*: ensaios sobre o quotidiano nacional. Rio de Janeiro: Rio Fundo, 1991.

SOTERO, Paulo. Credibilidade do Brasil cai a cada dia. *O Estado de S. Paulo*, 5 nov. 1989.

SOUZA, Laura de Mello e. *O diabo e a Terra de Santa Cruz*: feitiçaria e religiosidade popular no Brasil colonial. 3. reimp. São Paulo: Companhia das Letras, 1993.

STUMPF, André Gustavo; PINTO, Táo Gomes. Exercício da liberdade. *Isto É*, n. 38, p. 9, 14 set. 1977.

SUSSEKIND, Flora. *Papéis colados*. Rio de Janeiro: Ed. UFRJ, 1993.

TCHAKHOTINE, Serge. El secreto del éxito de Hitler: la violencia psíquica. In: MORAGAS, M. de (Ed.). *Sociología de la comunicación de masas*. Trad. Esteve Riambau i Saurí. Barcelona: Gustavo Gili, 1985. p. 154-191. III. Propaganda política y opinión pública.

TELES, Gilberto Mendonça. *Vanguarda europeia e modernismo brasileiro*: apresentação dos principais poemas, manifestos, prefácios e conferências vanguardistas, de 1857 até hoje. 6. ed. rev. e aum. com documentos da vanguarda portuguesa. Petrópolis: Vozes, 1982. Vozes do Mundo Moderno, 6.

TOLEDO, Caio Navarro de. *Ideologia do desenvolvimento*: análise de uma instituição. Tese (doutorado) – Faculdade de Filosofia, Ciências e Letras de Assis, 1973.

TORRES, João Camillo de Oliveira. *A propaganda política*: natureza e limites. Rio de Janeiro: Ed. Revista Brasileira de Estudos Políticos, 1959. Sob os auspícios da Faculdade de Direito da Universidade de Minas Gerais.

VASCONCELLOS, Paulo. Hino na parada (de sucessos). *Isto É*, 20 mar. 1985.

VELHO, Gilberto. *Individualismo e cultura*: notas para uma antropologia da sociedade contemporânea. 2. ed. Rio de Janeiro: Zahar, 1987.

____. *Projeto e metamorfose*: antropologia das sociedades complexas. Rio de Janeiro: Zahar, 1994. Col. Antropologia Social.

VELLOSO, Monica Pimenta. A dupla face de Jano: romantismo e populismo. In: GOMES, Angela de Castro (Org.). *O Brasil de JK*. Rio de Janeiro: FGV Ed., 1991.

WIEDEMANN, Luiz Felipe da S. (Coord.). *Brasil*: realidade e desenvolvimento. 3. ed. São Paulo: Sugestões Literárias, 1974.

Anexo 1

ALGUMAS CAMPANHAS DO REGIME MILITAR

Castelo Branco
1964. Exportar é a solução (CNP)
1965. Sonegação (CNP)

Costa e Silva
1967. Reflorestamento (CNP)
1968. Câncer (CNP)

Junta Militar
Meados de 1969. Brasil: ame-o ou deixe-o (não admitido pela Aerp)

Emílio Médici
Set. 1969. Uma bandeira para cada sala de aula
Mar. 1971. É tempo de construir
Set. 1971. Ontem, hoje, sempre: Brasil
Mar. 1972. Você constrói o Brasil
21 abr. a 7 set. 1972. Sesquicentenário da Independência
16 set. 1972. Povo desenvolvido é povo limpo
1973. 10 documentários para o exterior
1º jan. 1973. Conheça melhor o Brasil
1º fev. 1973. Não faça de seu carro uma arma: a vítima pode ser você
16 abr. 1973. Diga não à inflação
1º maio 1973. Dr. Prevenildo
Ago. 1973. País que se transforma e se constrói
Ago. 1973. O Brasil merece o nosso amor

Ernesto Geisel
Out. 1974. Gastãozinho
Abr. 1976. Este é um país que vai pra frente
7 set. 1976. Campanha sobre o voto
Final 1976. Marcas do que se foi...
1977. Campanha da pechincha
1º jun. 1977. Educação sanitária (amamentação, vacinação, lixo, água)
Jul. 1977. O Brasil é feito por nós

3 out. 1977. Defenda-se! Ajude a Sunab a defender você
Jan. 1978. O Brasil que os brasileiros estão construindo

João Figueiredo
1982. Programa João, um brasileiro
1984-85. Você trabalhou e o Brasil mudou

Anexo 2

Seminários e atividades congêneres (participação dos membros do governo)

Data	Tipo de intervenção	Patrocinador	Tema	Membro do governo
19/11/1968	Ignorado	Curso Contemporâneo de Liderança Sindical (Delegacia Regional do Trabalho)	"Formação Cívica do Trabalhador"	Otávio Pereira da Costa
23/4/1970	Palestra	Escola de Comando e Estado-Maior do Exército (Eceme)	"Importância da Comunicação Social no Fortalecimento do Caráter Nacional"	Otávio Pereira da Costa
30/6/1970	Palestra	Escola Superior de Polícia do Departamento de Polícia Federal	"A política de comunicação social do governo"	Otávio Pereira da Costa
8/1970	Ignorado	Encontro de Brasília	Ignorado	Ignorado
14/8/1970	Palestra	Campanha de Erradicação de Invasões (DF)	"A mulher e a Comunidade"	Otávio Pereira da Costa
27/8/1970	Palestra/ aula	Curso de Introdução à Produção de TV Educativa	"Comunicação Social"	Otávio Pereira da Costa
4/9/1970	Ignorado	Primeiro Encontro de Professores de Educação Moral e Cívica	Ignorado	Otávio Pereira da Costa
9/9/1970	Aula	Disciplina "Relações Públicas", Faculdade de Comunicação (UnB)	Ignorado	Otávio Pereira da Costa
15/10/1970	Conferência	II Curso de Estudos Brasileiros (UnB)	Ignorado	Otávio Pereira da Costa
30/3/1971	Aula inaugural	UGF	Ignorado	Otávio Pereira da Costa
14/4/1971	Conferência	Associação Brasileira de Distribuidores de Gás Liquefeito de Petróleo (Associgás)	Ignorado	Otávio Pereira da Costa

▼

Data	Tipo de intervenção	Patrocinador	Tema	Membro do governo
24/6/1971	Abertura da conferência	VIII Conferência Nacional do Jornalista (Goiânia)	Ignorado	Otávio Pereira da Costa
30/9/1976	Ignorado	10º Congresso Brasileiro de Radiodifusão (Campinas)	Ignorado	José Maria de Toledo Camargo
9/12/1976	Ignorado	Seminário de Comunicação do Governo	Ignorado	José Maria de Toledo Camargo
20/5/1977	Ignorado	Encontro de Radiodifusão do Centro-Oeste/ IV Congresso de Radiodifusão Mineira	Ignorado	Adauto Luís Luppi Barreiros
15/6/1977	Ignorado	Encontro em Brasília	Ignorado	José Maria de Toledo Camargo
11/8/1977	Ignorado	Seminário de Reciclagem de Mídia	Ignorado	Cláudio José da Silva Figueiredo
14/10/1977	Palestra	Federação de Estabelecimentos de Ensino Superior de Novo Hamburgo	"A política de comunicação social do governo"	Adauto Luís Luppi Barreiros

Anexo 3

Legislação referente à propaganda oficial (1938-81)

Legislação	Data	Presidente	Cargo/setor	Objetivos/assunto	Chefe do setor
Decreto nº 3.371	1/12/1938	Getúlio Vargas	Secretário da Presidência, Chefe do Gabinete Civil	Dirigir os serviços de imprensa	
Decreto-lei nº 1.919	27/12/1939	Getúlio Vargas	Diretor Geral	Cria o DIP	Lourival Fontes (até 1942) Antônio J. C. dos Reis (até 1945)
Decreto-lei nº 2.557	4/9/1940	Getúlio Vargas	–	Cria os DEIPs	
Decreto-lei nº 7.582	25/5/1945	Getúlio Vargas	–	Extingue o DIP	
Decreto nº 23.822	10/10/1947	Eurico Dutra	Chefe do Gabinete Civil	Cuidar dos serviços de imprensa	José Pereira Lira (1946-51)
Decreto nº 51.134	3/8/1961	Jânio Quadros	–	Regula alto-falantes	
Decreto nº 51.872	1/4/1963	João Goulart	Secretário de Imprensa	Profissão de publicitário	
Lei nº 5.377	11/12/1967	Costa e Silva	–	Disciplina profissão de RP	
Decreto nº 62.119	15/1/1968	Costa e Silva	Assessor-Chefe da Aerp	Cria a Aerp	Hernani d'Aguiar (1968-69) Otávio P. da Costa (1969-74)
Decreto nº 63.516	31/10/1968. Costa e Silva. Aprova Diretrizes de Relações Públicas do Governo. "Essencialidade da opinião pública." Melhoria da imagem externa.				
Diretriz presidencial em reunião ministerial	6/1/1970. Emílio Médici. "Objetivando informar a opinião pública, motivar a vontade coletiva para o esforço nacional de desenvolvimento e contribuir para o prestígio internacional do Brasil, será estabelecido um Sistema de Comunicação Social [...]".				
Decreto nº 67.611	19/11/1970. Emílio Médici. Instituí o "Sistema de Comunicação Social do Poder Executivo" com o encargo de "formular e aplicar a política capaz de, no campo interno, predispor, motivar e estimular a vontade coletiva para o esforço nacional de desenvolvimento e, no campo externo, contribuir para o melhor conhecimento da realidade brasileira".				

Anexo 4

Filmes produzidos pela Aerp/ARP (ordem cronológica de produção)

AERP

Natal - I
Natal - II
Ano Novo - I
Ano Novo - II
Futebol
Férias
Carnaval - I
Carnaval - II
Reinício das aulas
Início das aulas
Aniversário da revolução - I
Aniversário da revolução - II
Páscoa - I
Páscoa - II
Papel dos jovens
Participação
Tiradentes
Pedreiro
Amolador
Gari
Carpinteiro
Bombeiro
XXI Jogos Universitários de Brasília
Trapezista
Volta às aulas
Pai e filho

Trânsito
Criança excepcional
Doador de sangue
Exército - 70
Semana da Pátria - I
Semana da Pátria - II
A árvore
Aeronáutica - 70
Criança
Imprensa
Bandeira - I
Bandeira - II
Mestra
Voto - I
Voto - II
Professor e aluno
Universidade
Petrobras
Ninguém segura o Brasil
Amazônia/desafio
Rondon e os jovens
Trabalho/progresso
Amazônia/integração
Revolução - ano 7
Revolução/juventude
Amazônia/ocupação
PIS - aspecto geral
Juventude/esporte

Juventude/trabalho
Convivência democrática
Amazônia/riqueza
Os jovens e os novos desafios
Os jovens e as profissões de nível médio
Nobreza do trabalho
Operação Mauá e os jovens
Nordeste: caminhos da integração
Brasil dos jovens
Nordeste, terra e homem - I
Nordeste, terra e homem - II
Juventude solidária
Os jovens criam
Harmonia no trabalho
Educação para o desenvolvimento
O Exército - 71
O jovem e o esporte
Construímos uma nação
Gerações solidárias
Operário/valorização
Aeronáutica - 71
Marinha - 71
O livro
Férias - II
Bandeira - 71
Segurança do trabalho - L
Segurança do trabalho - A
O jovem no campo
Família unida
Educação fundamental
Rodovia segura
Aço e progresso
A universidade no campo
Início das aulas - II
O Sesquicentenário
Semana de Arte Moderna
Tiradentes - II
Século e meio
Independência - I
Independência - II

Realidade em construção
Revolução - ano 8
Namorados
Funcionário público - I
Funcionário público - II
Simplórius
A leitura
Emoções da leitura
A vacinação
Limpa vidraças
Eletricista
Luva falante
Bandeira - 72
Campanha do câncer
Prevenção do câncer
Dia de Ação de Graças
Limpeza
Gari (2ª versão)
Limpeza de rua
Sujismundo - I
Sujismundo - II
Sujismundo - III
Exército - 72
Aeronáutica - 72
Marinha - 72
Projeto Minerva
A permanência do amor
O desapego
Turismo no Brasil
Os estrangeiros
Cruzeiro marítimo
As praias
Brasília
Hospitalidade
O sorriso
O barbeiro
O calhambeque
Ultrapassagem
Motorista embriagado
Preferencial
Costura no trânsito

ANEXO 4

Cinto de segurança
Atrás de uma bola
Farol alto
Excesso de velocidade
Milagre/trabalho
A sucata
Agrovila
A mudança
Conservação
O santeiro
Bailarina
Dr. Prevenildo
Cuidar da saúde
Mutirão
Coopere e prospere
Cooperativas
Santos Dumont
Patriotismo/homem
Patriotismo/convivência
Patriotismo/continuidade
Patriotismo/união
A sentinela
O carteiro
Programa de valorização do trabalhador
Sujismundinho
Fraternidade
Teatro
Mato Grosso
Educação familiar
Cruz Vermelha
Marinha Amazônica
Coesão familiar
Música brasileira
Artigos do Brasil
Amazônia/turismo

Fonte: BRASIL. Presidência da República. Assessoria Especial de Relações Públicas. *Catálogo de peças produzidas* (out. 1969/mar. 1974).

ARP (1976)

(*Filmes identificados com a sigla FI provavelmente significando "Filmes Institucionais"*)

Segurança do trabalho
Sistema Nacional de Emprego
Mão de obra
Bolsas de estudo
Aposentadoria
Medicamentos
Pronta ação
Bem-estar do menor
Crédito educativo
Vacinação da meningite
Pronan
Serviços postais
Preços mínimos
Petrobras
Habitação I
Ensino
Malária
Armazenagem e abastecimento
Operação escola
Planasa
Transporte urbano
Energia elétrica
Telefonia
Indústria aeronáutica
Comércio exterior
Meio ambiente
14º salário
Marinha-presença na Amazônia
Indicadores sociais
Alimentação e material escolar
Funcionário público
Exército
Produção de alimentos
Ferrovias
Custo das Forças Armadas

Habitação II
Segurança no trabalho II
Siderurgia
Habitação III
Força Aérea
Marinha-atividade fim
Segurança no trabalho III
Exército e desenvolvimento
Centros sociais urbanos
Funrural
Funrural II
Recreio
Composição infantil
Esquistossomose
INPS - ano 10
Alistamento militar
Projeto Rondon
Carteira de Trabalho - obtenção

(*Filmes identificados com a sigla FE provavelmente significando "Filmes Educacionais"*)

O trabalho
Petróleo I
Petróleo (política diferencial II)
Nacionalismo
Esforço comunitário
Importância do voto (não exibido)
Patriotismo (não exibido)
Confiança no voto (não exibido)
Eleições municipais (não exibido)
Cidade do interior
Voto de escolher bem (não exibido)
Sino
Família
Ônibus
Paz
Doação de sangue
Pindorama
Este é um país que vai pra frente

Fonte: BRASIL. Presidência da República. Assessoria de Relações Públicas. *Catálogo de peças* (1976).

ARP (1977)

(*Filmes identificados com a sigla FI provavelmente significando "Filmes Institucionais"*)

Carteira de Trabalho - uso
Aposentadoria II
Portobras
Economia de gasolina
Título de Eleitor
Plano Nacional do Álcool
Infraero
Lei 80 Km 1 a 4
Segurança na estrada
Programa do Livro Didático
Economia de GLP
Economia de Petróleo
Racionalização
Transporte solidário II
Guarda rodoviário
Foto de arquivo
Transporte solidário III
Transporte solidário IV
Prefira o ônibus
É melhor para todos
Só no tanque
Lubrificantes
Chapa branca
Itaipu - onde e como
Itaipu - o que é
Itaipu - gesto de união
Merenda escolar
Crédito Educativo
Programas culturais
Força Aérea II

Tucuruí
Petróleo - novas descobertas
Minério de ferro
Siderurgia II
Petroquímica - Aratu
Agricultura dos cerrados
Sobradinho
Metrôs
Energia nuclear
Polamazônia
Marinha - construção brasileira
Senai
Dia Nacional de Ação de Graças
Use o produto substituto
Conheça os seus direitos
Reoriente os seus hábitos
Continuidade das gerações
Amor aos filhos
Respeito aos velhos
Convivência familiar (não exibido)
Paz
Concurso

Fonte: BRASIL. Presidência da República. Assessoria de Relações Públicas. *Catálogo de peças* (1977).

(*Filmes identificados com a sigla FE provavelmente significando "Filmes Educacionais"*)

Registro de Nascimento/Carteira de Identidade
PIS/Pasep
Higiene pessoal
Tiradentes
Amamentação
Água potável I e II
Banho de rio
Coleta de dejetos
Importância da vacinação
Fixe a meta I e II
Escola de pais
Varíola/tuberculose
Sarampo
Paralisia infantil
Vacina tríplice
Balão
Cata-vento
O Brasil é feito por nós
Símbolos Nacionais
Por que os preços sobem
Pratique o preço justo
Recuse o que não presta

Anexo 5

PRODUTORAS DOS FILMES DE PROPAGANDA

Porcentagem de filmes de propaganda oficial da Aerp por produtora (out. 1969/mar. 1974)

1. Angra Filmes (GB*)	17,05%
2. Cinesul-Kinart (GB)	17,05%
3. Filmotec, Serviços Jornalísticos (GB)	16,47%
4. Persin Perrin (GB)	11,76%
5. Jodaf (GB)	9,41%
6. Lynxfilm (SP)	5,29%
7. Elo (SP)	3,52%
8. Fernando Amaral (GB)	3,52%
9. Jota (SP)	2,35%
10. Bemol (MG)	1,17%
11. Cesar Ladeira (GB)	1,17%
12. Laza (GB)	1,17%
13. Prova (SP)	1,17%
14. Sol (GB)	1,17%
15. Servcine (GB)	1,76%
16. André S. L. Faria (GB)	0,58%
17. Cevê (GB)	0,58%
18. Grupo Jovem (DF)	0,58%
19. Jaraguá (SP)	0,58%
20. Khroma Produções de Cinema Ltda. (GB)	0,58%
21. M-2 Produções (SP)	0,58%
22. Mariana (GB)	0,58%
23. Penta Filmes (GB)	0,58%
24. Savanah (GB)	0,58%
25. Vito Diniz (GB)	0,58%

Fonte: BRASIL. Presidência da República. Assessoria Especial de Relações Públicas. *Catálogo de peças produzidas* (out. 1969/mar. 1974).

* Trata-se do então existente estado da Guanabara, atual cidade do Rio de Janeiro.

Porcentagem de filmes "FI" de propaganda oficial da ARP por produtora (1976)

1. Supysáua Filmes Ltda. (RJ)	18,86%
2. Cinesul Ltda. (RJ)	11,32%
3. Jodaf Produções Cinematográficas Ltda. (RJ)	11,32%
4. Filmotec Produções Cinematográficas Ltda. (RJ)	9,43%
5. Persin Perrin Produções Cinematográficas Ltda. (RJ)	9,43%
6. Alfafilme Ltda. (SP)	5,66%
7. Minuano Produções Cinematográficas Ltda. (RJ)	5,66%
8. O Mundo em Notícias — Jornais Cinemat. Ltda. (SP)	5,66%
9. Cinegra 2 Produções Cinematográficas Ltda. (SP)	3,77%
10. Dualib, Petit, Zaragoza Propaganda S.A. (SP)	3,77%
11. TVE	3,77%
12. Aca-Press Ltda. (RJ)	1,88%
13. Grife Áudio Visuais e Real. Cinem. S/C Ltda. (SP)	1,88%
14. Guaíra/Minter	1,88%
15. Oficina de Comunicação Ltda. (DF)	1,88%
16. Power Comunicação Ltda. (RJ)	1,88%
17. Produções Cinemat. Brasil Central Ltda. (DF)	1,88%

Fonte: BRASIL. Presidência da República. Assessoria de Relações Públicas. *Catálogo de peças* (1976).

Porcentagem de filmes "FE" de propaganda oficial da ARP por produtora (1976)

1. Persin Perrin Prod. Cinematográficas Ltda. (RJ)	38,46%
2. Cinegra 2 Produções Cinematográficas Ltda. (SP)	23,07%
3. Alfafilme Ltda. (SP)	7,69%
4. Cinesul Ltda. (RJ)	7,69%
5. Filmotec Produções Cinematográficas Ltda. (RJ)	7,69%
6. Jodaf Produções Cinematográficas Ltda. (RJ)	7,69%
7. Ruy Perotti Produções Artísticas S/C Ltda. (SP)	7,69%

Fonte: BRASIL. Presidência da República. Assessoria de Relações Públicas. *Catálogo de peças* (1976).

Porcentagem de filmes "FI" de propaganda oficial da ARP por produtora (1977)

1. Persin Perrin Prod. Cinematográficas Ltda. (RJ)	13,04%
2. Cinesul Ltda. (RJ)	13,04%
3. Filmotec Produções Cinematográficas Ltda. (RJ)	10,86%
4. Jodaf Produções Cinematográficas Ltda. (RJ)	8,69%
5. Staff - Produções Cinematográficas S/C Ltda. (SP)	8,69%
6. TV Globo (RJ)	8,69%
7. Cinegra 2 Prod. Export. Import. de Filmes Ltda. (SP)	6,52%
8. DNER	6,52%
9. Alfafilme Ltda. (SP)	4,34%
10. Petrobras	4,34%
11. Angra Filmes	2,17%
12. GPF - Grupo Produtor de Filmes Ltda. (RJ)	2,17%
13. Mauro Salles/Interamericana de Publicidade S.A.	2,17%
14. Momento Filme/Som Ltda. (RJ)	2,17%
15. Ozen Seremetiev Produções Cinematográficas (RJ)	2,17%
16. Penta Filmes Produções Cinematográficas Ltda. (GB)	2,17%
17. Power Comunicação Ltda. (RJ)	2,17%

Fonte: BRASIL. Presidência da República. Assessoria de Relações Públicas. *Catálogo de peças* (1977).

Porcentagem de filmes "FE" de propaganda oficial da ARP por produtora (1977)

1. Ruy Perotti Produções Artísticas S/C Ltda. (SP)	15,62%
2. Supysáua Filmes Ltda. (RJ)	12,5%
3. Cinesul Ltda. (RJ)	9,37%
4. Filmotec Produções Cinematográficas Ltda. (RJ)	9,37%
5. L & M Propaganda Ltda. (RJ)	9,37%
6. Persin Perrin Prod. Cinematográficas Ltda. (RJ)	6,25%
7. Verona Filmes Ltda. (RJ)	6,25%
8. Alcântara Machado, Periscinoto Com. S.A. (SP)	3,12%
9. Alfafilme Ltda. (SP)	3,12%
10. Duailibi, Petit, Zaragoza Propaganda S.A. (SP)	3,12%
11. JER - Produções Cinematográficas S/C Ltda. (SP)	3,12%
12. Jodaf Produções Cinematográficas Ltda. (RJ)	3,12%
13. Lynxfilm S/A (SP)	3,12%
14. Meios Comunicação de Massa Ltda. (RJ)	3,12%
15. Minuano Produções Cinematográficas Ltda. (RJ)	3,12%

16. Ozen Seremetiev Produções Cinematográficas (RJ)   3,12%
17. Penta Filmes Produções Cinematográficas Ltda. (GB)   3,12%

Fonte: BRASIL. Presidência da República. Assessoria de Relações Públicas. *Catálogo de peças* (1977).

Este livro foi impresso nas oficinas gráficas da Editora Vozes Ltda.,
Rua Frei Luís, 100 – Petrópolis, RJ.